U0580085

教 育 经 典 译 丛

学习的风景

Landscapes of Learning

〔美〕玛克辛·格林/著
史 林/译

北京师范大学出版集团
BEIJING NORMAL UNIVERSITY PUBLISHING GROUP
北京师范大学出版社

致卡罗尔

For Carol

教育的视界

——在比较中西、会通古今中发展中国教育学

梁启超1901年指出：中国自19世纪开始即进入“世界之中国”阶段。这意味着中国与世界相互交织、化为一体。

王国维1923年进一步说道：“余谓中西二学，盛则俱盛，衰则俱衰。风气既开，互相推助。且居今日之世，讲今日之学，未有西学不兴而中学能兴者，亦未有中学不兴而西学能兴者。”这意味着中西二学相互交融，盛衰一体、兴废一体。

困扰中国社会发展的“古今”“中西”问题始终相互影响。倘不能处理好“中西”问题，忽视“西学”或“西体”，则必然走向“中国文化本位论”，进而不能处理好“古今”问题，中国实现现代化与民主化断无可能。倘不能处理好“古今”问题，忽视中国文化传统或“中学”“中体”，则必然走向“全盘西化论”，由此不能处理好“中西”问题，中国文化会深陷危机，中国现代化与民主化会成为无源之水、无本之木。

因此，中国教育理论或教育科学的繁荣必须坚持“比较中西、

会通古今”的方法论原则。这至少包括如下内涵。

第一，国际视野。我们要取兼容并包的态度，敞开心扉，迎接世界一切先进教育理论进入中国。我们要对这些教育理论进行翻译、研究、吸收并使之“中国化”，像当年吸收佛教文献那样。我们要形成教育研究的国际视野：这包括价值论上的“世界主义”胸怀和多元主义价值观；知识论上的多重视角观，学会以人观人、以人观我、以我观人、以我观我，在视角融合和复杂对话中发现教育真理；方法论上的深度比较法，防止简单翻译、机械比附或牵强附会，要上升到文化背景、历史发展和价值取向去理解教育问题。

第二，文化传统。我们要珍视已持续两千余年的、以儒释道为核心的中国智慧传统，它不仅构成了中国文化，而且是世界文明不可或缺的组成部分。我们要将中国智慧传统植根于中国社会和历史情境，真诚对待并深刻理解，防止“厚今薄古”或“以今非古”的肤浅之论。我们要基于中国与世界的现实需求和未来趋势，对中国智慧传统进行“转化性创造”，使之脱颖而出、焕发生机。我们要基于中国智慧传统理解教育实践、建构教育理论，须知，“中国教育学”唯有基于中国智慧传统方能建成。我们要充分继承“五四运动”以来中国教育启蒙和教育民主化的宝贵传统，须知，“中国教育学”以实现东方教育民主为根本使命。

第三，实践精神。我们要始终关切实践发展、参与实践变革、解决实践问题、承担实践责任，须知，教育实践是教育科学的源泉。我们要把发展实践智慧作为教师解放和教师专业发展的核心，让教师成为“反思性实践者”。我们要成为每一个学生的真诚倾听者，通过倾听学生而悦纳、理解和帮助学生，最终实现每一个学生的个性自由与解放。

国际视野、文化传统与实践精神的三位一体，即构成“中国教育学精神”。践履这种精神是中国教育学者的使命。

是为序。

张华

于沪上三乐楼

一个特别的广阔世界
——什么才是探索意义的课程?

威廉·派纳
William F. Pinar*

“什么才是探索意义的课程”①，玛克辛·格林正是围绕这个问题建构起她毕生的事业。格林无疑是我们这个时代具有最重要意义的美国教育哲学家，她一直坚持站在存在主义的立场，来面对社会上不断出现的紧迫问题，正是这些问题把我们生活的西方世界拖入漫长一天之后的黯淡薄暮之中。也正是在这样的时代，西方启蒙运动的社会理性改革梦想发展成为政治对抗的噩梦，社会的动荡不安与斗争，以及损害危及教育者思想独立与专业操守的教育论争。正如那本向格林致敬的书名——《黑暗之光》②一样，格林无论在思想独立还是在专业操守方面都堪称典范，在暗夜里绽放着夺目的光芒。正是这智慧之光吸引了来自世界各地的学生云集于她在纽约市哥伦比亚大学教育学院的课堂。北京师范大学出版社即将翻译出版格林的系列著作，约我作序。在这篇简短的序言中，我要谈的是格林思想对美国，甚至对世界影响的深远意义，特别是在我们这个时代的紧迫问题，即关于教育技术化问题的讨论上。最后我将向这位

* 加拿大温哥华英属哥伦比亚大学教授，加拿大首席专家。

伟大的，敢于对当代问题表明自己立场的哲学，表达我个人由衷的欣赏与敬意。

对于玛克辛·格林而言，构成教育课程核心的是艺术，而不是技术。这是为什么？格林在林肯中心——纽约市有名望的艺术中心，在这里她为教师们做了一系列讲座——对教师们这样说，“审美教育可以被称为在场的教育，个人面对艺术作品作为想象的，感受的，知觉的，思考的存在的，在场的教育”③。在我看来，这样主观的在场恰是教育经验可能性的核心。就像格林指出的，课堂里彼此学习的社会经验并不足以支持对话式——由博学的，有吸引力的教师所引导的复杂对话④——相遇中的主观在场，而是将各种机会制度化，比如“第一人称的参与，包括反思，发现自我与惊喜一类的机会”⑤。在林肯中心关于审美教育的其他讲座中，格林提醒大家：“我们努力要让学生获得的，既不是可以测量的，也不是可以预见的。”⑥我们教学的内容也不能简化为只是为了某种特定工作做准备，正如格林四十多年前就指出的那样：“教师们认识到他们并不是培养年轻人为满足某种特定工作的需要做准备。因为技术变迁如此迅速，没有人能够准确预言什么技能是将来需要的，这些技能又能获得怎样的回报，即使是近期内也很难准确预言。”⑦

那些支持者向教育者保证，技术一定可以改善学生的学习，这种承诺泛滥成灾，根本不必挂在心上。大学和中学却无力抵制这种承诺的诱惑，从教师与学生那里转移资金去购买技术公司的产品（这些产品永远都需要升级）。马特·里奇泰尔在报道中指出，层出不穷的新技术已经催生了一种“娴熟的，快速扩张的销售队伍”，他们被各种注定要从公共财政牟利的计算机与其他技术型公司所雇用。[8]这并不新鲜：40年前格林就注意到，教育者也“开始在各种教育技术(或各种学习平台)供应商与一些城市学校教育系统之间安排签署各种合约”[9]。里奇泰尔评论道，技术泡沫持续膨胀，正如“对于高科技产品在提高学生学业成就上到底有什么样的效果的质疑也从未间断。那些公司辩解他们的产品能够吸引学生，帮助学生为数字化的未来做准备，然而一些学者们却认为技术并不能实现它的承诺”[10]。正如格林的认识，我们生活在“一个技术统治的时代”[11]。这种统治不仅表明技术具有潜在能力可以拯救教育，而且还可以消除具象性经验自身的痕迹。

在我们这个时代，真实似乎是虚拟的而不是实际存在的，是意象性的，而不是具体表现出来的，并且是通过私人公司设计用来追逐利润的软件与网络建构起来的。梅希亚斯警告我们：“技术化现象代表了现代决定论最危险的形式。”[12]如上所述，玛克辛·格林40年前就已经很清楚这一点，她指出：“无力感是对技术化的，高度集中化的社会的水土不服。”[13]我们生活时代的鲜明特征是“我们不断地用形象与言语在我们与现实之间竖立起一堵一堵难以逾越的高墙”[14]。我们紧盯着电视，电脑的屏幕，不断转移注意力，不断浏览各种信息，不断投入各种娱乐，但是这并不能为我们提供与他者的主观在场的具象性相遇。他者的主观在场能够让我们从所发生的事情之中，从我们所思考的与所感受的东西之中得到教益，也就是能够使一个人的经验具有特定的教育性。格林强烈要求：“每一个人都应该努力学习施展自己的全部才能，至少要能够理解是什么在影响他的个人生活。”[15]这需要我们从经验中学习，不但是虚拟的经验而且还包括实际生活的经验。

要知道我并不是在把生活经验的原始性浪漫化——与屏幕上模拟的经验不同，现实世界的具象性经验可能是令人不愉快的，甚至是危险的——但是我要提醒大家正是这样来自于实际生活的教育性经验能够使我们一直保持清醒的意识，即“全面觉醒”，格林[16][17]（也可参见格林）明确指出我们对学生的伦理责任需要我们全面觉醒。如果我们的潜意识只是有时候受损，而没有受到持续性的伤害，那么我们就只会有模拟的经验，而不是格林提出的如此远见卓识的那种“震惊”，这种震惊“能够提醒个体作为知觉意识存在的在场”。[18]虚拟（或模拟）经验由于受到“云”的限制，只能在屏幕上才可以看到，那么它就会成为一种观赏运动，就会成为出于本能的窥阴癖的替代品。裸露癖取代了对话式相遇。虚拟经验保护我们免于意外的危险，但这样做也一定会使我们遭受本可以避免的命运的痛苦，我们将丧失经验中的精华与活力。正如格林所说，我们丧失了“透过现实的窗去看的能力，丧失了在经验中实现仿佛世界的能力”[19]。我们紧盯着屏幕，如行尸走肉。

当然在网络上，一个人可以知道这个，了解那个，但是“在那里”一个人并不能了解，不能获得来自实际生活经验重建的知识。而格林指出只有通过获得来自实际生活经验重建知识的学习，才“可以引发变革，可以打开新的前景，可以提供新的方式建构现实世界”[20]。这里格林所说的现实世界既是指物质世界，也包括历史性的，感受到的，以及我们所渴望努力争取达到的世界。格林提醒我们："论及自我就是对个体的讨论既要包括身体也要包括精神，既包括过去，也包括现在，还有他生活于其中的世界，以及他不断与之相交流的他者。"[21]然而今天，我们的身体消失于各种数字技术编辑的"大数据"之中，"我们"也消失于各种形象化符号，以及我们生活经验与生命历史中其他的虚拟化表征之中，这样的我们便于接受大公司与政府的监视，以及他们打着为我们的"便利"而服务的幌子的控制与操纵。

当我们被这些设置装备以及控制手段团团包围，我们还能够转向哪里去呢？格林建议：要观看—要倾听—要体验艺术。格林强调，如果一个人"愿意向艺术作品作为一个主观上有意识的人那样敞开自己，教师就能够采取很多措施来帮助年轻人清晰表达艺术作品(一般情况是知识)使他们想到了什么，感受到了什么"[22]。实际上，她继续说道，"那些专心地阅读，观看，与倾听"的学生与教师们，也就是研究者，"能够在他们自己的内心世界生成新的秩序"。当我们研究玛克辛·格林的著作时，情况就是如此。

我非常重视对玛克辛·格林的研究。我最初接触她的著作是在我读研究生期间：我被指定阅读1971年题目是《课程与意识》[23]的文章。一开始我就被文章迷住了，如痴如醉地读下去。萨特就已经使我着迷了，但当我第一次遇到玛克辛·格林，我发现她简直就是美国版的女萨特，我深深地被她打动。她身穿黑色衣服，涂着鲜艳的口红，那些日子里她一直叼着一根香烟，讨论着与萨特相同的词汇，如陌生人、不真诚与自由。在20世纪70年代中期，有时我会与她，还有其他大概5个同事，在纽约北部森林中的小屋里讨论。

讨论的主题几乎无所不包。是的，经常是格林发言，我们倾听。我始终对格林保持一种敬畏之心，即使是在我们最后的聚会，在她的公寓里，她行动迟缓地把饭烧煳了的时候。不管怎样，我们吃掉了那顿晚饭。

因为我们沿着相似的道路前行——不但是萨特，还包括她在1973年出版的书中所提到的其他思想者，同样也对我有过重要的影响——因此，我会不时地遇见她。记得我们有过一次意见冲突，那是1977年(我想是这个时间)，在美国教育研究协会(AERA)的大会上，我与约翰·麦克尼尔(John McNeil)在B组做最新进展的演讲时，玛克辛参与讨论。她不喜欢我通过理查德·伯恩斯坦(Richard Bernstein)的立场来引用哈贝马斯，那时她一直让我注意学科的等级，那时的教育哲学领域，是很有声望的学科，而我在课程研究中，做不了那么多等。那次会议之后，我们一定还遇到过——我贪婪地阅读她写的所有东西——但是我能记住的应该是那次在我的新奥尔良公寓的见面，那是美国教育研究协会的年会期间，比尔·多尔(Bill Doll)与我举办的1994年聚会。

我居住在一个老旧的，可爱的(我必须得这么说)地方，就在法国人居住区的外面(在波旁街与多芬街之间的滨海广场)。举办聚会应该是比尔·多尔的主意。我们雇了一支乐队，请了酒席承办者(我的朋友苏Sue)，还有服务生(有一个是她上大学的儿子)，我们在院子里支起了一个帐篷以防下雨，还雇了一个警察来监控进来的人。几乎一整晚我们都在音乐的伴奏下吃吃喝喝——我记得金哲罗(Joe Kincheloe)，雪莉·斯坦伯格(Shirley Steinberg)，还有彼得·麦克拉伦(Peter McLaren)逗留到黎明时分才离开——但是到了聚会进程的一半(在新奥尔良，并不是深夜，还不算太晚)，玛克辛·格林出现了，旁边有一位我并不认识的人陪着。我亲吻了她的双颊，欢迎她来到我家，她也介绍了陪她来的人(似乎是纽约艺术界的人士)。这时我们才发现，蜂拥而入的人群把聚会一下子挤得满满的，我们几乎要被挤扁了。在我们缓过神来，组织发动类似的谈话之前，站在身边的人就开始要求介绍传奇的玛克辛·格林。我眉飞色舞地介绍，而且还补充说玛克辛就住在曼哈顿区第六大道(还吹牛自己曾经去过那云云)。这时玛克辛重重地拍了我一下，指着我的脸更正道："是第五大道!"

的确是第五大道，毗邻古根海姆博物馆，俯瞰中央公园。那是格林曾经居住过的特别宽敞的空间，充溢着对世界最深刻透彻的认识，但同时也具有宽广包容的视野。我了解这个空间，从我阅读她的第一篇文章我就了解了，而且从那时起，我从未停止过了解。在2011年我出版的书里，我用了第六章整整一章的篇幅来描述她在林肯中心的工作。在我的课堂上我始终将她的研究作为参考。她的研究，她的智慧对我有着极为深刻的影响，我并不孤独。

珍妮特·米勒(Janet Miller)的研究也受到格林的深远影响。当珍妮特在罗彻斯特大学攻读文学硕士学位时，我把格林的研究推荐给她。米勒通过完成以格林思想为研究主题的博士论文，获得了哲学博士学位。许多年来，珍妮特做了多次访谈——她告诉我玛克辛坚持把这些访谈描述为"交谈"，把传记看作"合作"——格林授权写传记的人正是珍妮特·米勒。正是珍妮特拥有玛克辛数箱信件与文稿(啊，当然是在录入计算机之前)的所有权，这些资料将由教育学院归档收藏。在玛克辛生命的最后日子里，也正是珍妮特始终在莱诺克斯山医院陪在她的身边，偶尔会有其他人加入。正是珍妮特在葬礼上发表致辞，指出格林思想的声音是“奇异的，确定无疑的，非凡卓越的”。

这种非凡卓越，确定无疑的奇异声音——它的直接，它的生动，不仅在教育学院报告厅中引起回响，而且通过那些倾听者，还有正在阅读的你引起回响——就像玛克辛总是会补充道的，依旧“未完成”。“这是她的遗产，”珍妮特在葬礼致辞中总结道，这是“未完成的交谈——与那些数不清的学生，教师，同事，朋友以及家庭的交谈——作为一种日常提问，选择与生成形式的交谈。”玛克辛，我现在能听到你在讲话，我依然在倾听。

参考文献

1. Greene，Maxine. 1995. *Releasing the Imagination*. San Francisco：Jossey-Bass.

2. Ayers，William C. and Miller，Janet L. Eds. 1998. *A Light in Dark Times：Maxine Greene and the Unfinished Conversation*. New York：Teachers College Press.

3. Greene，Maxine. 2001. *Variations on a Blue Guitar. The Lincoln Center Institute Lectures on Aesthetic Education*. New York：Teachers College Press.

4. 这种理想的实现并没有“实践”的标准模式，只有个性化的特定情境下的实现。

5. Ibid.

6. Ibid.

7. Greene，Maxine. 1973. *Teacher as Stranger*. Belmont，CA：Wadsworth.

8. 里奇泰尔在2011年的报道中指出仅仅在美国就有“数十亿”美元处于风险之中。2013年辛格(Singer，2014，B6)报道，“根据软件与信息产业协会的统计，从幼儿园到12年级购买的教育技术软件金额约高达79亿美元。”与美国一样，中国也在教育技术上面投入巨额资金。Qian，Xuyang. 2015. Technologizing Teachers Development? In *Autobiography and Teacher Development in China*：*Subjective and Culture in Curriculum Reform*，edited by Zhang Hua and William F. Pinar (163-178). New York：Palgrave Macmillan.

Richtel，Matt. 2011. Silicon Valley Wows Education，and Woos Them. *The New York Times* Vol. CLXI (55，580)，A1，B7.

9. Greene，Maxine. 1973. *Teacher as Stranger*. Belmont，CA：Wadsworth.

10. 随着研究证明的用虚拟代替实际生活的具象性经验的危害性后果的出现，技术并不能实现诺言，仅仅是对教育技术化质疑的开始。(参见 Pinar，2012，pp. 140-161)

Pinar，William F. 2012. *What Is Curriculum Theory*? [Second edition.] New York：Routledge.

11. Greene，Maxine. 1973. *Teacher as Stranger*. Belmont，CA：Wadsworth.

12. Mejias，Ulises Ali. 2013. *Off the Network. Disrupting the Digital World*. Minneapolis：University of Minnesota Press.

13. Greene，Maxine. 1973. *Teacher as Stranger*. Belmont，CA：Wadsworth.

14. Ibid.

15. Ibid.

16. Ibid.

17. Greene，Maxine. 2001. *Variations on a Blue Guitar. The Lincoln Center Institute Lectures on Aesthetic Education*. New York：Teachers College Press.

18. Greene，Maxine. 1973. *Teacher as Stranger*. Belmont，CA：Wadsworth.

19. Greene，Maxine. 1995. *Releasing the Imagination*. San Francisco：Jossey-Bass.

20. Greene, Maxine. 2001. *Variations on a Blue Guitar. The Lincoln Center Institute Lectures on Aesthetic Education*. New York: Teachers College Press.

21. Greene, Maxine. 1973. *Teacher as Stranger*. Belmont, CA: Wadsworth.

22. Ibid.

23. Greene, Maxine. 1971. Curriculum and Consciousness. *Teachers College Record*, 73 (2).

24. Miller, Janet L. 2005. *Sounds of Silence Breaking: Women, Autobiography, Curriculum*. New York: Peter Lang.

25. Miller, Janet L. 2014, June 5. Maxine's Voice and Unfinished Conversations.... New York: Unpublished.

26. Pinar, William F. Ed. 1998. *The Passionate Mind of Maxine Greene: "I Am Not Yet."* London: Falmer.

27. Pinar, William F. 1998. Notes on the Intellectual: In Praise of Maxine Greene. In *A Light in Dark Times: Maxine Greene and the Unfinished Conversation*, edited by William Ayers and Janet L. Miller (109-121). New York: Teachers College Press.

28. Pinar, William F. 2011. *The Character of Curriculum Studies. Bildung, Currere, and the Recurring Question of the Subject*. New York: Palgrave Macmillan.

目　录/

致谢 /

前言 /

第一编　解放教育

003 / 1. 美国人的自我困境：对新反理性主义的回应

024 / 2. 理性与解放：论想象性文学的作用

054 / 3. 全面觉醒和道德生活

069 / 4. 神秘化问题：动荡时代的教师教育

097 / 5.“基础”之争：回顾和展望

第二编　社会问题

117 / 6. 对教育政策的思考

125 / 7. 教育与实践：“有害的慷慨”问题

148 / 8. 汽船和批判

169 / 9. 平等和不可侵犯性：补偿性公正的实现途径
198 / 10. 新自由主义和道德生活

第三编　艺术—审美的考量

217 / 11. 论全面觉醒：教育中的艺术和人性之争
226 / 12. 艺术—审美与课程安排
250 / 13. 想象力与唯美主义文学
268 / 14. 重要的风景：在相互关系中研究艺术的方法

第四编　女性的困境

289 / 15. 生活空间
307 / 16. 无关紧要的影响：美国教育史中的女性
334 / 17. 学校中的性别歧视

350 / **索　引**

致　谢/

我在劳伦斯·A. 克雷明(Lawrence A. Cremin)和弗兰克·詹宁斯(Frank Jennings)的建议下，撰写了本书，在此感谢他们的支持和鼓励。

玛丽·L. 艾莉森(Mary L. Allison)为本书的编辑工作提供了专业而细致的帮助，我也要在此向她致谢。

前　言/

这本书根据1974—1977年的演讲稿编写而成，最初是供在不同领域的专业人士面前演讲而用。由于近来文化领域发生了一些变化，出版物中的大部分文章都经过了重构和改写。这些变化如此普遍和重要，身为教师教育者的我实在无法置若罔闻。所谓的“新反理性主义”(new irrationalism)的兴起不可避免地给教育工作者带来了新的问题。颇为矛盾的是，这种现象与“回到基础”(return to basics)的诉求联系在一起，学校越发看重传统因素，这加剧了问题的严重性。 1

越来越多的人对进步史观持愤世嫉俗的态度，这不可避免地影响了教育界正在经历的变化。当下，经济问题增多，不平等现象加剧，环境污染愈发严重，人们对人为干预效果的信念也不禁产生了动摇。曾一度坚定地投身于社会活动、肩负社会责任的仁人志士逐渐淡出社会领域，转而开始处理私人问题。与此同时，将贫民与边缘人士再一次与主流社会隔绝开来的倾向越发鲜明，人们还倾向于抵制补偿性措施，对弱势群体身上最明显的缺陷横加指责。相关人士越来越不愿意参与政策制定的讨论。技术专家取而代之；事情要么是针对人们而做，要么是为了人们而做；冷漠和被动与日俱增。个体不加批判地接受事物，经常性地感到无聊，因而更加容易轻信神秘主义。这一切都不免对通过各种渠道传播的教育信息产生了影响，包括学校、媒体、办公室、社区中心或街道。

在后文中，本书将不仅关注学校，还将焦点集中在教育活动涉及的全体男性和女性身上。我的首要兴趣在于引发大众对文化中各种现实的关注，以便促使读者独立提出批判性问题。整本书将贯穿着针对解放、“全面觉醒”(wide-awakeness)和超越被动的讨论。人们只能主动选择超越；任何“给定”或施加的企图都是无效的。我认为，人们在感到自己根植于个人体验和生活空间时，会更易于提出自己的问题，并寻求个人超越。这便是我指的“风景”(landscape)。

2 我借鉴了哲学家莫里斯·梅洛-庞蒂(Maurice Merleau-Ponty)的观点：理性生活的发展建立在被感知到的现实的基础上，对自己“在场”便是与个人的原始知觉(original perception)保持联系。从某种程度上说，人类生活呈现出两种顺序——一种由他/她与经验中知觉领域的关系所创造，另一种由他/她与人类和社会环境的关系所创造。因此，我们需要牢记，每一个人都会从一种独特的视角与世界建立起联系，这一视角与个人独有的经历相关。这一切构成我们当下视角的基础，同时影响着我们看待事物、探讨问题和构建现实的方式。与我们的风景保持联系意味着意识到我们的发展经历和接触世界的方式。

我在本书的多个章节中提到或引用了想象性文学(imaginative literature)作品。正如许多人指出的那样，原因在于接触文学与艺术品能使我们与自我建立起联系，使我们有可能重新恢复丢失的自发性。这是因为想要进入小说(或短篇故事和诗歌)虚构的世界，我们必须打破世俗观念和被视为理所当然的事情。换句话说，我们必须摆脱平凡的生活。通过允许自己的意识进入想象的状态，我们把自己置于作者的引导之下，同时将自己生活的一部分贡献给作品。

例如，我们在卡夫卡的引导下，获得了与土地测量员(land surveyor)调查城堡的主人伯爵或任何一位权威人士的糟糕经历相一致的体验。我们不再局限于传统或日常领域，而能够发现结构、科层制甚至官僚制度实际上都是构建而成的。权威的意义——从本质上说，即我们理解的权威本身——变得可见了，甚至可以触碰了。正如现象学家所说的，我们正在返回“事件本身”。文学体验的确不是唯一促使这一切成为可能的方法，但是，从某些方面看，它是远离自我的教育者最容易接触到的方法。无论如何，文学作品字里行间唤起的体验都旨在引发新的可能，而无论这些可能是否可以得到充分实现。

这里，基于背景意识提出的问题才真正具有相关性和价值。它 3
们可能被导向经验的现实，因此能够激发重要的反思。如果提出问题的人这样做的话，他们将很快变成学习者，因为从某种维度上看，学习是有意识地搜寻某种统一和意识的过程。学习还可以在经验中引发新的联系，可以被视为一种主题化和问题化的过程，能够将多种多样的模式施加在初始性(inchoateness)事件上。教育者的目标是教会他人如何学习。与教师在过去努力构建意义相比，他们在当下亲自参与到要求极高的人类事业中，更能使“他者”——学生或同事——做出更加充分的准备。显而易见的是，在教师—学习者投身于不同题材和掌握不同技能的过程中，没有什么能够阻止他们刻意交流那些被人性化并指导行动的规则和标准。学习者必须意识到他们在这样的参与中正在做些什么，同时意识到自己有指挥和理解的能力。同样意识到自己所追求的意义和清晰性的教师—学习者不得不提出这代表他们追求或理解了一些怎样的东西。

4 此外，在接下来的文章中，我重点探讨了我们文化当中存在的各种冲突、危机和痼疾。众所周知，我们都在社会环境内部或通过社会媒介来学习如何成为人类。我们越是全身心地投入其中，便越能从他人的眼中读出更多信息，自己也会变得更加丰富多彩。构成学习的活动不仅促使我们自己开始寻找答案和意义，还促使我们加入学术社团；并且，如果我们的眼界足够开阔的话，还能在最宏大和丰富的意义上投身于人类社会。异化、被动而不加质疑的教师会将身边的社会现实视为理所当然，同时不加甄别地接受一切。我再一次强调，我的兴趣在于唤醒教育者，使他们意识到这个现实：转变可以由想象产生，未来的可能性意识可以促使人们开始学习。此外，本书还讨论了社会实践（social praxis）、批判性意识、平等、公平和个人解放的需求。

我将本书分为4个部分，这样可能或多或少有些随意。第一部分阐述了解放教育、批判性反思和自我意识之间的关联，以及“全面觉醒”和道德意识之间的关联。第二部分探讨了各种社会问题及其对教育的影响。第三部分讨论了艺术—审美问题。第四部分探讨了女性的困境。批判性意识、自我理解和社会责任等主题贯穿着这4个章节；这些主题偶尔也相互重叠。这是因为，这本书的作者是一名有着追求统一的热情和不完整意识(incompleteness)，并渴望向世界发问的教师。

玛克辛·格林

1997年12月

第一编

解 放 教 育

Emancipatory Education

/ 1. 美国人的自我困境：对新反理性主义的回应/

“人类是一件多么了不起的杰作！多么高贵的理性！多么伟大的力量！……可是在我看来，这一个泥土塑成的生命算得了什么?”[1]莎士比亚笔下的哈姆雷特在中世纪拉开序幕之时如此高呼，但诗中传达出的迷失与矛盾之感却与我们当前所处的时代密切相关。我们身上世代相传的自我意象定义于 18 世纪，一个对人类理性高度乐观、坚信不疑的时代。美国人[克里维库尔(Crevecoeur)口中的“那群新兴人类”[2]]被描述为拥有“高贵的理性”，和文艺复兴时期的人们极为相似。此外，美国人被认为具有高度的民族自决性，可以说拥有达到无限完美的能力。即便到了今天，这类描述依然鲜明而具体，就像所指的是一些真实的客观存在和活生生的人物一样。尽管在当下所有经验中，美国人都体会到了自我的削弱，进而对个人的实效性产生了疑问，但从某种意义上说，他们并不愿意对此类描述的真实性提出质疑。

此类困境的意义是多层面的。极少数人会牺牲被他们视为不可剥夺的人权，包括自由的权利在内。也极少有人能够严肃地否认，自由取决于是否拥有独立思考的机会，以及是否能够从世界中得出自己的意义。回顾过去，一些人可能仍然同意托马斯·杰弗逊(Thomas Jefferson)的观点——要想打破道德和政治迷信的链条，理性和科学思维不可或缺。尽管如此，今天仍然有许多人刻意选择反理性的方式，宁愿听信神秘主义(mystification)和肉欲主义(sensuality)的教唆。这些人偏爱魔幻的古老神话、神秘的巫术和占星术。他们如此选择并不是因为这样的思维和存在模式能够解决一直以来的问题，而是因为它们会使推论性思维变得不再被需要，并将人们带离问题本身。不断出现的事物分散了人们的注意力，让人们不再急于提问；准则固化并限制了人们的注意力；娱乐技术帮助人们克服了紧张感和不确定性。人们在不稳定的过渡状态和不断发展变化的现实中前进。他们是否感到沮丧？是否觉得自由？他们只是面带微笑。

8 以上对民主和教育的意义何在呢？纵观历史，人们对理性(智力或理解力)和普罗男女尊严之自由的关系怀有一种坚定的看法。民主的伦理标准以及民主教育的哲学根植于这样的信念之中——一旦人类学会如何问询、交流和使用他们的认知能力，他们就能够获得自主性和有效性。19 世纪，科技所带来的每一次进步都强化了这一信念。甚至连那些饱受过度工业化、商业化骚扰和被“花园中的火车头”(the locomotive in the garden)[3]重创的人都庆贺科技进步的可能性。实验性的想法似乎适合于开放的世界，并成了一种打破限制和桎梏的方法。在 20 世纪末，有人宣称，科学方法的创造性若被发挥到极致，则可能取代人类智能。[4]

科学发现不仅推动了事业的进步，大多数人还相信它可以促进个人身体的健康发展，解放人类，使人类生活在一个更为安全和有益的环境中。科学家本身被视为值得尊敬的群体成员，在这一群体当中，人们可以在光天化日之下公开资助知识。“人类制造了科学”，维尔纳·海森堡(Werner Heisenberg)写道。显然，在 20 世纪初，许多观察者认为，科学源自人类进行的实验。海森堡还指出，科学结果的产生“依靠从事实验并相互商议如何阐释实验结果的人的言论”[5]。怀抱这一观念，诸如约翰·杜威(John Dewey)等教育学家不得不考虑教室情境下的实验标准化问题。怎样做能更好地激发睿智的询问，促进合作性尝试和想法的自由交流呢？哪些方法能够更好地挖掘年轻人的潜能？

毫不奇怪，1929 年，杜威写出“迷失的个体”(the lost individual)[6]时，强调的是“稳定而有效的个性”[7]和“思维自由运转”中所发现的乐趣之间的关联。他指出：

> 在问题和疑问中发现机遇是科学的一种特质。既然了解即 9
> 询问，那么困惑和难题便是其滋长的母质。差异和冲突引发问题，但我们不必恐惧，也不必企图凭借自己的胆识去克服它们；我们需要做的是思考这些问题。[8]

接着，他探讨了个人关系中的一些问题，以及冲突这一“引起痛苦的首要原因之一”。他指出，如果我们无法将冲突视为“可以机智应对的问题”，痛苦便将加剧。相反，当遇到问题和感到压力时，我们选择了退回到自我；而“如果我们将这些问题和压力视为锻炼思维的机遇，它们则可能部分转化为促进思维自由运转的乐趣……”就展现出的个人形象而言，这里透露出些许勃朗宁风格(Browningesque)——蓬勃而奢华。思维和科学态度被视为停滞、自我放纵和制约的对立面。

在当代，对理性和科学的挑战显然不会攻击“让思维自由运转”的观点。如果非要说可能造成某种攻击的话，那么对自由的讨论、高涨的意识和拒绝异化控制的权利使得今天对认知的拒绝变得合理起来(说起来相当矛盾)。对此，最明显的原因在于，当下的科学尝试似乎被归类于技术活动、工程制造和操纵控制之列。最为恶劣的是，上述现象的结果突然之间被赋予了自己的生命。最富戏剧性(也最容易理解)的影响发展成对人类个体的征服和破坏，或者——以太空探索为例——将普通人排斥在外，取悦他们却将他们置于一边的活动。不具备专业技能的个体曾一度被视为科学发现的宠儿、实验室成就的假定受益者，而现在他们却发现正是那些所谓的成就抹杀了他/她的尊严和根本价值。普通人无法理解现代科学的符号系统，无法区分“纯理论”和“应用科学”之间的区别，他们考虑的主要是那些“洗脑”的科学技术、核灾难、种族灭绝机制或者对陆地、海洋、天空的破坏。

即便对于相对不知情的人来说，他们通过非个人化的技术也能体验到被雅克·埃吕尔(Jacques Ellul)称为“包围”(encirclement)的活的经验(a lived experience)。

10 任何一个地方的技术人员都不会声称人(集体或个人)应

> 该屈从于技术。任何进行人类胚胎实验的基因学家或试图最大限度影响观众的导演都未曾声明过人是他们的工作对象。个人被打破成许多独立的碎片，没有两种技术在深度和维度上是一模一样的，也没有任何两种技术的结合可以与人体的任何一个部分媲美(如宣传加上职业指导)。结果导致每项技术都可以坚持表现着自己的无知。那么，个人在哪里会遭受谁的袭击呢？在任何地方都不会遭受任何人的袭击。这便是技术和技术人员的回答。⑨

我的观点在于，人们正在通过一些和非个人化一样看不见的力量体验着自我——食物中的红色染料、工作场所的石棉、电话上的窃听装置、学校中的行为矫正；此类现象不停地[具有追溯效力地(ex post facto)]被披露。人们努力应对官方机构、电话销售公司或正义体制。他们无论转向何方，都会遭遇官僚主义。如汉娜·阿伦特(Hannah Arendt)所说，这是一种“统治的形式”，其特点是“无人管辖”(rule by nobody)⑩。没有人负责；但个人会感到，他们的权利和自由正被能比自己更为熟练、高效和强大的人侵蚀。与此同时，所有这一切都以一种神秘的方式与科学和无处不在的技术联系在一起。

除此之外，除了变得愈发数学化之外，科学也变得更为实证主义。这意味着，科学家(与杜威心中的从业者不同)在将实证性和分析性方法运用于调查研究领域之时，可能会对他们作为人类所从事的事情丧失看法。由于缺乏对所立足的经验和世界上具体位置的看法，他们可能以一种“上帝般的意识”来对待调研。他们可能会忽略自己的发现[以及被他们定义为客观和毋庸置疑的“实在”(real)]是在思维的某个特定历史时期发展出来的某种协议和程序性的功能。他们可能将所有知识等同于科学实践的后续，并且忽略杜威提出的“真理和虚伪互不相关的意义领域”[11]。诗性的意义和道德的意义根植在杜威的心中，如同真理的意义之于人类经验和证言之于连贯性一样唾手可得、容易加以利用。这种连贯性存在于经验和在任何时刻被我们视为“我们的世界”之间。

11 认知主体和认知客体之间的实证主义分离，伴随着被完成的压力，无论是客观的还是假定的，都增加了个人浸没其中的可能性。这是由于，在普通人的心中，所有知识(包括科学知识)都不再是阐释性的。客体关乎于对世界的理解，而主体不能离开客体而独立存在。呈现在专家面前的是对所有事物的“官方”描述，从物质世界到经济生活，从能源危机到街头犯罪。这些“官方”解释能够回应一切，好像它们掌握了绝对的自然法则一样；一切假定可知的知识看起来属于自我封闭的科学世界的一部分；缺乏专业知识的普通人只能努力适应。对于许多人而言，可供选择的方法只有顺从或回避。如此一来，他们的自我意象发生了怎样的变化呢？

二元论(dualism)由此产生，即杜威所指的“内部和外部的割裂”[12]，这也许不可避免。我们在某些内部领域寻找自我，即大家俗称的“意识”。如果自我——或称自我认同和人格——从根本上被视为是内向性和精神性的，那么我们就可以认为它是不可侵犯的。如印度教(Hindu)所构想的那样，婆罗门(Brahman，个人的灵魂)与生命的本源(世界的灵魂)类似，因此不受物理操纵和行为控制的影响。如此一来，它便立即逃脱了实证性构想和一些语言本身的束缚。以斯金纳(B. F. Skinner)为代表的一些学者考虑到此类存在永远不能通过实证性的方式加以证明，而否认内部世界的存在。与此同时，致力于研究内部世界的学者则认为上述背景实际上证实了存在一个独立于实证主义的世界。西方实验学家刻意忽视这一领域；人们经常认为，这种刻意的忽视正是科学偏颇和删节之属性的证明；甚至在有人将这种忽视视为“思维的自由运转”而进行庆祝时，这种观点依然没有动摇。目前，对致幻剂、生物反馈技术、瑜伽学科、精神外科手术等科学或伪科学领域的研究兴趣高涨，部分原因可以归为上述现象。

鉴于个体，至关重要的问题在于新二元论，即对内部世界的痴迷。西奥多·罗萨克(Theodore Roszak)是该理论的代表人物之一，他将这一理论描述为对“客观意识”(objective consciousness)的挑战，运用“非智力性力量”(non-intellective power)[13]抓住现实的决心，以及空想体验和萨满信仰(shamanism)。德莱赛常常提及威廉·布莱克(William Blake)，描述他如何反抗制约并揭露“人心自囚的桎梏”(mind-forg'dmanacles)[14]。

的确，我们可以在西方文学的浪漫主义传统中找到许多引发当下 12
新反理性主义的因素。华兹华斯(Wordsworth)、艾默生(Emerson)、麦尔维尔(Melville)等人诚然对独裁主义、工于算计、抽象主义和约束条件发起了挑战。他们关注的可能是自发性、真实性或自由意志，无论究竟出于何种考量，显然他们讨论的问题都带有预先确定性、类似于客观现实的合理性及处于所见所感之外并与之不同的理性结构。我们需要回忆的仅仅是赫尔曼·麦尔维尔笔下赛马利(Ishmael)对“不合时宜的冥想”发出的警告。这种冥想切断了个人与经验世界的联系，抑或(参见《白鲸》)“分析看似不可能的事情”[15]。他认为，一些事情无法用理性解释，却常常比可以测量的事更为意义深远。

我们也可以一起来回想陀思妥耶夫斯基(Dostoyevsky)笔下的伊凡·卡拉玛佐夫(Ivan Karamazov)。他知道宇宙的和谐不可能达成，仍近乎绝望地渴望着宇宙间的秩序与正义。“我渴望生活，”他说，“所以我就生活着，尽管它是违反逻辑的。尽管我不相信宇宙间的秩序，但我仍然珍惜春天刚刚萌出的、带着滋浆的嫩叶，珍惜蔚蓝的天空，珍重一些人，对于他们，你信不信，有时候你自己也不知道为什么会那样热爱。”[16]此类对逻辑和抽象的反抗并非是对认知模式的反抗，从本质上看也不意味着拒绝科学。甚至连威廉·布莱克也称之为“四度”(fourfold)而非“单维”的幻象；他从未提议我们应该永远生活在无知的领域。在他们自己生活的空间当中，浪漫主义作家似乎正首先努力实现连贯性，同时向自己介绍自己。

我坚信，那些进行“意识革命”(consciousness revolution)[17]的人们(在浪漫主义作品的习语中常常出现)正在表达一种渴望，与自己及现实世界中的“智性直觉”取得联系的渴望。我相信，他们正试图重新获得活的生活(lived life)和在成长过程中构成的那个世界的主题。过度的官方图式、他人对世界的命名和划分施加于他们身上，他们因此感到迷惑不解、无所适从。他们摸索着为自身解放的方法。让他们感到压抑的并不是科学方法本身，也不单单是科学理性。在没有清楚地意识到这一点的前提下，他们深受科学理性和实证主义的一系列后果的折磨，主体与客体的分离、与技术控制论的关联尤其折磨着他们。

最为严重和麻烦的问题在于，作为参与者、询问者和意义创造者的 13
自我已经被人们遗忘。同时，反过来说，这一问题引发了约翰·李利(John Lilly)所称的“自我元编程”(self-metaprogramming)[18]以及罗伯特·亨特(Robert Hunter)所描述的“处在直观深度的突发性活动”[19]。实际上，亨特的讨论表明，与认知领域相比，直观领域是多么畅行无阻。“在认知水平之下,”他写道，“……我们的思维过程并不受诸如语言等工具的阻碍。思维活动运转得更加快速。”[20]此类观点与众多支持“拓展意识”(expanded consciousness)的论调一致，对很多人来说具有强大的吸引力，对那些花费大量时间看电视、沉迷于易使人兴奋的“迷幻摇滚音乐”或仅仅希望有空做这些事情的人来说尤其如此。

想要理解这种吸引力并不困难。懂得这种需要也毫不费力，不管怎样，无论与哪种“真实自我”(true self)取得联系，都被认为愈发自觉地意识到了“自我意识”的存在。不过，也有人怀疑，那些选择存在于“超越荒地之境”[21]的人实际上确实发现，“非认知”(non-cognitive)过程，也称“前认知”(sub-cognitive)过程，比反思性思维更具吸引力。在许多人的言辞中，自我意识似乎成了一种成就、一种自我验证，抑或能够“医者自医”的东西。那些参与灵敏度训练或其他新型“理疗”的人可能变得对社会现实漠不关心——他们觉得自己对社会现实无能为力。在他们的注意事项当中，没有什么比“实践”(praxis)更为遥远的话题。

在他们看来，“实践”是一种激进的，要求人们参与其中的，旨在改变世界的活动。

半个多世纪前，杜威探讨了在能量“被不利环境审查时”，人们建造空中城堡的倾向。人们在建造想象的世界时，常常允许自己用空中城堡“替代需要付出思考才能取得的实际成就”。他进而探究了精神与行动割裂的问题，认为该问题是整个社会环境的写照。他表示，存在某些时代，社会环境将那些一般会进行反思的人扔回“自我思维和欲望之中，而不向他们提供运用想法和愿望重构环境的办法”。接着，他指出：

> 从某种意义上说，在这种情况下，人们会开始产生对环境的蔑视，对环境进行污名化，借此报复异化和不利的环境。他们在自己的思维、想象和愿望中寻找庇护和慰藉。他们不断恭维这些领域，认为它们比令人憎恶的外部世界更为真实和理想。[22]

14 显而易见的是，包括“痛苦地思考”等类型的生活让个体暴露在新的压迫之中。认识到周围正在发生着什么事情毕竟是应对操纵或制约最有效的方法(同时，如果可能的话，也需要找出谁应该对发生的事情负责)。退回内心世界寻求庇护可能会使处在社会中的个体丧失武装，使得个体在应对神秘主义时加倍的脆弱而易受攻击。正是神秘主义赋予了操纵和制约以合法性。在这样的环境中，我们还能保证自我不受侵犯吗？我们是不是不得不达成某种不可侵犯性——在痛苦地思考当中，通过批判性反思达成？

这很大程度上取决于我们怎样看待意识。意识是否应当被理解为如“自我觉察”一样纯粹的内在概念？或者如一些哲学家所说，意识是一种与世界保持联系的外向型察觉？威廉·詹姆士(William James)、让-保罗·萨特(Jean-Paul Sartre)、莫里斯·梅洛-庞蒂(Maurice Merleau-Ponty)、阿尔佛雷德·舒茨(Alfred Schutz)等人认为，意识不应当仅仅被理解为一种内部活动，或者一种唤醒和活着的感觉。它也不应该被描述为一种实体或微量，或一种类似于吉尔伯特·赖尔(Gilbert Ryle)所称的“机器中的幽灵”[23]。意识指向世界而非远离世界；它指向个人生活的环境。人们通过意识行动认识世界的各个方面。这些行动包括想象、直觉、记忆、相信、判断、考虑以及(集中于一点)理解。这些行为单独或集中发挥作用，使得个人适应、解读和建构世界成为可能。

鉴于以上观点，意识是半透明的。[24]每项意识行动都拥有一个客体：意识总是与某些事情有关；其目的性决定了意识的特点。比如，我说自己意识到有人正在向我靠近，意味着我察觉到大街上有一个人形的轮廓离我所处的空间越来越近。在他朝我走近的过程中，直觉告诉我一个如他形态的物体正在向我逼近。由此，我可能判断出他喝醉了，或者突然想起他是我的一位同事。对我而言，他对我意味着什么取决于我对他有着怎样的意识。我对他的理解取决于我当前所处的位置和先前的经验，因而充其量只能与他的某些方面建立起联系。我明白，对我而言，他的某些方面是隐藏的。我无法知晓他的个人经历和性格。为了获得近乎完整的了解，我不得不从各个可能的角度，对他生活的方方面面进行考量。我需要询问他的个人信息，或和他的亲朋好友交流，同时从其行为的各个方面诠释这个人。不过，这只是一次路上的偶遇而已；我从某个特定的视角观察他——正如某些处在我的生活边缘，我依稀记得的人那样。从我的位置来看，他的现实只是我的模糊记忆。我对他的看法会因他与我的关系——师生、同事、朋友等的不同而不同。

作为视角的抓取，意识是我们认识自然和人类世界的方式。文学世界中存在大量这样的例子，这点毫不奇怪。比如伊凡·卡拉玛佐夫和沾湿的叶子、以实玛利(Ishmael)和白鲸。华兹华斯的自传体长诗《序曲》(*The Prelude*)[25]精准地描绘了创造个人历史的多种意识行动，进而为我们提供了大量例证。《序曲》的副标题“一个诗人心灵的成长”说明了意识与认知行为、自我认同之间的联系。从某些方面来看，这首长诗讲述了诗人回归到(在内部时间中)自身的原生风景(primordial landscape)，即一切开始的地方，从而完成了自我构建的过程。

在诗的开头，诗人决意离开束缚自己的城市，回到自己的故乡英国湖区。他在城市中是一名“愤愤不平的旅居者”。而回到湖区之后，记忆中的山川屋舍首先浮现在他的意识中。他记起了儿时“与美相遇而不自知”的经历，看到了沉寂的薄雾和云霞映照下的湖光山色。这些让他回忆起了“世俗的快乐”。这种快乐不时地流露出一些更为深沉和连贯的感情，与自然融为一体，让他理解到了“我们部分地创造了所感知的世界”。他之所以能够欣赏这种美景，是因为他在那里，在他的故乡，作为一种真实的物体而存在。毕竟，他的肉体才是认知的本源。他试图与原始知觉取得联系，那时他第一次开始适应了当地的风景。他意识到，只有在学会命名和确立主题之后，才能看见风“托起裸露的峭壁”，想象着“不似血肉之躯的巨大而宏伟的形态”。他开始回忆自己何时开始沉思、建构世界和获得意义。由于和原生风景重新建立起了联系，他感到终于认识了自己，与自己取得了联系。而在此之前，这种感觉从未有过。

显然，如果他逐渐熟悉创造意义的文化模式，便无法解读这样的经验。这种文化模式被称为“手边的常备知识”(the stock of knowledge at hand)[26]。在丰富的感性生活的背景之下，在促使他扎根于一种风景并提供永恒基础的背景之下，他开始了学习。如果他脱离现实，如果他的意识仅与内部世界相连，而非超越自我指向周围的世界，这一切便都不可能发生。然而，从一开始，这种超越便发生了。现在，他，这位活生生的诗人，终于能够和自己的记忆、直觉、感受、想象、相信和认知融为一体。他作为一名成年人，可以从不同视角，在自己的经验中塑造出一整套关系网。正如交织在一起的意识活动一样，在成功塑造一个整体的过程中，他自身也可以成为一张关系网[27]。

在诗人眼中，事实是经过长时间多次解读的经验。以华兹华斯为 16
例，主体(诗人的心灵)和客体(周围的世界)之间并没有区别。因此，实际上，针对普通人的事物也针对自然科学家和社会科学家。问题在于，作为一种存在，我们在俯瞰(或探究)那些常常向我们发起攻击的独立存在时，即“异化且敌对的”世界时，无法时刻对现实保持意识。

在主体间性(intersubjective)的世界中，我们常常对自己的境遇和位置视而不见，变得无法思考自己参与的事情、项目和工作以何种方式影响着我们的视角。我们忘了，即便最纯粹的科学研究也根植于经验和无法回避的人类现实当中。同样的道理，我们也忘了，根本不存在所谓的“无客体的意识”(objectless consciousness)，更不可能在其中找到庇护之处。

与此同时，也不存在任何一个能够依靠直觉或某种神秘方式发现的个人隐秘之所。舒茨写道，“我们经验的意义……构成了现实”[28]。讨论意义就是在讨论如何解读，与即刻的觉察并无关系。实际上，人类通过意识获得多种现实是被允许的；影响意识获得过程的关系网与活的自我有关。正如舒茨所说，存在多种多样的“意义域”(provinces of meaning)。其中每一个“域”——科学、艺术、游戏或梦想——都由一组数量不等并可以相互兼容的经验构成。人们通过自身独特的认知风格来解读各组经验。例如，当人为因素的干预程度最小时，我们可以采用实证性和分析性的方式来解读经验。而那些与各类艺术相关的事物则较多地受到人为因素的干预，它们通常以富有想象力和表现力的非讨论性方式进行阐释。

17 除此之外，还存在一种所谓的“全景性现实”(the paramount reality)——日常生活的现实。我们在这个领域工作、与他人交流并试图引发各类改变来达成目标。尽管我们可能将其视为“给定的”(given)、正常的和从根本上无法改变的现实，但每天的生活空间还是原来的样子。原因在于，我们已经学会以之前的经验和先辈传授给我们的经验为基础，来解读当前的经验。之前的经验和先辈传授给我们的经验以“现成的知识”的形式为我们提供了可供参考的方案。[29]我们当中的每一个人，由于个人经历、规划和所处位置的不同，会以独特的视角来审视我们在日常社会现实中遇到的不同事物，而我们常常远无法意识到这一视角的独特性。

至关重要的是，我们作为有意识的生物，通常采用自己创造的阐释方式来构建我们所居住的世界。理所当然地将世界视为预先设定好的样子或某种客观存在，便是不加辨别、唯命是从和深陷其中。显然，这并不意味着，世界只是一种幻象，也不表示世界无法独立存在。如莫里斯·梅洛-庞蒂所言，这仅仅表明，我们对世界的所有了解，甚至包括我们的科学知识，都源于我们的个人观点，“或我们之前从世界中获得的一些经验。如果没有这些经验，科学符号将变得毫无意义”[30]。他说，我们当中的每个人，都是“世界中注定存在的”客体；我们考虑的是如何解开世界的秘密和如何澄清世界的意义。

上述观点与当代反理性主义的关系非常遥远。原因在于，这一观点确认了认知的存在主义重要性或其合理性，同时为生活空间提供了基础。生活空间必须被视作创造任何意义的结构背景，甚至科学问询的背景。承认这一点，也就是承认在经验的基础上建立科学发现的必要性，或者承认迈克·波拉尼(Michael Polanyi)所称的“个人知识”(personal knowledge)[31]的必要性。如果我们准备重新确认自身的影响力，就必须向“实证主义”(positivism)发起挑战；必须揭露支撑神秘主义的客观主义。需要再次澄清的是，反思不仅根植于经验之中，其全部目的在于告知和澄清经验(或生活空间)。如果将与感性背景保持联系的可能性加入其中，我们可能会更好地规避技术带来的破坏。

显然，我们需要对自身现实进行批判性反思，才能获得这样的意识。同时，从某种程度上说，达成这一目标需要获得许多人避免进入的“全面觉醒”。“没有什么能将我与外部世界隔绝开来，”莫里斯·梅洛-庞蒂写道：“这不是因为没有任何力量作用在我的身上，相反，这是因为我从一开始就对世界敞开胸怀。我从头到尾都是真实的；我相信自己属于世界，并以一种与物体不同的方式存在于世界之中；我需要做的全部只是超越自我。”[32]

18 以这种方式超越自我在今天显得如此困难，这可能算得上一种对堕落的屈服。在一切对高涨的意识的夸夸其谈中，无聊和被动无处不在。在所有免费的性游戏中，性冷淡随处可见。越来越多的人企图找到一种超脱的模式，来实现内心的逃遁。人们迷恋“治愈系作品”，同时也迷恋疯狂。只需回顾《飞越疯人院》(*One Flew Over the Cuckoo's Nest*)或莱恩(R. D. Laing) 的作品便可略知一二。[33]许多人相信，疯狂也是一种解放，疯癫的人比正常人还要健康(如果正常意味着冷酷的话)。我们可能认为，《恋马狂》(*Equus*)这部电影及电影中的精神病专家，都对使那个男孩脱离疯狂状态痛惜不已。戴萨特医生(Dr. Dysart)将自己描述为一位手持十字镐、站在黑暗中的人。他对着“脑袋猛敲”，以便摧毁人们的激情。[34]他亲眼看见自己的患者被迫进入人为的正常状态，同时感到自己的嘴巴被一根链子刺得生疼。

对此，我们当中许多人都可以做出回应。今天，在美国，我们深刻地体会到什么叫受控和约束。我们不得不争取解放；我们当中的一些人很熟悉这种嘴里拴着链条的感觉。但是，仅仅凭借新的非此即彼的干预，或者在外部和内部之间被迫做出选择无法解决这些问题。没有任何人的本我是现成的；我们当中的每个人都必须通过世界中行动的选择来创造自我。如果想要赋予这种行动以意义，我们必须具备批判性反思的能力，因为那些沉溺其中的人看不清真相，他们可能陷于停滞不前的状态而无法采取行动。但是，只有在存在开口和合适的社会条件时，人们才可能做出这种必要的选择。因此，自我退缩的问题分为了两个部分：要求个人具有反思性思维，要求社会进行变革。甚至在我们思考尊严问题和超越问题时，也需要考虑那些改变现实的人类**实践**，或那些对超越和改变的了解。[35]

这对教育有何意义呢？意义之一在于科学和课程设计。无论学生发现自己处于哪个阶段，都必须能够将课程设计视为一种可能性。我的意思是，课程设计应当为个人提供一系列机会，促进他们明确并反思生存的主题，直到他们了解自己将存在于这个世界当中，并且能够清楚地说出之前模糊的概念。如果想要达成这一目标，我们必须提供学习多个学科的机会，这些学科象征着在传统中被用来创造意义的图式。当学生能够自觉地通过这些图式整理他们的经验时，他们便应该可以自由地俯瞰各自的风景以及那些所谓的知觉基础。

英国湖区的旅行经历促使许多学生重新发现了他们各自的风景； 19
音乐和舞蹈能对一些学生起作用，各类其他艺术则能在另外一些学生身上奏效。保罗·弗莱雷(Paulo Freire)曾使用录像带记录自然环境和日常生活。他让同事(也就是和他一起学习的人，他们都是一些农民)解读这些录像带，希望通过这种方法来清晰地描述他们生活的共同主题。[36]我的观点在于，学习必须是一种发现和再发现的过程，这一过程用以回应具体情境下意识生活中产生的有价值的问题。同时，学习必须以某种解放的方式进行；也就是说，学习使得学生能够理解他们接触到的知识结构的历史、科学研究中使用的范式，以及人类兴趣和特殊时刻之间的关系。在面对某些技术中心论，甚至官僚主义时，人们也可以通过学习来了解技术的意义，并明白技术控制的危害。这种想法将促使他们提出尖锐而重要的问题，思考什么在他们身上发挥作用，什么制约了他们——无论神秘主义源自哪里，学生都可以学会将其识别出来。[37]

如果学习的焦点是活的生活，那么它应该能使人们认识到向前发展的环境当中的缺失。在识别缺失和不足(个性、排外和疏忽的侵害)的过程中，他们可能学会如何修复和超越。这很大程度上取决于他们如何理解自己的生活，避免将事情视为理所当然的程度，以及愿意承担的风险。考虑到电子技术所支配的社会如此复杂，同时鉴于其中的等级制度和特殊性，我们不能将所有希望都寄托在教育之上，当然也不能全部寄托在学校之中。

20 但是，我们能够进行尝试——无论我们发现自己发挥着怎样的教育作用。我们可以证明，专注地生活和追寻生活的意义是多么令人喜悦。小说《看不见的人》(*Invisible Man*)的叙述者在最后发问："为什么我要写作，这样折磨自己？但是，尽管这样，我学到了一些东西……"他讲述了在自己昏迷之后，一些想法如何逐渐淡去；同时诉说着把这些想法告诉他人的重要性。他谈到指控和辩护、憎恨和热爱，讨论了我们如何必须停止蛰伏于地下，必须往上爬，进入空中，最终变得可以被人们看见，拒绝当一个看不见的人。

> 在潜入地下的过程中，我把所有东西都丢掉，只剩心灵。构思了一份生活计划的心灵必须从不对混乱视而不见，也正是在混乱的背景之下，我构思出了那个模式。对于社会和个人均是如此。你的确定性的模式就蕴藏在这样的混乱之中。因此，在尝试赋予混乱以固定的模式之后，我必须走出来，我必须浮现出来。㊲

如果人们想要再次实现一种实效性，这样的出现和超越是必需的。如果他们能够与知觉风景(perceptual landscape)保持联系，如果他们能变得具有批判性和自觉性，他们或许能够克服被动性和退缩的诱惑。我们都必须选择成为学习者，对永远无法完全了解的世界表现出开放的姿态，愿意在“现实面前”生活(如弗吉尼亚·伍尔夫所写的那样)。从客观上看，我们本质上或许只不过是一粒“尘埃”。但是，我们可以做出选择，有时也可以做出改变。

参考文献

1. William Shakespeare, *Hamlet* (New Haven: Yale University Press, 1947), Act Ⅱ, Scene 2, p. 65.

2. Hector St. John de Crevecoeur, *Letters From an American Farmer* (London, 1882), Everyman, p. 43.

3. See Leo Marx, *The Machine in the Garden* (New York: Oxford University Press, 1967), pp. 13-14.

4. See John Dewey, *The Quest for Certainty* (London: George Allen and Unwin, 1930), pp. 43-49.

5. Werner Heisenberg, *Physics and Beyond* (New York: Harper & Row, 1971), Preface.

6. John Dewey, *Individualism Old and New* (New York: Capricorn Books, 1962), p. 52.

7. Ibid., p. 73.

8. Ibid., p. 162.

9. Jacques Ellul, *The Technological Society* (New York: Vintage Books, 1967), p. 389.

10. Hannah Arendt, "On Violence," *Crises of the Republic* (New York: Harvest Books, 1972), p. 137.

11. Dewey, *Experience and Nature* (New York: Dover Publications, 1958), p. 411.

12. Dewey, *Democracy and Education* (New York: Macmillan Company, 1916), p. 402.

13. Theodore Roszak, *The Making of a Counter* (New York: Anchor Books, 1969), p. 236.

14. William Blake, "London," in *William Blake*, ed. J. Bronowski (Baltimore: Penguin Books, 1958), p. 52.

15. Herman Melville, *Moby Dick* (New York: Random House, 1930), p. 277.

16. Fyodor Dostoyevsky, *The Brothers Karamasov* (New York: Modern Library, 1945), p. 312.

17. See Charles Reich, *The Greening of America* (New York: Random House, 1970).

18. John C. Lilly, *The Center of the Cyclone: An Autobiography of Inner Space* (New York: Bantam Books, 1973), pp. 177-183.

19. Robert Hunter, *The Storming of the Mind: Inside the Consciousness Revolution* (Garden City, NY: Doubleday Anchor, 1972), p. 103.

20. Ibid.

21. See Theodore Roszak, *Where the Wasteland Ends* (Garden City, NY: Doubleday and Company, 1972).

22. Dewey, *Democracy and Education*, *op. cit.*, p. 405.

23. Gilbert Ryle, *The Concept of Mind* (New York: Barnes and Noble, 1949), pp. 15-16.

24. Jean-Paul Sartre, *Being and Nothingness* (New York: Philosophical Library, 1956), pp. li-liii.

25. William Wordsworth, *The Prelude: Selected Poems and Sonnets*, ed. Carlos Baker (New York: Holt, Rinehart and Winston, 1962).

26. Albert Schutz, "Teiresias," in *Studies in Social Theory*, Collected Papers Ⅱ, ed. Arvid Brodersen (The Hague: Martinus Nijhoff, 1964), pp. 283f.

27. Maurice Merleau-Ponty, *Phenomenology of Perception* (New York: Humanities Press, 1967), p. xx.

28. Schutz, "On Multiple Realities," in *The Problem of Social Reality*, Collected Papers Ⅰ, ed. Maurice Natanson (The Hague: Martinus Nijhoff, 1967), pp. 209-212.

29. Ibid., p. 208.

30. Merleau-Ponty, *op. cit.*, p. viii.

31. Michael Polanyi, *Personal Knowledge: Towards a Post-Critical Philosophy* (New York: Harper Torchbooks, 1962).

32. Merleau-Ponty, *op. cit.*, p. 456.

33. See R. D. Laing, *The Divided Self* (Baltimore: Penguin Books, 1965).

34. Peter Shaffer, *Equus* (New York: Atheneum, 1974), p. 106.

35. Sartre, *Search for a Method* (New York: Alfred A. Knopf, 1963), pp. 91-100; also see Paulo Freire, *Pedagogy of the Oppressed* (New York: Herder and Herder, 1970), pp. 27-40.

36. Freire, *op. cit.*, pp. 75-90.

37. Ralph Ellison, *Invisible Man* (New Yor: Signet Books, 1950), p. 50.

/ 2. 理性与解放：论想象性文学的作用/

今天，哲学批判家试图探究“能动的主体(active subject)的自我形成”究竟经历了怎样的过程。[①]确切地说，“批判性”指的是人类反思能力中的“反思理性”(reflective rationality)。[②]但是，在今天的世界中，我们很难体会到自身的主观能动性；我们每天经历的日常生活似乎在持续地阻碍着我们发挥解放的能动性。科技统治论[③]和所谓的“功能理性”(functional rationality)[④]正在逐渐向我们逼近。我们被卷入生产性导向、实证性实践和用途性预设的大潮之中。我们发现，自己不仅被某种外在的控制性因素物化了，还内化了那些将这些因素合理化的解释。我们不假思索地默认了那些几乎不被理解的解释，默默顺从那些身份不明的当权者。“虚假意识”(false consciousness)[⑤]影响着我们，甚至连我们自己也没有发觉。在赫伯特·马尔库塞(Herbert Marcuse)看来，这意味着一种“对经验的禁锢和对意义的限制”[⑥]。关于经验性知识的那种牢不可破的意识被消解了，对人类赋予意义及构建共享现实种种方式的理解也经历着这种消解。

从某种程度上说，教育的意义在于提醒人们注意上述问题，同时唤醒人们身上具有的“不可动摇”的理性。启蒙运动之后，教育学家、心理学家和哲学家开始在这样或那样的伪装下关注这个根本性的问题。他们给出的回应是多方面的：实验性教育、逻辑学、语言学分析、精神分析和针对被压迫者的多种教学方法。[7]对于教师和“准教师”(teachers-to-be)来说，对某种想象性文学重要著作进行研究可以为其中任何一种方法提供有益的补充，19 世纪和 20 世纪初创作的作品尤其适合被用于这样的研究。因为在那时“进步史观”(the idea of progress)[8]开始变得问题百出，普通生活当中被认为理所当然的价值观也受到了质疑。我脑海中的作品拥有一种特殊的能力，能够从各个方面向现代读者展现我们的生活空间。然而，除此之外，投身于过去所创造的物质当中，我们才能开启属于每个人的历史。莫里斯·梅洛-庞蒂曾经写道，在我们面前，过去可能只是“为当前预见所准备的梗概，尽管可以从当前识别出自己，却在意义上超越当前”[9]。如果情况果真如此，在我们和同胞长时间构建而成的社会性世界中不断发展的询问将成为理解自我形塑过程的基础。

正如马尔库塞所言，过去几年质疑资产阶级社会的文章“有意识地 *23*
超越了被主体异化的存在”[10]。实际上，我们在诗歌和散文中发现的生活意象与正常的“商业秩序”(order of business)之间存在一种不可比拟性。正是这种特性证明了我们有可能完成“有意识的超越”。多年以来，读者在以开放的姿态对待作品时，便能够看到真相。他们通过这种做法在正常的生活环境中采取了一种新的立场，超越了一种“理所当然”

(taken-for-grantedness)。然而，马尔库塞指出，现代社会具有如此强大的同化和吸收能力，以至于文学的批判性元素也变得模糊起来。

例如，福楼拜的《包法利夫人》(*Madame Bovary*)等文学作品中存在的不可调和的问题从未真正得到解决，它们只是被压抑了。这意味着，小说“艺术的异化”(artistic alienation)[11]力量已经遭到削弱。爱玛·包法利(Emma Bovary)生活在金钱至上、浮夸虚伪的永维镇(Yonville)。我们没有将她的困境视为对这种社会的控诉，而将整个故事看成一场使人迷惑、把人宠坏的“浪漫”，认为这种浪漫的幻觉才是导致她死亡的原因。结果可想而知，我们无法体会她作为不计其数的中产阶级家庭妇女一员所面对的困境(如果不将她视作物质主义社会成员的话)——她沉溺于物质满足，无知得让人觉得可怜，将自己和他人视作商品。没有其他哪个时刻能比观看电视广告更让我们觉得自己远离正常的“商业秩序”了。

24 考虑到现代社会是如此高效地吸纳了那些最惊人的先锋艺术，甚至包括革命性想象，我们便能够轻易理解马尔库塞的观点。从原色牛仔裤到可卡因再到性解放，从罗伯特·劳森伯格(Robert Rauschenberg)[12]的绘画到约瑟夫·海勒(Joseph Heller)[13]的讽刺作品，那些一度被认为骇人听闻和颠覆传统的发明在一些“安慰剂”的作用下变得恰当起来。弥漫于当代的“**无聊感**”(ennui)最令人沮丧的体现——可怕的越南大屠杀，已经成为人们茶余饭后的谈资。甚至连抗议都在客体化之后成了一种用以陈列和展示的艺术品。在我看来，尽管如此，充分的教育仍然能够促使现代读者与同化的力量切断联系，利用超越、自我认知和批判等契机，重新构建特定的艺术作品。

让-保罗·萨特提醒我们，每一位作家都呈现出了他/她与读者共同拥有的世界，并用自由赋予这个世界生机，带着自由穿透这个世界。萨特写道，“在这个世界的基础之上，读者必须实现具体的解放；它是异化、环境和历史，是一个为自己或他人必须改变或者保留的世界”⑭。今天，对我们而言，这样的可能性仍然存在。教育的任务便是使这样的“世界”得以在文学作品中存在。即将展开的作品可能源自任何传统，但是在文学作品中，一种属于西方辩驳传统(adversary tradition)的独特价值观却一直存在。这在很大程度上归咎于我们今天遭受的困扰。

我们可以在下面这些作品中找到暗示——表达了我们熟知的不满。显然，布莱克、波德莱尔(Baudelaire)、陀思妥耶夫斯基和其他一些作家并没有提前在工业社会中生活过，也没有办法预测技术的发展趋势。从某种意义上说，他们正在经历工业经济的兴起，并且在人们牢牢记住的信念和不可侵犯的个性化背景之下，经历着这种变化。许多人曾经从外省和农村来到城市；无论何时，这些人都有权选择放弃城市生活，离开那种“匿名”和“困惑”。尽管如此，他们对压力和控制极为敏感，疯狂地攻击能够贬低人类的任何特性——伪善、自满、厌倦和懒惰。他们对所有将个人或艺术家塞进“舒服的模子”里的尝试嗤之以鼻、悲痛万分。他们以特殊的方式回应着占据优势地位的规则，甚至包括尤尔根·哈贝马斯(Jurgen Habermas)描述的“对实体化权力”(hypostasized powers)的依赖。⑮

读者一度将这种依赖视为理所当然，将限制和压在他们身上沉重的负担归因于“事物的本质”(nature of things)。他们忽略了这样一个事实，在知识和社会领域，统治和必死的命运不同，是可以被改变的。他们忘记了，规则、禁令和否认产生于特定世界的特定集合。然而，在 19 世纪和 20 世纪早期，这一点至少对于一些人来说是显而易见的；新限制的产生似乎并不是自然而然的。这些限制不像在今天这样容易被内化，它们看起来似乎侵犯了人类的个性本身。个人和艺术家在个性的历史背景之下反抗着这些限制。

25 阿尔文·古尔德纳(Alvin Gouldner)曾经在一篇文章中，对 19 世纪的功利主义发动了“浪漫的”抨击，对追求成就、物质上的成功，以及“符合实用性的价值”发起了意义重大的挑战。[16]无论其中的“浪漫”是否具有传统意义，在这里提到的多位作家身上，我们都能够发现古尔德纳所描述的那种共同的憎恶和反感(出于多种原因)。作为中产阶级的一员，他们的观点与我们期待的并不一致。他们并不认为，工人阶级应该意识到实际存在的剥削和压迫。这些作家不同于政治经济或社会革命者，无法像马克思和恩格斯那样看待问题，甚至也无法像同时代的自由派革命者那样看待问题。

尽管如此，在他们关心的个人价值和人类道德环境领域，焦点似乎集中在人类行动的后果之上。他们对功利主义倾向尤为敏感，即便这可能意味着将一切关于价值的问题排除在外。古尔德纳曾经这样写道，“从本质上看，评估某项行动并据此确定其发展趋势的努力愈发取代了对这项行动究竟‘正确与否’的关注”[17]。他似乎在说，如果一些举措能在最简单的层面发挥作用，能够解决一些问题或者平息一些纷争，那么便不失为一种选择(根据这种观点)。事实确实如此，随着人们逐渐走过19世纪，越来越多的人开始不参照“道德适当性标准”来选择行动的过程。我们只需要回顾某些全体性决策、与“昭昭天命”(manifest destiny)[18]和征服相关的决定，以及影响患者和异常者的决定便可以知晓。正如古尔德纳所言，压力也与日俱增。这种压力源自社会的稳定和发展，而非个人幸福感的提升。作家眼中的“敌人”似乎指的就是这种情况。我们奠定了陌生感的基础，即所处时代与道德无关的人格解体的基础。“制度”已经开始吞没个体，而个体却还没来得及充分意识到周围正在发生什么。

在当前时代，实证主义和科学至上论似乎代表了这些趋势的后期走向。一位作家将实证主义描述为“秩序竞赛中的关键一步”，他谈到实证主义将“演讲的发起者”和演讲的对象区分开来，好像“两者是各自离散的物体一样……”[19]分离不仅存在于主体和客体之间，论断和解释似乎也呈现出了各自的生活和状态。所有知识都被等同于实证性科学知识。想要成为一个文明开化的人，必须与正确的技术决策和特定的程序保持一致——还要在可接受的价值观背景之下这么做。正如莫里斯·梅洛-庞蒂所言，从意义上看，现在确实胜于过去，“尽管过去在现在中识别出了自己”。

但是，我们研究的是解放性认知。豪尔赫·路易斯·博尔赫斯 26
(Jorge Luis Borges)在一篇题为《卡夫卡及其先驱者》(*Kafka and his Precursors*)的文章中提到了“先驱者”(precursor)这个词。从事这项研

究的方法之一便是确定“先驱者”的身份。博尔赫斯探讨了他如何从各个历史时期的文本中识别卡夫卡的声音。他确认了多部与卡夫卡作品类似的异质性作品，尽管这些文学作品本身并不彼此类似。紧接着，他说，“假设卡夫卡从未写出任何一个字，我们就不可能识别出这种特质；换句话说，这种特质将不复存在”。他继续写道：

> 罗伯特·布朗宁(Robert Browning)在《恐惧与不安》(*Fears and Scruples*)一诗中预言了卡夫卡式作品的出现；但是，可以察觉出来的是，我们对卡夫卡作品的阅读塑造和影响了我们对这首诗的阅读感受，使其偏离了原本的体验。布朗宁对这首诗的解读和今天我们的解读大不相同。“先驱者”是批评家们不可缺少的词汇，但我们应该将辩论术和对抗性的全部内涵从这个词上剥离。实际上，每位作家都创造了他/她的“先驱者”。其作品修饰了我们对过去的理解，同样也改变了我们对未来的理解。[20]

为自己创造“先驱者”的作家不仅限于托马斯·品钦(Thomas Pynchon)[21]、库尔特·冯内古特(Kurt Vonnegut)[22]、玛格丽特·阿特伍德(Margaret Atwood)[23]和索尔·贝洛(Saul Bellow)[24]，许多其他现代作家也可能创造出自己的“先驱者”。这个过程改变了我们对某些早期作品的看法。与此同时，我们对统治、技术理性的压力等“半铰链式”的体验也能够促使我们在回顾过去的同时预测未来。或许，这些体验会促使我们改变对过去的概念，进而揭露一些被掩盖的形态。

布莱克、福楼拜、陀思妥耶夫斯基和其他作家自然不会像今天的我们这样解读他们自己的作品。文学的意义在不同历史时期以特殊的方式表现出来；其他方面也存在“日积月累的生活意义”[25]，不允许我们突然退回到过去。我们仅能够以当下的视角，依据文本的内容和形式来解读作品。我们在解读作品的过程中，同样可以自由地寻找“先驱者”，借此修饰我们对过去、现在和未来的概念。我所提倡的就是这样，说到底，我们对“自我形塑”(self-formative)的过程有了更为深刻的理解；同时，如果我们足够幸运的话，还可以理解萨特所描述的“具体的自由”。

首先，作为第一个例子，让我们一起来品读威廉·布莱克(Wil- 27
liam Blake)《地狱的箴言》(*Proverbs of Hell*)的片段。这首诗描述了夯实宗教权力的权威。布莱克在诗中指出了外化和物化神灵的方式(与人们倾向采纳的看法一致)，直到神灵成为控制和奴役的模型。最为特殊的意义在于，他强调了令人毛骨悚然的压迫——人们在静默中默许，将“发起演讲的人”和他/她的权利和能力足以表达的事情分隔开来。

> 从前的诗人，用神和天才来把一切易感的事物描绘得栩栩如生，
> 用名字来称呼这些事物，
> 用树林、河流、山峦、湖泊、城市、民族，
> 以及一切能为他们的延伸了的感官所领悟的事物的特性
> 来使之生色。

尤其是他们研究了各个城市和乡村的风尚，
将它们归于其内在的神性。
这些努力一直进行到一个体系的建立为止，
这个体系大约有某些优点，且企图通过从客观事实中显现或抽象出内在的神性
来征服粗野：于是开始有了教士的职业——
接着从诗体传说中选择了崇拜的形象。

最后他们宣称神主宰了一切。
这样，人们就忘记了所有的神都居住于人的胸中。[26]

权威和限制以多种形式(教堂、军队、王权、学校和“撒旦工厂”(Satanic mill)[27]奴役人们，将人们改造成一个模子倒出来的样子。当然，这个主题反复出现在布莱克的诗中。在诗的影响下，专注的现代读者如果允许自己被想象性模式掌控，哪怕只有一小会儿，便会不可变地进行“自我对质”(self-confrontation)。我们来回顾一下熟悉的《哀伦敦》(*London*)：

28 我走过每条富人的街，富人的泰晤士静静流，
所见市民皆疲弱，面带菜色有忧愁。

失业男子在哀号，儿童哭声鬼神愁，
禁令法规何其多，人民身心受束缚。

扫烟囱儿童的哭泣，传入熏黑教堂里，
退伍士兵的悲叹，化成鲜血在宫殿前。

夜深人静大街上，传来妓女咒骂声。
青年妓女发哀鸣，婴儿吓得哭不停。㉘

布莱克号召我们进入城市。在城市中，垄断占领了街道，甚至是自由流淌的河流。处在操纵和管制下的居民深受"人心自囚的桎梏"束缚。拥有财富和财产的人享有无上的权力，这已经足够糟糕；而更具破坏性的是内化的压迫，也就是控制人们生活的无望而单向度的前景。扫烟囱儿童的出现唤起了更加恶劣的联想，他被迫不断爬进一个个狭窄的烟囱通道中，直到因此患上癌症，变成残疾人。没有任何一个其他形象能够如此有效地唤起压迫和监禁的感觉：全身赤裸、饥寒交迫的孩子蜷缩在黑洞洞的烟囱通道中。接着，为了在叮当作响的黑暗中营造出恐怖的感觉，作者描述了与婚姻和生育相关的私生子和梅毒的鬼魂。它们的象征意义是最可靠和最具价值的，即便在暴政统治之下，也是如此。然而，这首诗却不允许我们置身于伦敦社会革命前的图景之外。我们无法置身事外，是因为我们也体会到了布莱克所说的"人心自囚的桎梏"。这便是马尔库塞所说的"意义的压缩"，即极端的"虚假意识"。

毫无疑问，对在自己所处的时代阅读他的作品及其中刻画的人物的读者来说，布莱克是理性主义和机械主义神秘而激进的敌人，或者说是可怕力量的代言人(也许可以把他比作一只恶魔般的老虎，好似

“黑夜的森林中燃烧着的煌煌火光”)。他当然不是这样的人。他的大部分诗仍处于压抑当中，所呈现的关键性问题远未得到解决。从某种程度上说，20 世纪 60 年代重新发现了他；而现在，我们似乎可以将他重塑为解放运动的“先驱者”，表达了那些脸上“刻着软弱”的人隐秘的欲望。他明白，如果想要结束残缺状态，将人类意识提高到新的高度，嬗变和新的综合体是必不可少的。也许，只有现在，随着作家不断重塑我们对布莱克作品的解读，使其偏移原本的方向，随着经验促使我们在他的作品中识别出自己，我们才能够察觉到这一点。

29 布莱克和威廉·华兹华斯之间存在很大差异。但是，如果我们一边思考现代困境，一边阅读华兹华斯的作品，便会发现布莱克作品中的多个主题都在其中有所体现。在其中，我们不断发现对社会规则和禁令的挑战，对实验性价值观和看法的坚持，以及对预先定义的标准和体制的抵抗——城市的人造秩序和诗歌的新古典主义规则都体现了这一点。《序曲》[29]表现了人类有意识地理解自我形塑的过程，并通过重构个人历史来获得理解。

在华兹华斯的诗中，叙述者意识到自己扮演的角色和承担的“非自然的自我”(unnatural self)使得他无法接触到自己真实的想法，为此他踏上了一段旅程。重新回到湖区之后，叙述者决定严肃地向自己提问。他重新审视了在儿时赋予他意识的故乡，回顾了自己的大学时代、旅法岁月、对法国大革命的热情和迷惘，以及随后在伦敦度过的那些年。其中，至关重要的不仅仅是诗人对世界性公共事件的记忆，还有他从生活中捕捉意义的认知背景。他的目的在于发现自己的声音，以“人类的共同语言”表达自己的所思所感。他以体验过的现实为导向，以想象出来的人能够释放价值的世界为导向，以“我们创造出了一半所感知到的东西”的世界为导向。

他写了通向学校的马路，写了“繁文缛节是多么不起眼/ 我们却单独赋予了它们过度的信任/ 教育之名，关乎于真情实感”。他回忆了源自贫困和过度劳作的“比死亡还糟糕的压迫”，讲述了“在封闭而拥挤的人群中/ 在人类心灵千疮百孔的城市里，/眼睛得不到满足，也不可能得到满足”。[30]接着，他写道：

> ——对，在那些游荡中，我深刻地感到
> 我们是怎样误导了彼此；尤其是，
> 书本是怎样误导了我们，它们期望
> 从少数富人的判断中领赏，
> 在人造光线的照耀下观察世界；
> 它们是怎样为了取悦少数而贬损多数；
> 娇弱地将真理降低到普通观念的档次，
> 为了被即刻理解，或者
> 为了在构建它们的头脑中
> 更好地拓展知识……[31]

他的意思是，一旦“普通观念”从少数人那里获得了官方的认可，暴政便开始了。正是这一小部分人在剥削穷人，施加“比死亡还糟糕的压迫”。

我们无法对这位诗人进行理性的衡量。价值和事实是相互交织着的；我们现在读这首诗的时候，可能会敏锐地意识到这一点。诗人在与阐释性的体制斗争，与“戒律、评判、准则和信条”抗争，而他清楚地意识到，这些规矩都是人为制造的。他对孰是孰非感到深深地困惑，对责任、处罚和规则的基础尤为不解。

> 直到要求出示正式的证据，
> 直到在每件东西中寻找这种证据，
> 我的信任感才彻底崩塌；
> 最后，矛盾让我感到厌烦、疲倦，
> 这才绝望地提出了道德问题。㉜

这种绝望源自他试图用逻辑来证明道德惯例和原则的合理性，而仅仅依靠理性来消除矛盾。他最终发现了一种依靠知觉和想象力的解决方案。他意识到伊曼努尔·康德(Immanuel Kant)所说的“目的王国”(realm of ends)指的是什么，意识到人类通过自由意志和“仅仅服从这种意志”而完成了合法化。在一些人寻找自己历史的时候，诗人则将自己创造成了自己世界的立法者，即便他坚持用自己的话申明，正如康德所言，每个个体“都不应该仅仅把自己和他人当成一种工具，而应该在各个情况下都把他们视为自己的一个目的”㉝。正如华兹华斯所言，他支持自然而然的“到场”，以及“敏感的存在、创造性的灵魂”。他最后写道，发现人类是愉悦的客体、纯粹想象性的客体和爱的客体，是具有敏锐的卓越意识的客体，是“具有是非观的客体”。[34]

如果我们像诗人一样，进入创造而成的宇宙当中，以开放的姿态面对价值观的世界，我们便无法允许自己的想象力被单维度的视角束缚。我们以开放的姿态，将自己视为能够发挥想象力、运用直觉、感受世界并进行思考的存在，可能会和其他人一起发现创造自己的意义究竟意味着什么。或许，我们能和华兹华斯一同呼喊，“我们曾经爱过的东西，/其他人也会爱上，我们会教他人如何爱上它们……”[35]湖泊、屋舍冉冉升起的炊烟、林中漫步的老兵、伦敦的圣巴肖罗缪市场：现在看来，所有一切都是那么遥远与陌生。虽然它们看起来可能并不那么“现实”，也不那么具有社会意义，但这并不一定能阻止我们在卷入诗人的追寻和向高举实证主义大旗的游行队伍提问时，重新获得自己的风景。与此同时，我们在“目的王国”里努力寻找共同语言和自己的主权。

从华兹华斯到波德莱尔，也就是从广阔而常显得沉重的意识走向 31
紧张而装腔作势的精神，两个极端都仅仅能够让人们觉得活着而已。19 世纪中期，第一位城市诗人，著名的“现代性”(modernity)发现者波德莱尔在巴黎进行创作。他比其他人更可能向所见到的残酷而不可替代的工业文明的规则性发起挑战。他认为，机器统治是“血腥、亵渎神灵而非自然的”。[36]他曾一度宣称，“机械化最终会导致美国化；科技进步让我们变得虚弱无力”。他认为，科技进步削弱了自我，使个人努力变得不再被需要。他像当时的许多艺术家一样，饱受“无聊感”的折磨，通过对“怨气”的描述，致力于将生活表述为一种问题和困境。他在多部小说中描写了种种骇人的景象(“好色的贫民”撕咬着一个老年妓女干巴巴的胸部，“一窝一窝的蛆虫”在人的脑袋里蠕动，“愚蠢的人性罪恶展览”，“如蚁穴般繁忙、充满梦想的城市”)[37]。他写道，诗歌旨在将读者——“伪善的读者”——从洋洋自得中唤醒。上流社会中弥漫的滥情、虚伪和麻木令他惊恐不已。他常常像孩子一样，对生活的愚蠢、粗野和中产阶级的处境感到愤懑。他有很重的烟瘾，希望借助尼古丁的作用沉溺于人造天堂；他有意识地将负罪感和堕落感施加在自己身上，这样他才能感到一种张力将自己拉向无尽的上空。

是什么主导和压迫着人们的生活？从我们的角度看，诗人全身心地投入其中是最具意义的。像“盖子”一样压在我们头顶上的天空[38]，“闹钟这个让我们颤抖的冷静的恶魔”[39]，“你们必须遵守，听到了吗?”[40]守护天使呼喊着…… 当然，波德莱尔极力反抗这一切，但更为重要的是，他热情地投入包含主体和客体的纯艺术创作当中。他对想象力的自主性深信不疑，将“灵魂状态”[41]转化为意象和“符号森林”——超越自身并指向构建而成的现实(a constructed reality)的相似物。为了达成这一切，他不得不与理想主义的威压断绝联系，用人类设计而成的项目取代传统的客观存在体系，即“人类身上的巨大枷锁”。他身为一名文学批评家，却醉心于技术研究，希望利用艺术来表达从未遭到质疑的颜色、声音、城市街头的场景以及活生生的人在现实生活中体验到的种种感受(包括无聊感)。毕竟，坚持将直觉视为一种能够抓住现实多样性和赋予世界多种意义的意识，不失为应对客体化和统治的方式之一。

马尔库塞认为，波德莱尔的作品提倡了一种自由的生活方式，即 32
“超越绩效原则的规则”[42]。诗人明白，“真实的文明并非存在于汽油之中，也不会存在于蒸汽机和电唱盘上”。相反，真实的文明存在于全面觉醒之中，根植于所处的环境；从中，我们可以体会到无尽的生命旋涡中“姿态各异、色彩缤纷”的美丽。在波德莱尔的建议中，读者感受不到仁慈，也不可能发现任何对政治和**实践**兴趣。但是，如果当代读者愿意冒险阅读他的作品，他们也可能会被推向“自我对质”的状态，同时发现个人生活的新愿景。波德莱尔的《恶之花》(*Flowers of Evil*)兼具净化和批判的作用，仍然能够将我们从“浸没”(submergence)中唤醒。

居斯塔夫·福楼拜(Gustave Flaubert)的小说对我们可能会产生相似的影响。福楼拜说，他关注的是如何纠正“幻象”(illusion)。这里的幻象不仅包括爱玛·包法利对现实的浪漫想象，还包括一成不变的观念、准则及常常造成误导的生活和艺术习俗。他认为，想要逃离这种定式，我们必须在时间的侵蚀中将生活视为断断续续的“流”(flow)和碎片。人类变态的欲望、非理性的反应和不规律且乏味的生活节奏都需要通过和现象世界(the phenomenal world)协调一致的语言来传达。福楼拜在反抗资产阶级和功利主义思维中的虚伪和扭曲时说，“我不喜欢任何强加于我的东西”。他试图不带任何感情色彩地参与其中，以个人身份进行反抗，即便他已经意识到爱玛·包法利就是他自己，他已经把自己的意识强加在了永远充满疑问的世界中躁动不安的主体、客体和风景之上。

33 现代读者在阅读他的《情感教育》(*A Sentimental Education*)[43]时，难免感受到常识和传统与表述当下究竟发生了什么的欲望之间存在一种紧张感。我们在社会生活中难以逃脱这种紧张感，在文学世界中当然也难以逃脱。除了使用教给我们的分类和公式，还能怎样表达周围发生的一切呢？我们怎样做才能清除刻板印象，避免陈词滥调和老生常谈？我们怎样做才能教会年轻人拒绝一味地闲聊，不再不假思索地重复着“交给他们的东西”？

与《情感教育》中的弗雷德里克·莫罗(Frederic Moreau)初次接触之后，读者可能会走到对人物、情节和主旨传统期待的对立面上。弗雷德里克是一个毫无意义地在生活中游荡的人。他无法承诺、无权选择。事实确实如此，由于我们倾向于按照接收到的分类方法来阅读书中的内容，因此福楼拜的小说读起来似乎“什么也没有发生”。书的内容越向普罗大众粗俗野蛮的生活节奏靠拢，便越会显得“无聊”。这是因为，我们已经习惯于把带有目的性的叙述顺序强加在“事件流”之上(按照时间先后的逻辑顺序)，反而对“现实”的顺序感到困惑。

从一开始，弗雷德里克就拒绝成为我们期待的“英雄”。他生活在一连串少年时代的幻想之下，梦想成为作家、律师、画家和革命者。然而，他在每个方面都不过是一个“半吊子”，没有能力投身于其中任何一项职业。空洞而盲目的理想主义是造成这种现象的一个原因，表现为他对焕发着母性的浪漫角色阿诺夫人(Madame Arnoux)无法实现的爱慕，好似“所有事物都汇聚到了一个明亮的光点之上”[44]。另一个原因在于，他深陷于19世纪巴黎商业、政治和禁忌之爱交织而成的懵懂网络中。他需要钱，想要得到资助、支持和名望。然而，从根本上说，他又是冷漠的，对任何事物都漠不关心。许多读者都期待他能够开始奋斗，采取行动，发现自我，对周围的无聊生活发起反抗。希望他不再像以前一样，即使在1848年法国大革命中也对周围的事物漠不关心。

政治承诺眼看就要化为泡影，不计其数的人物内心发生了转变，无论他们看上去对革命多么热忱和投入。在发生撼动世界的重大事件时，他们由于思维混乱和游移不定，而仅仅把革命当成一起遥远的随机性事件。例如，当人民开始走上街头游行，国民警卫队被召集而来时，弗雷德里克正在和他的情妇罗赛塔(Rosanette)一边说笑，一边将头探出窗外。在听到火枪队解散的消息时，他平静地说："呦吼，一些公民开始行动了。"[45]人民洗劫并烧毁杜伊勒里宫时，一些人只是这么评论："英雄们要被呛死了。"[46]人民把手扶椅从杜伊勒里宫的窗户扔出去之后，一边看着椅子坠落，一边大声叫道："国家之舟正被抛向暴风雨肆虐的海洋里！让我们跳起康康舞吧！"[47]而在城市的另一边，布勒斯先生(Mr. Dambreuse，把财富和上帝混为一谈的商人)感到自己的财产正遭受威胁，他被经验欺骗了："如此优越的体制！如此开明的国王！这怎么可能呢？"[48]许多年轻人丧失了生命。当他站在吧台后面大声叫嚷，叫服务员上面包时，一个人在他的眼皮底下被受人尊重的罗奎神父(Père Roque)开枪打死。其他人则变成信奉教条主义的小独裁者。冷漠再次侵袭。所有努力均以失败告终。

问题并不在于无政府主义，从我们自己的优势视角看，福楼拜的 34

作品向各种抽象的图式发起了挑战，尤其针对那些无法被实证性研究证明的图式。在他看来，现实是多层面且充满问题的。小说中的艺术家裴勒琳(Pellerin)说："一些人看见了黑色，另一些人看见了蓝色，而大多数人都在用愚蠢的方式观察事物。"[49]即从单一维度看待问题，全盘接受传统观点，好像其中不存在任何问题一样。在《情感教育》中，最胆小的人物不是那里流浪汉和"半吊子"，尽管他们的冷漠纵容了不公正现象的发生。真正胆小的是那些固执地坚守传统观点，从单一维度看待事物的人们。例如，塞内卡尔(Senecal)开始是一位激进的数学家，最后却成了固守"异端审判者信念"、像政治间谍一样行动的权威。布勒斯先生从随和的社交人士变成了对社会主义端倪异常愤怒的人，进而要求实行全面的独裁统治。正如萨特的反犹太主义信念一样[50]，每个人的自我都坚如磐石、不可动摇，只认同某一种教条或某一个单一的观点。在阅读《情感教育》这本小说时，我们会把自己带入其中，在不经意间，走到"纪律严明的游行"及其施加的疏离感和带来的破坏的对立面上。

同时，我们也会开始寻找一些其他的解决方案，即便我们可能会抗拒小说揭露的现象。尽管固定的备选方案可能颇具吸引力，看上去意义重大，但一定不可能成为弗雷德里克和他的朋友德斯里耶(Deslauriers)的生活。他们自我陶醉、放任自流，从根本上说不可能参与其中。商人阿诺夫人的生活腐朽堕落，情妇罗赛塔的生活表面上看起来华丽绚烂，实则空洞乏味，因而都不可能接受这样的生活方式。

35 只有工人迪萨尔迪耶(Dussardier)的平凡生活才是解决之道。这种生活深深地根植于并不浪漫的日常琐事之中。他仅仅因为不能忍受看到人们变得残忍而选择成为一名革命者。他热爱正义，讨厌政治，因而愿意为维护自己的信仰自由而战斗。口号和抽象的概念与他无关，他只是根植于自己活过的生活。他是唯一一个清楚地认识到人们的处境变得比以前更加糟糕的人，看到没有任何一种方式可以掩盖痛苦和失败。他说："然而，只要我们努力奋斗，彼此真诚，就可以相互理解！"[51]考虑到幻象和糟糕的信念在他的世界里四处弥漫，这种要求几乎是不可能实现的。最终，他被塞内卡尔杀害——一个既不能容忍演讲自由，又无法接受真相的实证主义者。这也许是不可避免的结局。

无论怎样，弗雷德里克和德斯里耶回到了外省的家中。"他们双双失败，一个未能实现自己爱的梦想，另一个未能实现自己权力的梦想。原因何在呢？……他们接着开始怪罪机遇、环境和所处的时代。"[52]他们开始回顾青少年时代的探索(都毫无意义，产生不了任何效果)。他们相互叹息着说道，"那是我们经历的最快乐的时光"。

留给我们的是许许多多悬而未决的问题。"机遇、环境和时代"有可能被超越吗？个体能否克服与中产阶级生活相伴相生的异化？在被物质利益和操纵力量统治的社会生活中，真实而充满活力的自我会不会说谎？福楼拜在19世纪的尾声撰写了这部小说，而那时被认为是中产阶级权力的鼎盛时期——一个创造、进步和改革全面发展的年代。在弄清楚他传达的观点之后，我们应该清楚地明白这一点：福楼拜对人类的未来并非持乐观态度。但同时，他并没有选择成为一名"社会主义"小说家，也没有选择成为像巴尔扎克(Balzac)一样的"现实主义"作家。他对揭露引发社会变革的隐秘力量并不感兴趣。

乔治·卢卡奇(Georg Lukacs)[53]等激进的批评家从巴尔扎克的小说中看到了先进性，因为他们认为，人类的所作所为都应该归因于经济力量和社会力量。巴尔扎克尽管在政治上属于保守派，却仍能向读者呈现受社会现实羁绊的男男女女。他的作品展现出了动态的因果关系，因而被认为是具有革命性的；同时在一段特定的时间内，他的作品几乎一定会产生革命性作用——至少对于那些持传统的马克思主义观点的人来说是这样。然而，在我们这个时代，变得极为有趣的是人类本身。对于许多观察者来说，社会经济上的诱惑远不如神秘主义的影响和技术的堕落那样严重，尽管它们也值得被重视。这就是为什么我们认为，福楼拜这类作家在促使我们看清自身的幻象、周围的神话和篡改我们生活的抽象概念上发挥了比巴尔扎克更加明显的效果。巴尔扎克的作品能够像福楼拜的作品一样，促使我们对每天的日常生活提出质疑吗？能够促使我们用错愕和渴求的目光重新审视自己的困境吗？

36 当然，我们作为社会大环境下的个体，无法逃脱在整个社会中所处位置的影响。然而，自我意识会经历一个可疑的阶段。随着时间的推移，在个体投身于各自的社会现实，与他人交流并内化他人的态度时，自我会在人类的经验中浮现出来。乔治·贺伯特·米德(George Herbert Mead)对自我进行了研究。他指出，自我包括两种元素，也可以说两个方面：主格的“我”和宾格的“我”。[54]宾格的“我”指的是在先前的历史和采取行动的背景下被内化的文化经验。主格的“我”指的是自我的自发性、自由意识和主人翁意识(sense of agency)。主格的“我” 负责在过去事件的背景下做出当前的选择。过去发生的事件构成宾格的“我”，总是试图依据曾经做过的事情来实现自我认同(如个人曾经被如何命名、证明和定义)，从而在某种程度上变成宾格的“我”。此外，我们还可以借助主格的“我”的代理不断对自我进行创造和再创造。我们需要具备足以对宾格的“我”进行反思和批判的能力，还要能够选择未来的项目，同时积极面向世界。此外，我们还需要具备识别生活环境当中的开口的能力——行动和超越的开口，允许一个人超越自己以往模样的通道。

巴尔扎克的小说通过塑造人物的力量清楚地展现出了人物的特点。小说中的人物各司其职，深陷于由因果关系交织而成的大网中，并努力实现超越。宾格的“我”在现实主义、自然主义和大多数马克思主义作品中发挥着主导作用。而主格的“我”永远发挥着基质的作用，因而在很大程度上已经被决定了下来。社会小说家和社会批评家同样关注如何戏剧化地展现因果关系，以便能够促使人们改变基质，即变革社会结构。

实际上，许多其他现代作家也把笔墨放在了自我和米歇尔·泽拉 37
法(Michel Zeraffa)所说的“不再是个体，而是社会团体成员”的人物身上。他接着写道“他们从根本上热爱‘自我’，把它视为唯一真实的人类价值；这表明，他们不属于巴尔扎克式的社会化人物。在巴尔扎克笔下，人与社会的关系就像词语和句子的关系一样”。正是这些人物造就了“带有预言性的震惊的手段”[55]。我们需要做的只是再想想福楼拜笔下的人物、陀思妥耶夫斯基的《地下人》(*Underground Man*)[56]或者弗吉尼亚·伍尔夫(Virginia Woolf)的《达洛维夫人》(*Mrs. Dalloway*,“在无尽的黑暗中,女主角到处都可以看到一个又一个的男人和女人在她面前沉迷和消失,她觉得这是对自己的惩罚,不得不穿着晚礼服站在那里”[57])我们只需要回想一下像托马斯·马恩(Thomas Mann)这样的先驱者。在《魔山》(*The Magic Mountain*)的开头,他写下了关于汉斯·卡斯托普(Hans Castorp)的片段:

> 各种各样的私人目的、目标、希望和前景在个体眼前盘旋,事业心和成功欲从中产生。现在,无论他的生活和时间从外表看起来多么催人奋进,说到底他身上还是缺少一种激发渴望的原动力;如果他私下察觉到,在自己的生活和时间中发现不了任何希望,看不到任何风景,也找不到任何求助的对象,他将以空洞的沉默来回应所有人提出的问题…… 如果他对付出的努力和参与的活动中最后残存的那一丝抽象意义也报以相同的沉默,那么他的个性注定会堕落……[58]

我认为,此类作品拥有一种特殊的能力,能够唤起我们所处时代的全面觉醒。这种觉醒是实现超越和改变社会基质的必要条件。华兹华斯通过某种未知的方式认识到了这一点,这也是他为什么如此强调重新发现自己的风景的原因;波德莱尔也认识到了这一点,因而能够如此执着地反抗“无聊感”和关怀的缺失。福楼拜因认识到了这一点,而致力于引导读者打破幻象,发现属于他们自己的真理。“个性的堕落”存在于上述过程当中，影响着生活在二维世界中的人和那些对现代世界和后现代世界全盘接受的人。最后，约瑟夫·康拉德(Joseph Conrad)借马洛(Marlow)之口在《黑暗之心》(*Heart of Darkness*)[59]中几乎直截了当地说出了自己的想法。“被善良的邻居包围…… 刻意站在屠夫和警察中间，处在丑闻、恐吓和疯人院的恐怖氛围中……”接着，他针对浸没其中的人、拒不承担风险的人、拒绝提出问题的人和逃避批判的人写出了下面这段话：

> 当然，你可能太过愚蠢以至于不会犯错——太过迟钝以至于感受不到黑暗势力的骚扰。我认为，没有哪个傻瓜愿意把灵魂出卖给魔鬼…… 你也可能是刚愎自用、洋洋得意的人，除了神的启示和声音，对其他指示和意见都视而不见、听而不闻。如果这样的话，对你而言，地球只不过是一个立足的地方——我不会去尝试评价你的得失。但是，我们大多数人都不属于其中任何一类。对我们来说，地球是我们生活的地方，我们不得不忍受上面的景观、声音和气味，这些都是由众神之王朱庇特创造出来的！比如，我们可以吸入河马尸体散发出来的臭味而不被污染。难道你看不到吗？这儿涉及你的能力——相信自己有能力挖一个洞，把一切都埋进去——这是奉献的能力，不是为自己，而是为模糊且烦琐的商业活动做出贡献。[60]

38 他像迪萨尔迪一样，再一次谈到了“诚实的能力”。他呼吁人们根植于世界当中，希望唤起人们与宿命抗争——与此同时，与原始知觉[61]保持联系，即坚守对世界最初的看法。

对文学作品的阐释性解读至少在某种程度上能够使现代读者的生活变得更加明晰化，这一点非常清楚。为了将注意力集中到我们自己的生活上，即我所处的世界和环境上，我们应该与一系列反对派艺术家保持联系，进而发现自己从浸没之中浮现出来，对现实提出了我们自己的关键性问题。西方文学作品中存在许多争取解放的例子，尤其是在过去的一个半世纪里，其统治环境与我们今天大致类似。与这些清楚描述抗争的作家取得联系便是与适应深层次文化的人取得联系。深层次文化展现了一些表面上看不到的感受和思考，如对官方历史的反思，对愈加严苛的统治过于乐观的估计，对特定需求和考量的忽视。我们也可能与批判性艺术家取得联系。对于他们来说，自我成就是最真实的人类价值，它可能引导我们回到“基础”，进而有可能完成超越。

教师如果没有这种意识，看不到这样的希望，就可能觉得难以应对现在孩子的需求。他们可能因此变得迷惘或专制。如果教师参加过纯粹的技术培训或学习过简单化的“能力导向”教学法，便可能仅仅把自己看成传送带或办事员。在“回到基础”“遵守纪律”和“为职场准备”的潮流面前，教师试图传授的自由问题和在学生中快要绝迹的自我问题统统退去了。疲惫不堪、毫无艺术性的教师成了神秘主义的帮凶。他们既没有时间也没有能力督促学生发展批判性思维，只能压抑学生的提问，阻止他们回顾过去。

我反对传统智慧，主张接触审美教育。而审美教育即便不会让人 39
们感到困惑，也会让他们不安。我建议大家将注意力集中在文学上，尽管从表面上看，文学与教师教育无关。文学的批判性元素已经被人们有效地理解了，原因仍然在于它能够为丧失自我并遗忘了主格的“我”的人们获得解放。我不知道对“黑暗力量”毫无了解，只会空谈“机会、环境和时代”，并借此来证明自己的个体该怎样教会年轻人质疑和学习的能力。学习关乎于未来和超越。如果教师本身就处在浸没状态，觉得自己“完蛋了”，和眼前的课桌、黑板没什么区别，那么他们很难促使学生提出批判性问题，也很难教会他们如何学习。

由于教师是活生生的个体，他们像其他社会成员一样，也会经历客体化和模式化的过程。教师也扮演着许多其他人定义的角色，即便他们一定会根据自己的理解来阐释这些角色。忠实的理性建立在自我反思的能力之上。无聊、懒惰、机械和抽象等都在侵蚀着我们的自我意识和获得意义的欲望。我们有可能使教师与自己的风景联系在一起。只有这样，学习才能演变为主格的“我”和主格的“我”交汇的过程。

参考文献

1. Jurgen Habermas, *Theory and Practice* (Boston: Beacon Press, 1972), p. 22.

2. 反思理性：指对专业主义的一种反思的立场与观点。

3. 科技统治论：就其实质来说，是一种科技万能论，或者说是科技万能论的一种特殊的形态。一些人把科学技术视作全能的救世主，认为所有难题，包括精神、价值、自由等都可以经由科学技术而获得圆满解决。

4. Daniel Bell, *The Coming of Post-Industrial Society* (New York: Basic Books, 1973), p. 350.

5. 虚假意识：指个体无意识地处于受人控制的状态。

6. Herbert Marcuse, *One-Dimensional Man* (Boston: Beacon Press, 1966), p. 208.

7. See Paulo Freire, *Pedagogy of the Oppressed* (New York: Herder and Herder, 1970).

8. 进步史观：兴起于 19 世纪，认为人类是朝着一个确定和理想的方向缓慢前进，即一步一步地前进，并推断这一进步将会无限期地持续下去，最终将实现普遍幸福的状况。

9. Maurice Merleau-Ponty, "The Crisis of the Understanding," in *The Primacy of Perception* (Evanston: Northwestern University Press, 1964), p. 204.

10. Marcuse, *op. cit.*, p. 60.

11. 艺术的异化：赫伯特·马尔库塞糅合黑格尔和马克思的"异化"论及弗洛伊德的"潜意识"观，提出了"艺术的异化"，意指一种超越既存社会的想象性跳跃，跳脱既存社会里的压抑，直接跳到一种可能完全解放的社会景象中，让被压抑的欲望能量得以渲泄和满足。

12. 罗伯特·劳森伯格(Robert Rauschenberg, 1925—2008)，1925 年出生于美国堪萨斯州，是第二次世界大战美国波普艺术的代表人物。他以抽象表现主义风格试验摄影设计与绘画，逐渐发展出个人的独特艺术风格——融合绘画。

13. 约瑟夫·海勒(Joseph Heller, 1923—1999)，美国黑色幽默派代表作家，代表作《第二十二条军规》(*Catch 22*)。

14. Jean-Paul Sartre, *Literature and Existentialism* (New York: Citadel Press, 1965), p. 51.

15. Habermas, *Knowledge and Human Interests* (Boston: Beacon Press, 1970), p. 310.

16. Alvin Gouldner, *The Coming Crisis of Weslern Sociology* (New York: Basic Books, 1970), pp. 65-78.

17. Ibid., p. 69.

18. 昭昭天命：为一个惯用措词，是 19 世纪美国民主党所持的一种信念，他们认为美国被赋予了向西扩张至横跨北美洲大陆的天命。昭昭天命的拥护者们认为，美国在领土和影响力上的扩张不仅明显(manifest)，且本属不可违逆之天数。

19. Alan F. Blum, "Positive Thinking," *Theory and Society*, Vol. 1, No. 3, Fall 1974. p. 247.

20. Jorge Luis Borges, "Kafka and His Precursors," in *Labyrinths* (New York: New Directions, 1964), p. 201.

21. See Thomas Pynchon, *Gravity'S Rainbow* (Newr York: Viking Press, 1973).

22. See Kurt Vonnegut, *Slaughterhouse-Five Or The Children's Crusade* (New York: Delacorte Press, 1969).

23. See Margaret Atwood, *Surfacing* (New York: Popular Library, 1970).

24. See Saul Bellow, *Humboldt's Gift* (New York: Viking Press, 1975).

25. Rene Wellek and Austin Warren, *Theory of Literature* (New York: Harcourt, Brace & World, 1956), p. 150.

26. William Blake, "Proverbs of Hell," in *William Blake, A Selection of Poems and Letters*, ed. J. Bronowski (Baltimore: Penguin Books, 1958), p. 99.

27. 威廉·布莱克将英国工业革命早期的资本主义企业称为“撒旦工厂”。

28. Blake, "London," *op. cit.*, pp. 52-53.

29. villiam Wordsworth, *The Prelude: Selected Poems and Sonnets*, ed. Carlos Baker (New York: Holt, Rinehart, and Winston, 1962).

30. Ibid., p. 419.

31. Ibid.

32. Ibid., p. 398.

33. Immanuel Kant. "Theory of Ethics," in *Kant* (Selections), ed. Theodore Meyer Greene (New York: Charles Scribner's Sons, 1929), pp. 311-315.

34. Wordsworth, *op. cit.*, p. 415.

35. Ibid., p. 438.

36 Sartre, *Baudelaire* (Norfolk, Conn.: New Directions, 1950), pp. 97-99.

37. Charles Baudelaire, "To the Reader" *The Flowers of Evil* (New York:

New Directions, 1958), p. 3.

38. Baudelaire, "Spleen," *op cit.*, p. 63.

39. Baudetaire, "The Clock," *op. cit.*, p. 73.

40. Baudelaire, "The Rebel," *op. cit.*, p. 147.

41. Baudelaire, "Correspondances," *in Paths to the Present*, ed. Eugen Weber(New York: Dodd, Mead, 1970), p. 204.

42. Marcuse, *Eros and Civilization* (New York: Vintage Books, 1962), p. 139.

43. Gustave Flaubert, *A Sentimental Education* (Net, York: New Directions. 1957).

44. Ibid., p. 22.

45. Ibid., p. 378.

46. Ibid., p. 387.

47. Ibid.

48. Ibid., p. 397.

49. Ibid., p. 546.

50. See Sartre, *Anti-Semite and Jew* (New York: Schocken Books, 1948).

51. Flaubert, *op. cit.*, p. 545.

52. Ibid., p. 546.

53. See Georg Lukacs, *Studies in European Realism* (London: Hillway Publishing Company, 1950).

54. George Herbert Mead, *Mind, self Society*, ed. Charles W. Morris (Chicago: University of Chicago Press, 1948), pp. 173-178.

55. Michel Zeraffa. *Fictions: The Novel and Social Reality* (New York: Penguin Books, 1976), p. 29.

56. Fyodor Dostoyevsky, *Notes from Underground. in The Short Novels of Dostoyevsky* (New York: Dial Press, 1945), p. 152.

57. Virginia Woolf, Mrs. *Dalloway* (New York: Harcourt, Brace & World, 1953), p. 282.

58. Thomas Mann, *The Magic Mountain* (New, York: Alfred A. Knopf, 1955). p. 32.

59. Joseph Conrad, *Heart of Darkness*. in *Three Grear Tales* (New York: Randora House, n. d.).

60. Ibid. , pp. 272-273.

61. Merleau-Ponty. "The Primacy of Perception and Its Philosophical Consequences," *op cit*. , p. 25.

/ 3. 全面觉醒和道德生活/

42 亨利·戴维·梭罗(Henry David Thoreau)认为“道德革命就是努力唤醒睡着了的人”。他接着写道:

> 如果人们不是一直都昏昏沉沉,怎么会如此低估一天的效用?他们并非如此差劲的计算者。如果不是因为一直与睡魔斗争,便不会这般一事无成。足够清醒,能够从事一些体力劳动的人多达数百万;但是,在一百万人当中,只有一个人足够清醒,能够有效地进行智力活动;在一亿个人当中,只有一个人足够清醒,能够过上诗意或神圣的生活。保持清醒便是活着。我还从未遇到过足够清醒的人。我们要怎么做,才能根据一个人的脸来识别他是否足够清醒呢?我们必须学会不依靠药物,而是凭借对黎明的无尽期待,从沉睡中苏醒,并且保持清醒的状态。即使在最深沉的梦境当中,对黎明的期待也不会舍我们而去。没有什么比人类有意识地采取行动,运用无可置疑的能力来提高生活水平更令人欢欣鼓舞的了。①

我对厘清全面觉醒对当代思维的影响怀有极大的兴趣，尤其关注它对艰难的中世纪时期的道德责任和承诺有何影响。社会哲学家阿尔佛雷德·舒茨曾把全面觉醒比作一项成就和自觉，以及“一种最紧张的意识水平”②。这种意识源自对生活及其要求的全面关注。这种关注和对事物的兴趣与我们当代典型的无动于衷和漠不关心的态度形成了鲜明对比。

我们对被日常生活和惯常活动的机械声所吞没的个体非常熟悉。我们都意识到，很少有人会问自己对生活做了什么，是否充分利用了自己拥有的自由，是不是默许模式化的行为和角色化的任务施加在自己身上。实际上，大多数人都可能走上这样的潮流，除非或者直到“为什么”产生的那一天来临。正如阿尔贝·加缪(Albert Camus)所说，“每件事都从这种略带惊诧的疲倦中开始”。加缪的思维中也存在这种全面觉醒，因为他所说的这种疲倦在“结束机械的生活行为”的同时，开启了有意识的冲动。③

当人们感到他们无法自由地采取行动，没有实现的可能性，也不 43
可能提高自己生活水平的时候(请回顾梭罗的话)，“为什么”便可能以焦虑的形式爆发——一种陌生而无法言表的焦虑。当人们突然感知到平常生活的不足之处，意识到世界上存在的不公正、不正义、压迫、残暴和统治等种种现象时，“为什么”也可能应运而生。“为什么”可能伴随着个人的道德生活，也的确是一种必要。就像我们常说的那样，与道德相反的是冷漠——关爱和注意的缺失。我坚持认为，如果缺乏全面觉醒，个体可能受一己私利的驱使而随波逐流。他们不可能将环境视为道德情境，也不可能将自己置于道德的审判台上。在我看来，谈论责任毫无意义，探讨相应的选择也只是徒劳。

上述现象在当今世界的许多国家构成严重的问题。每个地方的指导原则都在恶化；感到自己能从明确定义的规则中获得答案的人越来越少。他们将感知到的模糊的期待作为行动的指南，默许机构和官方制定的进程和表格把自己变得程式化。他们就像乔治·康奈德(George Konrad)所写的《办事员》(*The Case Worker*)中的主人公一样。这位主人公是一位社会工作者，在乔治·康奈德的笔下，以“法律的原则和条文”为名来虐待儿童。他并不喜欢现行体制，却为它服务。他说：“体制就是法律，能发挥作用，就像我一样，是一种工具。我了解体制的底细，能够让它简单化或复杂化，让它加速或减速。要么我去适应体制的要求，要么体制来适应我的要求。但是，我能做到的只有这么多。”④然而有趣的是(这又令我想起了全面觉醒)，他的最大愿望是只要有可能就“睁开眼睛生活”。但是，我的主要观点在于，他像许多其他办事员、职员和中层管理者一样，被网罗在这个体系之中，没有进行选择的自由。

我认为，现代社会中的大部分人都不可避免地处在某种统治之下，体会到一种无力感。个体可以通过有意识地努力保持清醒，思考自己在世界中所处的环境，向看起来统治着他们的力量提出质疑来克服这种感受。人们只有学会从日常生活中获得意义，才能发现自己具备了独立自主的能力。那时他们才能培养出实现道德生活所必须具备的“主人翁意识”。

我认为，如果想要过上道德生活，人们显然需要一直具备一种能 44
够在所处环境中识别出潜在的道德问题的意识。像《安提戈涅》(*Antigone*)、《哈姆雷特》(*Hamlet*)和《鼠疫》(*The Plague*)等伟大的道德作品中的人物那样，人们在今天不得不将日常生活的特定环境定义为道德情境，同时识别出其中可供选择的其他可能性。比如，在《安提戈涅》中，安提戈涅的叔叔禁止他埋葬哥哥。安提戈涅从环境中看到了其他可能：把哥哥的尸体好好安葬，因此触犯法律，被判处死刑；或者像她的妹妹伊斯墨涅(Ismene)一样，屈服于当权者。在《哈姆雷特》中，丹麦王国在丹麦王子的眼中呈现出了其他人看不到的选择：揭露父亲被谋杀篡位的事实，表明自己才是真正的国王；或者接受克劳迪亚斯和母亲的统治，返回威登堡(Wittenberg)继续求学。在《鼠疫》中，大部分奥兰(Oran)市民都没有意识到存在另外一种选择，只知道向难以医治的传染病屈服。但希厄医生(Dr. Rieux)和塔拉(Tarrou)却从环境中看到了不同的可能：屈服或者组建卫生小分队，并在这样做的过程中，拒绝对非人道和荒谬采取默许和纵容的态度。

回顾每天的家庭、学习和工作的现实时，我很难想象自己站在类似哈姆雷特和希厄医生所处的道德制高点上。原因之一在于我们每天都生活在平庸之中。另一个原因在于，我们倾向于把日常生活看成"给定"的——被客观定义、无法改变的生活。我们习惯于把一切视为理所当然，没有意识到现实和其他所有事物一样，都是可以被阐释的。现实之所以显现出现在的样子，是因为我们已经学会用一种标准化的方式去理解它。

例如，我们很少注意到公立学校当中的权威和等级；我们如此习惯于它们的存在，以至于忘记权威和等级都是人为造成的。在层级制度中处于较低位置的教师共享了同一套看待和讨论问题的方法。他们已经习惯了查看“办公室”发来的进度表、课程安排和考试计划，对位置较高的权力体系习以为常。如果突然要求教师自己来管理一套考评体系，他们大多会退缩(可能因为感到害怕、愤怒或怀疑)。由他们构建并被他们视为理所当然的现实既不允许自主性发生，也不允许反对声音的存在。他们没有考虑过对考试提出反对意见。我们在他们继承的多种设想中，找不到将教师视为平等参与者的观点。他们倾向于这样说，“它就是那个样子”。

45 然而，让我们这样假设：少数教师会努力理解这些新导向的原因；他们会走进社区，试图评估学生父母身上的压力；他们对城市和国家发布的各种材料展开调查。这种努力能使他们保持了清醒的状态，从而更加容易看到其中牵涉的道德问题。在一些人看来，考试将造成学生的非人性化，给一些学生贴上标签，导致无意义的分类。在另一些人看来，除非人们利用考试来认定残疾，据此提供合适的治疗建议，不然的话，考试很可能造成“错误的教育”。还有一些人认为，考试似乎是防止“不良师资”(miseducative)情况出现的一种保障，能够对未尽事宜进行必要的提醒。如果我们从多个角度，并在已经被理解的语境下探讨这个问题，便会发现教师处在一种“道德代理人”(moral agent)的位置上。教师可能像希厄医生和塔拉一样，发现其他可供选择的方案：将学校社会置于开放的讨论中，在统领全局的责任下考量道德问题，并探讨究竟何为已知、何为假设。这起码将带来全面觉醒。学校社会的成员将走上一条通向道德生活的道路。

我们在考虑个人问题时，也采用了大致类似的方法。假设一个同伴团体中的每个成员都“使用”毒品和酒精，接受性乱交行为，那么身处其中，迷迷糊糊而感受不到任何“主人翁意识”的年轻人或许不会有任何选择余地。在团体决定尝试新鲜刺激的时候，他们只能选择顺从。对于这类人而言，并不存在所谓的道德环境。他们是年轻人，他们是团体的一员，因此不管他们自己想不想尝试，只能选择随波逐流。

其他一些年轻人尽管也加入了这样的团体，但当同伴去购买可卡 46
因时，他们意识到了另一种选择余地的存在。或许，他们会仔细思考其他的选择，利用自己的想象力演示不同的选择。他们可能会陪同伴一起去寻找出售可卡因的地方，甚至会吸入一小点儿可卡因，感受毒品带来的欣快感。从另一个角度来看，他们的确可能花费一些时间来回味第一次吸食可卡因的感受——焦虑感离自己而去，不再害怕即将到来的任何事情。他们可能会考虑到这样的现实——同伴们即将去做非法的事情，这可不是开玩笑；他们可能因此被捕，被关进监狱。他们在违反法律，甚至违反一条普通的规定时，会体验到一种抵触情绪。他们会设想父母将说些什么，预测父母会怎样看待自己。与此同时，他们知道，如果丢下同伴离开，他们之间的友谊可能就此结束。说到底，如果他们意识到自己是自由的人，能够作为一个可以选择自己行动方案的人来考量当前的处境，他们就会在“道德代理人”的道路上向前迈进一大步。他们考虑的因素越多，越顾及周围人的福利，就会越接近正当的选择。

用何种方法才能挖掘出年轻人身上的这种敏感性和潜能呢？这是我们面临的关键性问题之一。在我看来，最重要的因素在于教师的全面觉醒。教师和其他人一样，也容易在没有认真思考何谓“正确”和“美好”的前提下，就开始履行职责和从事工作。颇具讽刺意味的是，这种情况甚至可能在教师使用德育手册进行课堂教学时发生。一部分原因在于他们对相对论的理解非常模糊，另一部分原因在于无动于衷和漠不关心的心态，以及对责任的不屑一顾(有时是因为严重的自我怀疑)。我坚信，如果当代教师准备把“道德存在”的思想传授给学生，他们自己必须比平时更加积极地留心生活及其要求；他们必须打破机械的生活状态，摆脱浸没其中的习惯性生活方式，甚至对所谓的“美德”也持有批判性态度，多问一问“为什么”。只有这样，真正的学习和道德理性才能够实现。

马丁・布伯(Martin Buber)写道，“品格教育并不需要道德模范；真正需要的是一个能与同伴直接交流的活跃的人。他活力四射，在出乎意料的时候，给他人带来最为强烈和纯粹的影响……”[5]他所说的正中要害。但是，我无法想象，一个半梦半醒、与自己切断联系的人能够爆发出这样的热情。我并不是在建议教师单独进行道德教育和价值观的阐述。相反，我认为，应该竭尽全力将道德维度渗透到各个学科和生活的方方面面当中。

47 因此，我相信这一点对于教师来说格外重要。无论他们负责哪个专业的教学，都应该明白自己的价值观和对“美好与可能”的认知建立在怎样的基础上。他们是否受限于某些超自然的现实？是否从圣经或传统权威的话语中得到了启示？他们是否依据自己的直觉来判断好坏？在特定的环境中，他们是否能够决定怎样解决不确定性，从而实现最佳效果？他们是否仅仅参考传统道德、流行的行为准则和法律规范？还是参考一些超越法律的东西，比如占主导地位的原则和规范？他们同自己的经历与历史的联系是否紧密？这在多大程度上影响了他们接触年轻人时的基调？教师需要意识到，他们在面对其他教师和学生家长时，会遭遇一些让人紧张不安的问题。比如，我们应该如何教导他们？我们应该如何引导他们？我们应该如何创造希望？我们应该让他们怎样做？

存在很大的风险和不确定性。我们所处的环境已经发生了变化，年轻人接受的品格教育不再能够保证他们成长为正直善良的人。我们再也找不到一套能确保年轻人服从的奖惩体系。我们意识到，教学规则、布道式的说教和美好概念的呈现是多么苍白无力。教师再也不是智慧的源泉和美德的典范，不一定能够产生积极效果。孩子是动态发展的，不同成长阶段的孩子是不一样的。每个孩子都应该和所处的环境建立起联结，与他们的经验取得联系。每个孩子都应该利用自己的一切能力来了解行动可能产生的后果。每个人在整合了自己的资源之后，都不得不借助约翰·杜威所说的“行动的选择”，踏上“自我形塑”(self-formation)⑥的旅程。

似乎，道德教育必须像关注不同年龄阶段的人所具备的判断能力那样关注人们在社区中的自我认同。它与具体环境中的兴趣和行动的关系与和道德理性课程的关系一样紧密。道德教育与原则有关，同样也与意识和想象力有关。道德教育无法脱离社会生活这一至关重要的背景而独立发生，因此我们不得不与令人烦恼的问题进行持续抗争。怎样做才能克服冷漠？怎样做才能把媒体的影响包含在内？即便年轻人已经获得了自由，我们怎样做才能引导他们带着批评意识和同理心进行选择呢？

48 问题不在于告诉年轻人应该怎么做，而在于帮助他们弄清楚自己应该做出什么样的选择，以及应该如何做出决定。我相信大多数人都会同意上述观点。教师在这个过程中发挥着直接作用。愿意充当批判性思考者的教师将向学生展示他们的原则和理性，表现得像生活在世界上的真诚的人、被考虑在内的人——关心世界的人。

在面对这样的要求时，许多教师都发现自己陷入了困境之中。尤其在他们享有的自主权非常有限，或者自己对某个项目的认识与学校的要求不一致时，情况会变得更加糟糕。现在，教师也许需要负责教授一些被预先定义好的技术和能力，或者负责达成一些常常十分行为化的目标。同时，他们可能被期待既呈现出宏观文化，又呈现出当地社会；既考虑国际社会背景，又考虑特殊的儿童群体。我无法想象，不具备批判性意识，看不到自身的价值和责任(以及作用于自身的环境)，未能刻意与周围世界保持接触的教师将如何引导年轻人发展批判性思维，或者开始道德生活。

我认为，自己一心一意关注的是加缪所描写的“鼠疫”——可怕的疏离和冷漠，承诺、交流和爱的对立面。我这么说是希望强调全面觉醒、认知清晰度和对存在本身的关注之间的联系。我想要强调两个同样重要的事实：道德选择的根源是自我概念的核心；选择不仅涉及行动，还涉及思考。当然，道德行动要求我们在多种可选方案之间做出选择，通常是两个优秀的方案之间进行选择，而不是在“一好一坏”或“一对一错”间进行选择。教学的问题在于如何赋予人们将原则内化和人格化的权力，以便做出这样的选择。我是应该履行他人交给我的任务，为军队提供志愿服务，还是应该抵制非正义战争呢？我是应该盗取药物挽救母亲的性命，还是应该冒着母亲去世的风险遵守法律呢？

存在对结果的选择；人们只能在习俗、传统、官方规范和法律制约 49
并影响人们的想法和行动的社会背景下做出这样的选择。这或许会让我们想到哈克·芬恩(Huck Finn)不归还吉姆或者安娜·卡列尼娜(Anna Karenina)抛弃丈夫的决定。只有在特定的行为规范、习俗和准则交织而成的结构中，这些决定才具有道德意义。请回顾一下战时丹麦国王与犹太居民并肩作战的故事，丹尼尔·艾尔斯伯格(Daniel Ellsberg)决定公开五角大楼资料的例子，以及帕布罗·卡萨尔斯(Pablo Casals)拒绝在法西斯占领下的西班牙指挥乐队的事例。这些人物都在各种影响他们判断对错和可否接受的原则、法律和想法交织而成的基质上做出了上述决定。道德意味着对所在的基质采取一种立场，并且用批判性的思维看待被认为理所当然的事物。道德意味着坚持自己的原则性(选定践行的原则)，同时清晰地为这种原则发声，从而走上正确的轨道。

需要同样强调的是，做出决定的总是在特定情境和特定时刻自愿采取行动的个人。我并不认为个人是孤立地存在并仅对自己负责的。

我的意思是，不可避免地与他们发生联系、被视为参与者的个体必须对自己的选择负责，一定不能融入索伦·克尔凯郭尔(Soren Kierkegaard)所说的“人群”[7]当中，也不能躲在里面。如果个体只是无意识地或者按照惯例采取行动，仅仅去做他人期待的事情(也许是因为他们觉得无权为自己代言)，并且完全按照他人的要求做事，他们便无法过上道德生活。

由于学习不可避免地牵涉到进入一种生活状态，以某种特定的方式处理事务，以及出于正确性而从事一些事情的自由选择，我十分怀疑那些遭到恐吓、备受打击、悲观沮丧或忧心忡忡人能否进行学习。教学过程是促使人们按照一套特定的标准采取行动的一部分，因而对道德教育感兴趣的人会在多种教学活动中发现某些统一的范式。全面觉醒的个体在有意识地决定阐释一首诗，解读一段英国历史，或者参与一项社会调研时，便选择了遵从某些可以利用的标准。在这个过程中，他们会越来越熟悉选择一套标准意味着什么。他们不仅仅在创造自己的价值，也在创造自我；他们正在迈向一种更为重要和更易理解的生活。

50 让我们带着标准和创造自我的概念审视易卜生(Ibsen)《玩偶之家》(*The Doll's House*)中的诺拉(Nora)。在最后关头，如果她仅仅流泪满面地跑出房间，便不可能参与到道德行动中来。我坚持认为，尽管她的确公开反抗了占统治地位的规则，却难以逃脱依据内化了的规则做出决定的命运。我们将此称为“解放原则”。这种原则关系到成长和不甘于充当玩偶之家一员的权利。如果有人问诺拉的话，她可能能够概

括出全体人类以自己的方式发展、受到尊重和成为完整的统一体的权利。

上面这个例子的中心思想在于原则或规范。原则和规范源自经验，被人们用来评估在生活中接触到的情境，帮助人们决定应该做些什么。它们并不是打击盗窃、欺骗和通奸的法规，而是全面而综合的准则，涉及正义、公平以及对人类尊严和他人意见的尊重。它们与形形色色的人进行自我选择息息相关；人们基于个体发展的历史背景，运用批判思维和想象力定义了这些原则和规范。一旦它们在个体生活中有所体现，便能够为个人提供分析特定环境的方法。它们还能够提供可供参考的观点和意见，并用来衡量特定的行为。人际交往的黄金法则(The Golden Rule)⑧便是一种这样的原则。但是，就像杜威所说的那样，这一法则并不要求我们把他人的利益当成自己的利益。他这样写道，“这条法则要求我们考虑的是自己的行为会对他人和我们自己产生怎样的影响；有助于防止偏袒任何一方…… 简单地说，人际交往的黄金法则并不包含任何特殊的规律或指令，而仅仅阐述了需要深思熟虑的情境。”⑨易卜生笔下的诺拉展示的正是这一原则。同样，正义、关爱和诚实也属于这类原则。我们教学的目的在于促使人们依据这些原则行事，学会按照其要义生活。

现在，我们非常清楚地认识到，年轻人在成长过程中不得不经历一个“异质化阶段”，才能进入依据上述原则行动的“自动化阶段”。年轻人必须实现我所说的“全面觉醒”，获得思考自己正在做什么的能力，同时肩负起一种责任。这要求他们具备识别出其他可选方案的能力，能够发现所处环境中的其他可能。由异质化阶段进入自动化阶段还需要学习原则，获得评估和测量环境的可能视角，了解规范历史性质询、芭蕾舞剧和集体生活的标准以及加入特定社团所必须遵守的规范。此外，我们还需要使学生能够依据原则做出决定，学会反思和清晰地表达，同时在良好信念的支持下采取坚定的行动。

51 道德导向感和道德“应然感”(oughtness)在整个过程中发挥着根本性作用。人们除了需要具备自主性和“代理人意识”，感知到自我的存在之外，还需要具备一种想象力、自觉性和可能性意识。人们必须留意他人和每天生活的环境，努力实现充分的共同生活方式，并追求共同的目标。全面觉醒的教师在工作的过程中必须以具体、相关和可质疑的原则为导向，使得原则可以被加以利用，并引发道德判断。同时，他们必须致力于激发人类潜能，帮助人类克服无助感和浸没感，促使人类透过自己的双眼来观察共享的现实。

我认为，只有当教师能够视自己为“道德存在”(moral beings)，关注如何定义自己的生活目标，并借此引发他人效仿的时候，这一切才可能实现。我相信，正如众所周知的那样，正在学习、努力抛却思维定势并创造道德生活的教师提出的挑战更容易激发学生开始学习。全面觉醒能够促进解放和觉醒，促使人们对压迫、冷漠和错误提出质疑。当然，这并不是百分百奏效。不过，全面觉醒的确可以帮助所有人自觉做出提高生活水平所需要的努力。

在我看来，加缪在《杏树》(*The Almond Trees*)中的几句话可以运用在教师身上，尤其是那些能够以这种方式考虑问题的教师。他在文章中指出，我们不可能完成所有任务，也不可能克服所处的环境——但是，我们至少可以了解得比之前更多：

> 我们必须“修复曾经被撕裂的东西”，使得正义再次变得可以想象——再一次赋予快乐以意义……当然，这是一项超人才能完成的任务。但是，“超人的任务”只不过意味着我们需要花费大量时间才能完成罢了。那么，让我们认清目标，坚持原则……首先要做到的是不要沮丧。[10]

参考文献

1. Henry David Thoreau，*Walden*(New York：Washington Square Press, 1963.)，pp. 66-67.

2. Alfred Schutz，ed. Maurice Natanson，*The Problem of Social Reality*, Collected Papers I(The Hague：Martinus Nijhoff，1967.)，p. 213.

3. Albert Camus，*The Myth of Sisyphus*(New York：Alfred A. Knopf, 1955)，p. 13.

4. George Konrad. *The Case Worker*(New York：Harcourt Brace Jovanovich，1974)，p. 168.

5. Martin Buber，*Between Man and Man*(Boston：Beacon Press, 1957)，p. 105.

6. John Dewey，*Democracy and Education*(New York：Macmillan Company，1916)，p. 408.

7. Soren Kierkegaard，“The Individual,” in *The Point of View for My work as an Author*(New York：Harper & Row，1962)，pp. 102-136.

8. 黄金法则：与伦理有关的品德，指人应具有同理心。积极面为“推己及人”，消极面为“己所不欲，勿施于人”。简单地说，就是以自己喜欢的方式对待别人。

9. Dewey, *Theory of the Moral Life* (New York: Holt, Rinehart and Winston, 1960), p. 142.

10. Camus, “The Almond Trees,” in *Lyrical and Critical Essays* (New York: Alfred A. Knopf, 1968), p. 135.

/ 4. 神秘化问题：动荡时代的教师教育/

神秘化存在许多不同的模式，其中一种在赫尔曼·梅尔维尔(Herman Melville)的《白鲸》(*Moby Dick*)中得到了戏剧化的表现。在这篇小说中，船长阿哈布(Captain Ahab)刻意营造了一种表象的现实，即寻常的猎鲸之旅，以此掩盖他的个人精神追求。“为了完成他的目标，阿哈布必须使用工具；在月光的阴影下使用的所有工具当中，人类是最容易失灵的。”叙述者在评论中“极为敏锐地预见到，在当前情况下，猎鲸行动本身自然而然带有的那种想象出来的古怪‘不敬感’必须被剥离；所有对航行的恐惧必须被压抑在模糊的背景中(因为事实证明，很少有人有勇气克服行动也难以排解的那份挥之不去的冥想)；在漫长的守夜过程中，他的船员和水手必须思考一些比白鲸更接近自己的东西。”[①] 阿哈布提供报酬和奖励，以此来满足船员们“平庸的日常欲望”。他理所当然地认为，“在人类身上施加被制造出来的永恒的法制环境……是龌龊不堪的”。同时，他也小心翼翼地不打破他们“金钱的希望”——“啊，金钱”。[②] 与此同时，他指挥船员们四处忙碌——冒着生命危险在捕鲸船上生活，不停地搜捕鲸鱼，在炼油锅周围忙得团团转，把皮脂从鲸鱼的尸体上剥下来。这样做是为了掩盖不顾全体员工意愿与需求的“自私目的”，制造一些让他们觉得符合自己私利的东西作为诱饵，以此来欺骗和利用他们。他们为此自贬身份，最终走向了毁灭。

54 我将小说描述的情节视为神秘化的典型例子。这里的神秘化当然是马克思主义意义上的。卡尔·马克思(Karl Marx)用这个术语描述各种类型的工人对“资本利益、土地租赁和劳动工资的异化和非理性形式”自然而然习以为常的过程，因为“他们每天正是在这些形式下奔波劳碌、维持生计”。[3]《资本论》(*Capital*)极富表现力地描述了人们忽略了这样的事实——在资本主义的典型经济关系中，潜藏着像阿哈布船长的船上那样明显的多种形式的凝固了的劳动力。[4]阿哈布塑造出来的意识形态和资本主义本身一样，依赖于有效使异化模糊的神秘主义——以及将人类视为“工具”的手段。

马克思并不是唯一一个揭露神秘化的人，他和弗里德里希·尼采(Friedrich Nietzsche)及西格蒙德·弗洛伊德(Sigmund Freud)被现象学哲学家保罗·利科(Paul Ricoeur)并称为“伟大的去神秘化大师”。利科说，他们都是“破坏者”；他们“不仅借助‘破坏性’的批判方式，还发明了阐释性艺术来解放我们的视野，促使我们能够更加真实地发言，并进入真理统治的新领域。[5]马克思主义通过阿哈布船长的世界揭露了资本主义意识形态编造的幻象。尼采的名言揭开了道德主义和自我欺骗的面具。弗洛伊德的理论暴露了真实的自我，因而使自我解放成为可能。批判的每种模式都涉及一些对表面现实的质问。每一声质问都构成一种旨在解放自由的去神秘化——为了实践、自我满足、意识和获得某种程度的幸福。

我认为教师教育的责任之一在于引发“更加真实的发言”，以此抵抗神秘化。传统观念将教师教育与创建彼得斯(R. S. Peters)所描述的“生活形式”、公共传统和遗产放在一起考虑。[6]甚至在我们强调批判性思维和实验性智力的时候，仍然有人倾向于将未经检视的表面现实表述为“自然的”、从根本上看毋庸置疑的事实。还有人倾向于视官方标签和“国家认定”为金科玉律，而忽视了社会现实被建构而成的特点。[7]

我关注的是如何创造合适的条件，为批评人们视为理所当然的“自然的幻象形式”创造可能。处在这种幻象中的人们无论遭受了多么严重的异化和压迫，都能悠然自得地生活。我还关注人们怎样才能作为共享现实的参与者，而不是专家或“准专家”(professionals-to-be)，反思自己“活过的”生活及与他人共享的生活。《白鲸》中的船员几乎都是岛上的居民，这点并非毫无意义——“每个岛上的居民都生活在彼此分离的大陆上”[8]。他们中的大多数人都无法破解旅行的意义，不仅如此，他们还彼此分离。这使得他们很容易被幻想迷惑，被种种力量操纵。阿哈布船长十分清楚，他们当中只有一两个人能够彼此紧握双手。

当然，对于准备投身于教育事业的人来说，至关重要的是树立起 55
“生活在同一块大陆上”的意识。同样重要的是投身于实践活动当中；只有在实践当中，他们才能改变发现的不足，超越识别出的非人性化现象。在美国，人们似乎尤为需要这种全面觉醒——不仅为了克服无知和抵抗操纵的力量，还为了抑制使他们陷入麻痹和沉默的愤世嫉俗与无能为力的感觉。

我不得不从“技术专家治理的社会”这一概念开始讲起。无论从技术还是交际的角度看，这个概念都蕴含着令人心生敬畏的力量。美国民众发现自己已经习惯了汉娜·阿伦特描述的那种“惯于在公开场合撒谎”⑨的领导人。不仅如此，他们还学会了接受自19世纪中期以来美国文学呈现的社会图景：缺乏信任和关怀、充满暴力、把名利看得高于一切。从许多方面看，斯科特·菲茨杰拉德(Scott Fizgerald)笔下的杰伊·盖茨比(Jay Gatsby)就是这种现象的典型代表。他对绿光的追求，为了赢得黛西的芳心不择手段地获得财富，他的光辉甚至他的无知——所有一切都是美国人追求的生动隐喻。尼克·卡罗威(Nick Carraway)，《了不起的盖茨比》(*The Great Gatsby*)的叙事者，这样解释："他是上帝之子——如果非说这个头衔有什么意义的话，它意味着盖茨比一定要负责上帝的生意，提供宏大、庸俗而艳丽的美的服务。”⑩

表现美国的无知与腐化的不仅有这部小说，马克·吐温(Mark Twain)的《哈克贝利·芬恩历险记》(*Huckleberry Finn*)和《镀金时代》(*The Gilded Age*)、亨利·詹姆斯(Henry James)的《鸽之翼》(*Wings of the Dove*)和《淑女本色》(*The Portrait of a Lady*)、梅尔维尔的《骗子及其伪装》(*The Confidence Man*)、西奥多·德莱塞(Theodore Dreiser)的《巨人》(*The Titan*)等其他作品都描述了这样的美国社会，这些作品不计其数，一直延续到今天。美国作家乐此不疲地讲述着人们陷入“金钱关系”的故事，描写人们如何沉醉其中，变得脆弱和腐朽，挣扎着想要逃离，却常常无济于事。在美国社会的上空，我们可以看到高贵、虔诚和高尚道德承诺的表象，但这一切就像一块镶饰板，掩盖着下面的混乱情状。

《了不起的盖茨比》并不是美国生活体验的标准化纪实文献，尽管 56
托斯丹·范伯伦(Thorstein Veblen)、查尔斯·A. 比雅德(Charles A. Beard)、约翰·杜威和亨利·斯蒂尔·康马杰(Henry Steele Commager)都对这部作品给出了较高评价，当然也不代表大多数美国教育家的观点。然而，今天人们正在对教育机构丧失信心，消费主义和财富本身也受到了质疑。在许多社会部门中存在一种半人为造成的怀疑。由于表面的事实会带来希望和满意，因此它们可能真的会使旅行的本质变得模糊起来。

许多措施致力于使人们相信，体制不仅能够满足共同的欲求，也能满足被不断创造出来的需要。而当体制失效时，未被满足的人通常会相信自己迟早有一天会得到满足。尽管公众有些疑惑，有些愤世嫉俗，但他们似乎一直相信，现行安排不过是略带瑕疵的“自然情况”，即便这些安排并不充分，经过调整才能最终满足人们的需要和欲求。学校和大众媒体一样，对强化这种概念起到了重要的作用。有意进行神秘化或刻意捏造阻碍批判性思维的积极意象的人并不是教师。教师本身甚至也并没有对社会的健康发展抱有太大希望。他们在工作中也常常陷于官僚主义当中，默许自己和他人将事情视为理所当然。他们自认为是当地体制的发言人或代表，极力避免对所处的体制提出质询和批判。他们通常会默默传递对社会现实的良性或中性描述。他们可以在有意或无意间修饰这些描述，使其适应学生的阶级出身或能力水平。但是，无论教师准备将年轻人推向流水线还是办公室，他们都可能将周围的世界描述为“给定的”，即或许是无法改变和预先定义好了的。

我们可以通过学校进行社会化的悠久传统中发现这种现象的一个原因。利用学校促进社会化的合理性在于，美国的公共教育是一种大众教育，前提是保证所有孩子都能在不断发展的工业社会中找到自己的定位。因此，来自各个群体和阶层的孩子都需要被赋予“平等的机会”，借此在所谓的“公共学校”中追求成功。人们普遍认为，进行有效的社会化需要将肯定性方法(affirmative approach)运用于当前现状。这意味着，人们或多或少不加批判地接受了精英主义的安排、社会分层和等级制度。这意味着，学校将最小的注意力集中在文化的不当之处上，比如不公正、种族主义和贪婪。

57 在文化尤其是学校中肆意蔓延的“反智主义”(anti-intellectualism)已经解释了其中一些现象。[11] 1957 年，苏联成功发射了史普尼克(Sputnik)人造卫星，对“反智主义”的攻击随之达到了顶峰。美国的各派权威开始因为自己的国家在专业技术上可能落后于他国而感到担忧和害怕。政府因此施行了“人才搜索”(talent search)计划，尝试征募高校学者来推动“课程改革”。[12] 人们重新将注意力放在了包括数学和自然科学在内的传统学术领域；但是，如果非要说人们也开始强调质询和发现的重要性，那么他们也很少把注意力放在对社会的批判性反思之上。众所周知，人们在 20 世纪 60 年代将注意力放在了贫困人口的义务教育和“文化剥夺”(culturally deprived)的问题上。建立在“文化剥夺”的假设之上，我们能做的最具正义性的事情就是弥补贫困和歧视造成的认知缺陷。从各个层面来看，这都是提出抗议的绝佳时机，但是教师本身却没有表现出引发批判性质询的迹象。传统观念认为，为了满足需求，我们可以开放结构，拓展机遇，并最终实现平等。人们假定，即便考虑到“反学校教育者”提出的所有异议、浪漫主义者提出的所有批评，及“自由派”革命者提出的所有怀疑，平等也可以在现行体制中得以实现。

现在，人们普遍认为，这些对自由的承诺是空洞无物的。诸如补偿性措施(compensatory efforts)等抗击贫困的措施被证明是无效的。反对社会性开支、抵制建立福利和正义社会的新自由主义观点应运而生。随着财政支持力度的下降，人们开始激烈地批判公共教育。学校不得不将注意力集中到相互分散的“素质”和基础技能上。注意力被集中在了可测量的效率和可靠性上。关于行为工程学和管理能力价值的讨论不绝于耳。人们越来越少地关注解放思想和批判性思维。技术和自由的企业体制，以及解释并赋予其合法性的存在都被归类为不可改变的现实，即便在经济衰退时也是如此。最显著的是对经济持续发展的关注，即在就业危机、通货膨胀、石油危机和各种可以设想的不可避免的衰退面前，如何保持经济增长。人们对改革的可能感到无望，进而产生了一种令人沮丧的愤世嫉俗。

接着，教师教育也进入了一个复杂的境地。传统观念认为，经济 58
压力阻碍了教师教育的改革；但是与此同时，从经济学的角度看，经济压力又使得学校教学变得十分必要。现在，一些研究表明，学校教育和经济发展之间缺乏相关性。在所有努力都未能发挥作用，同时人们对自己目前的生活处境又无能为力时，人们便开始依靠教育培养下一代。这样做至少可以提高社会的流动性。此外，在正被认为快速进入“知识社会”(knowledge society)[13]的当下，没有任何其他教育机构能够比学校提供更多的帮助。因此，经济需求和四处弥漫的对未来的焦虑交织在一起，使人们还留存一丝对公立学校的古老幻想。所有这一切都强化了神秘化过程——对维护资本主义的意识形态非常重要的神秘化过程。在总统大选期间，神秘化往往表现得非常明显，甚至到了令人啼笑皆非的地步。

非常清楚的一点是，教师无法公开抨击和贬低给他们制订工作计划的机构。但是，鉴于传统和教师的学术责任，他们不能仅仅充当维护体制的代理人(同时用自己的方式推动社会化)，满足于为官僚制度培养合格的办事员。考虑到当今时代的压力和教育机构的保守性，教师是否能够提出质询并进行批判性教学呢？这种压力和保守性是如何促使“准教师”与预先定义和给定的概念切断联系的呢？它们是如何使教师具备解码、译码、超越和改造(如果教师足够有勇气的话)的能力的呢？

当人们开始相信，对人类自由与人权的承诺一直贯穿于美国历史当中的时候，神秘化便取得了戏剧性的胜利。当人们理所当然地认为，民主得到实现的时候，神秘化便取得了成功。实际上，民主不是一种现实，而一直是一个悬而未决的问题。对人类自由和人权的承诺也就是对特定规范和可能性的承诺。尽管如此，从某种意义上说，此类价值观和承诺一直潜藏在美国经验当中。认识到这一点极为重要。还有一点也相当重要——我们拥有一份书面的《权利法案》(*Bill of Rights*)。我们在处理与人类尊严相关的问题时，可以参考其中的具体原则。

唯一的问题在于，这些简单化或通俗化了的标准被用来编造一种 59
表象的现实，以此掩盖发生在世界中的真实事件。正如黑格尔(Hegel)等哲学家告诉我们的那样，解放和自由的需求深深地根植于人类之中[14]，没有任何一种欺骗性的声明可以满足人们对自决和自由的诉求。实际上，我相信美国社会中明显存在的痼疾是对背叛感的一种回应，同时也是对机构丧失信心的回应。人们感受到诺言已经失效，可能性无法得到实现，谎言四处弥漫。我在所有这一切当中发现了教师教育开始对阐释发生了兴趣，这种阐释可能引发具有“破坏性”的批判。

许多学生和教师都强调了这样的事实——发挥专家的作用不仅仅需要努力提高技术知识和实用性知识，“阐释性背景”[15]也能起到重要作用。“阐释性背景”指教学活动在学校中进行的意识形态和社会文化背景。他们多次强调了教师应该发挥倡导的作用，并要求针对某些领域的特定维度设置政策导向。他们还强调了这样的事实——教师不仅有责任成为特定专业领域的专家或理论家，还应该特别关注能够在公共空间发挥作用的政策和行动。我提议在教师教育领域为“基础性”专家留出一个位置。“基础性”专家的主要兴趣在于阐释影响教育过程的社会、政治和经济因素——并使他人也能够进行这样的阐释。“能力”导向的支持者赞成在教师教育课程安排中省略“基础”的部分，实际上他们已经成功地侵蚀了这部分构成因素，这点绝非偶然。

当然，“基础性”教育者承担的责任也是多方面的。我们必须把构成阐释性学科的重要概念和原则介绍给“准教师”们。他们必须能够从历史学、社会学、人类学、经济学和哲学等多种视角看待世界，学会借助不同视角有意识地整理从经验中获得的材料。与此同时，他们还必须学会理解学科和组织化的科目在选择现实层面上的作用。这意味着，他们必须有能力提出与被人类过度统治的世界相适应的新问题。

60 完成上述责任需要引发一种对话，借此引导教学过程中的所有参与者反思他们的生活环境以及对环境系统化可利用的构想。这些构想也就是阿尔佛雷德·舒茨所说的“手边的常备知识”[16]的组成部分。这些构想源自文化传统，被用来解读社会现实，使得主体间的交流成为可能。它们从多个方面为学校的教学内容提供了材料。然而，一旦这些构想被并入学校课程之中，便不可避免地遭到了物化，被给定了一种客体的生命，成了“官方知识”(official knowledge)的组成部分。这便是教师教育者引发批判性思维是如此重要的原因之一——不仅仅是针对用以解读和指导教育过程本身的构想，还是针对学科和科目等不同教育层面的教育形式。如果不具备批判性思维，这些学科便可能会被统治者利用，用来将年轻人的视野固定在由他人定义的现实之上。

每门学科和每项科目在某个时间里都必须与人类设置它们的兴趣和旨在解决的问题放在一起考量。[17]我们应该考虑到各种知识结构的多种表现形式，如学术团体和集体承诺。托马斯·库恩(Thomas Kuhn)为自然科学中“引导范式”(paradigm-directed)和“摧毁范式”(paradigm-shattering)的研究提供了一种模式。[18]这种尝试所需要的远远不止修正主义思想和破坏偶像主义思想。它对教育领域有着特别的重要性。在教育领域中，我们可以相对容易地为客观存在概括出一种“自然法则般的特点”，比如，我们可以将公立学校的作用概括为“促进人类环境的平等化”、推动社会流动性、保障民主等。在过去相对较近的一段时间里，新的概括性特点被定义下来，造成的后果甚至更加严重：遗传继承性、人才的分配、精英统治和等级制度等。

教育者和教育改革者一直试图用事情达到的效果或效率来测试其合理性，而非批判性地审视行动的前提。他们试图以社会效益来为自己在学校里所做的事情正名(一部分原因可能在于教师觉得自己应该对学校董事会和纳税人负责)。他们很少考虑这样的问题——从本质上看自己的行动是否正确。他们能够轻易将价值观从事实中剥离，在道德适当性的基础之外采取决定(对于学校中的一切表面上的道德主义来说)。公立学校的受众是大众儿童，即儿童这一普遍群体，因而在公立学校当中，社会实证主义[19]和教育思想一样适用：人们主要考虑的不是已经提高或可能提高个人幸福感和自决性的因素，而是巩固社会稳定和推动物质进步的因素。

这提供了另一论据，证明我们需要批判性地看待所谓的“教育理 61
论”，并且鼓励人们基于个人的不同视角、背景和在世界中的位置来对结构和文本进行解读。事实与价值的分离允许人们声称，他们依赖的知识是完全中立的，即便在这些知识被用来进行统治和施加控制的时候。我坚信，没有什么能够更加有效地应对这种可怕的分离。

当然，我支持鼓励自我反思。我认为应该激发教师教育者和他们的学生独立思考，并对自己的表现进行反思。这似乎是一种天性解放，能够使教学和倡导焕发勃勃生机。自我反思还能促使我们描绘出一种前所未有的可能性——在个体为了实现自我创造而进行选择和探索未来的过程中。教师教育者很少思考实证性概念和“给定”的概念切断联系的需要，也丝毫没有考虑过是否有必要揭露神秘主义；结果，他们助长了神秘化的传播，同时客观上维护了“自然而然”的幻象。

我必须强调，阻碍“真实发言”的障碍是不计其数的。约翰·杜威在半个多世纪以前曾经这样描述，在由蒸汽和电力构建的“伟大社会”浮现之时，人类的关系便进入了新的纪元。“新的相对非人性化和机械化的人类联合行为模式入侵了社会，”杜威写道，“这便是当代社会的伟大现实。”[20]他认为，尽管新的环境因素解放了一些中产阶级成员，但压迫的局面也影响了沉默的一群人。杜威讽刺地说道，“那些人起不到多大作用”，他们总是被压迫的对象。他紧接着提出了重要论点：人们可以在经济力量发挥作用的过程中发现一些固有的“自然”并顺从“自然规律”的东西，这些东西与人为制造的虚伪政治机构形成了鲜明的对比。工业社会被人们合理化为完全“自然”的存在；创造人为的欲求和需要，改变机构和习俗的方向都被视为正当行为。[21]杜威这样写道，“古雅典人不买周日报纸，不投资股票证券，更不会想骑摩托车”。但是，今天我们不仅把对这些物品的需求视为理所当然(还教育他人把这种需求视为理所当然)，同时我们以同样的方式将现行体制视为理所当然。然而，现行体制通过带有伪装的统治、引导和控制，从各个方面操纵了我们的审美和期望。

杜威对神秘主义的表面化理解既没有对教师教育也没有对学61校造成影响。这可能是由于他坚持认为从长远上看，他描述的现象可以通过实验性智慧得到处理。他认为存在“一种社会痼疾”（social pathology），极大地阻碍了对社会机构和社会环境提出有效的质询[22]；他认为，对批判性思维造成阻碍的因素包括服从，以及强力地美化了“本该如此”的现存事物的乐观主义。但是，到了1927年，他似乎更加关注技术对人类意识造成的影响，而不怎么注意时代扭曲的交际特点了。

鉴于对合作性智慧、极好的口才和科学方法的潜在信任，我不确定约翰·杜威将如何回应丹尼尔·贝尔(Daniel Bell)对后工业社会的描述。在贝尔笔下，社会的创新资源大部分源自研究的发展，知识的集中化促使科学和技术之间形成了一种新型关系，社会的重量[以国民生产总值(GNP)和就业率等指标衡量]越来越成为知识界关注的问题。“在知识型社会的社会结构当中,”贝尔写道，“……致力于研究功能理性和操作技术模式的技术专家与愈发悲天悯人，沉溺于享乐主义和虚伪主义的文学知识分子之间的分歧愈加深化和发展。”[23]因此，他强调了“给定性”和“功能理性和操作技术模式”的稳定性，并认为即便随着时间的推移，这两者仍然会是精英社会的特点。

我认为，贝尔的观点在于，从某种程度上来说，根植于主观性甚至绝望的批判性是对应该被接受为积极和无害的观点的破坏。如果他的判断是正确的话，如果“专业人士真的因为从教育和培训当中获得了后工业时代社会日益需要的技能”而成为未来社会的中心人物的话，那么杜威所说的“入侵”将不仅仅是非人性化、新习俗和机构的入侵，而是多种思维方式、阐释方式和神秘化方式的入侵。果真如此的话，以批判性的视角理解功能理性的语言、前提、起源和变形的重任便落到了教育家身上。教师教育领域的基础性专家有义务使准教师们具备认同并批判性地反思形式化世界的能力，因而需要肩负起大部分责任。

63 人们将前面提到化约论者(reductionist)对"能力"言论以及管理科学在教师教育上的应用视为功能理性对教育思想和实践影响的诸多表现之一。一些功效论者开始公开谈论"当下商业和工业领域的现代科技"，探讨如果运用这些现代科技来量化学校产量将产生怎样的结果。当下滑现象大量出现时，新涌现出来的效率崇拜者，即那些准科学管理者，乘人们对经济和可预测性的需求猛增之机，将教育描述为一种科技操作，以此宣扬教育之所以值得依靠是因为它与可控和真实相关。这样，他们就创造出了自己的神秘主义。这也是医治杜威所说的"社会痼疾"的重要性的众多表现之一。我们需要满怀热情同时严肃而明智地去治疗这种痼疾。无论在校内还是校外，我们都必须以具体行动参与到教育所发生的情境当中，努力批判性地思考掩盖我们生活中真实发生的事情的伪装——各种使人们止步不前的神秘化模式。

我们需要思考官方对通货膨胀、经济衰退和纽约经济灾难等现象的解释。这将为我们提供很大的帮助，不仅能促使我们识破官方刻意欺骗公众的谎言，还会使我们认识到，这些解释给通货膨胀等现象披上了一层客观而"自然"的外衣，从而成功将它们神秘化和虚伪化了。毋庸赘言，社会不平等、民族分裂、失败和歧视等现象也是如此。非常有趣的是，一旦人们开始关注通货膨胀，绝望和宿命论便会蔓延开来。比如，卡尔·拉斯克(Carl Raschke)指出，普通民众开始相信没有任何人能够扭转生活水平和质量逐渐下降的态势，进而以宿命论的态度看待回到20世纪30年代经历的那种“维艰时代”的可能。在确认了这种可能性并不存在之后，人们又开始安于现状。“他们为自己的悲哀寻找替罪羊和能让自己舒服一点儿的解释,”拉斯克写道，“为了获得贷款尽可能地展现自己的实力，‘我有了我的，杰克’[24]成了他们奋斗的口号。”[25]

与此同时，人们对联邦计划的清醒态度遭到了利用。这可能会让 64
我们联想到“先锋计划”(Head Start Program)试图丰富幼小儿童生活的努力。我们还可以参考就业培训项目、贫民就业项目等促进自由和教育的改革，因为其中大多数改革举措都试图帮助个人克服他们遭遇的匮乏，尽管许多措施过于空泛且缺乏支持。约翰·罗尔斯(John Rawls)曾明确指出[26]，这些匮乏并没有得到良好地解决。只顾及自身利益的特殊利益群体忙着游说他人相信自己的“万灵药”。公众由于急切想获得一些更好的东西，而接受了一套关于“能发挥作用的宏大而不屈力量”的邪恶理论。“神秘化,”拉斯克说，“成了当下的秩序。”[27]

但是，我并不建议所有教师教育者都成为经济学家，寻找可以替代凯恩斯主义或加尔布雷思学说的模式。我认为，教师教育者应该研究如何帮助人们在感到自身成为某种无法控制的力量的受害者时，抵抗内心的无用感和无力感。引发这种无用感和无力感的原因不只在于对通货膨胀的解释。这种解释不是唯一导致人们产生“救生艇”心理(lifeboat psychology)[28]的原因。这种心理将使人们无法发展出和谐的人际关系，也不可能培养出相互依靠的意识和正常生活的意识。

我的意思并不是说每个人都拥有一种他人认识不到的效能，也不是说如果人们只是站起来提出要求，通货膨胀和其他问题就会消失。拉斯克本身也建议大家依据新范式进行思考，充分认识到(举例来说)社会中所有人的合法权益，同时设置障碍限制获得财富的方式和程度。他认为，我们构想出的这种新范式使我们脱离了道德冷漠。他说，在这些新范式中，政府应该起到保障社会公正的作用，而不仅是颤颤巍巍地依附在自由企业体制之上。最后，他指出，“这种新范式……从理论和实践上都必须将关注点从对现存剥削媒介的合理化转移到赋予总体经济秩序以**人性化**之上”[29]。

65 上述论述可以视为我对关注教育范式的人提供的类比和实例，其中包含了我对人们多年以来一直认为理所当然的现象的看法，如功用、效率、稳定、机会和精英统治的平等性等。我们很少对精英统治的范式提出疑问，自然而然地认为在精英统治下，每个人都能够依靠自己的努力在统治阶梯上自由移动，而不受偏见和束缚的影响。我们一直以来已经接受了这样的观点——如果一个男孩或女孩因懒惰而没有按照要求付出努力，那么学校和体制将不需要对他/她的失败负责。从传统上看，我们倾向于认为，个人有权利选择成为浸没或被动的个体。丹尼尔·贝尔在谈及精英统治时这样说，我们需要做的一切只是充分理解对精英统治的传统观点。如果我们能够充分理解精英统治的传统观点，便会承认那些取得成功的人已经获得了权威地位。最近，新自由主义者撰文呼吁建立最小化国家(minimal state)，同时对罗伯特·尼斯比特(Robert Nisbet)提出的“新平等主义”(new equalitarianism)提出了质疑，这些文章巩固了人们已经接受了的看法。举例来说，尼斯比特表示，“无论哪种程度和形式的不平等都是社会关系的精华。这个群体当中，人类的气质、思维、动机、力量和欲望相互之间的差异极大，这除了能够促使阶级制度产生之外，没有任何其他意义”㉚。他认为在自由和平等之间存在一种客观的张力，甚至也存在一种对阶级统治的需求。

我们最近才意识到实现机会均等的诸多制约因素，并发现了社会中存在大量不公平和非正义的现象。我们最近才逐渐将注意力集中在不公平的现象上，准确地说是集中在了精英统治的排他性之上。例如，约翰·罗尔斯曾说过，精英统治是不公平的，因为在精英统治的安排之下，机会均等意味着较为幸运的人有平等的机会将较不幸运的人甩在后面。他还对大多数美国人视为理所当然的事情提出了质疑，认为变得比较不幸运只不过是一种偶然。出生和天赋造就的劣势、匮乏和不平等不只是不恰当的，也是需要纠正的。在公正的社会中(为实现互利互惠而进行合作性安排的社会)，社会和经济的不平等得到了很好的安排，以至于弱势群体的利益可以得到保障，他们的长期利益和生活质量都能都得到提高。我们可以在这种方法里看到固有的道德考量，甚至能够发现对罗尔斯所说的“自尊”的倡导。㉛的确，比起那些从未注意和从不关心社会是否公正的人，投身于正义事业，或者至少对“非正义”㉜有充分认识的人在利益遭到损害时，较为不可能成为“孤岛”(Isolato)或变得冷漠和疏离。

66 最近几个月出现了一些对罗尔斯言论的攻击。罗伯特·诺齐克(Robert Nozick)[33]等哲学家，尼尔·贝尔和罗伯特·尼斯比特等社会学家以及一些保守派记者和评论家不同程度地对其合法性提出了质疑。除了诺齐克和贝尔，这些攻击均持防御姿态，固守那些被认为理所当然的陈旧观念以及慰藉人心的神秘主义观点。其中牵涉到一些合理的哲学观差异，但是罗尔斯首先发起的批判显然困扰着那些同情现状的人，无论这些人是否觉得自己准备接手“父亲的生意”。回应的本质有时表达了知识分子也正在体验着一种不安。

罗伯特·海尔布隆厄(Robert Heilbroner)写道，人们对“文明的痼疾”(civilizational malaise)的意识越来越深入。他说，这种痼疾“反映了对物质文明的无力感——更高的收入、营养更丰富的食物、效果更强的药物、应用物理和化学的进步……所有一切都被用于满足人们的精神需求”。他继续阐述道，“两个多世纪以来，工业文明的价值带给我们的不仅是物质的进步，更是一种热忱和目的感，而现在这种价值却正在丧失不言自明的合理性”。[34]但是，我们并不能得出未来的工业文明及其组织注定消失的结论，人们也不会停止对技术的依赖。至关重要的一点在于，人们不再满足物质进步带来的利益。而那些曾经被迫延迟满足的人们又会怎样呢？那些处在统治和控制下的人们又会怎样呢？宣扬进步、生产力、效率或其他潜在益处已经越来越难以证明压迫和操纵的合理性。我们必须从人类的有利视角，基于人类共同的道德关注点，对那些长久以来被视为毋庸置疑的概念提出疑问。

教师教育者需要扪心自问，这些问题是否常常在师范院校中出现。67
我们已经十分熟悉所谓的修正主义批判。[35]据这种观点推测，时至今日，教育体制的目的仍不在于使得每个人都学会提出问题，更不在于促使每个人的潜能得到最大程度的发挥。相反，我们不断被告知，教育的目的是促使年轻人进入工业体系，将年轻人分层，以便满足各种不同的需求，让他们能够去监督、执行统治，进行神秘化。如果人们对社会体制中的学校足够了解，相信他们不会对这一点感到惊讶。此外，由于修正主义批判并没有提出去神秘化的诉求，也没有大规模地提出对文化的诉求，因此我不确定这种批判会带来什么。时至今日，大多数教育者都从某种层面意识到，数以千计的年轻人被从体制中挑选出来，变成看不见的人，丧失了人性化，从而变得沉默寡言。甚至在这一点上，概括也以自己独特的神秘化方式欺骗着大众。许多年轻人确实在体制中生存了下来，并做出了自己的选择。民主的观点仍然以某种方式鲜活地存在于美国民众的想象中，即使在他们忽略和不顾其他价值观的时候也是如此。学习的问题仍然困扰着我们：学习已经使什么成为可能，现在又将使什么成为可能呢？

沃尔特·范伯格(Walter Feinberg)把学校称作为现代工业社会的“社会记忆银行”。我们如果不把这种观点称作“妖魔论”(demonology)的话，也已把它归为毫无依据的宿命论之流。沃尔特·范伯格写道，学校的作用“不仅在于把正确的态度、习惯和技能印刻在年轻人身上，还在于根除他们身上一些被认为不受欢迎的特点。那些被去除的东西通常是家庭、教会和当地社区之间态度‘失调’的结果”[36]。在我看来，学校所具有的令人敬畏的力量和可疑的实效性可能是产生这种观点的原因之一。像许多修正主义观点一样，这种观点似乎根植于一种骇人听闻的人类概念之中。男男女女、老老少少表现得对迫害完全顺从和易感。他们是处在不可理解和不可控制的力量下的生物。哪些因素应该对这种完全顺从的态度负责呢？是什么造成大众如此逆来顺受地甘愿牺牲他们的自由？我在读到“打印机”的时候，想到了陀思妥耶夫斯基笔下的大检查官说的话：人们总是更想要面包而不是自由。他告诉耶稣：

> 最后，他们将自己的自由置于我们脚边，对我们说，“让我做您的奴隶吧，但是请给我们食物。”他们最后会理解，所有人都不可能同时获得足够的面包和自由，因为面包和自由是不可兼得的！我深信，由于他们的软弱、邪恶、无用和叛逆，他们永远也无法获得自由…… 我发誓，人类远比你想象的要软弱和低贱得多！…… 在对人类表现出过多的尊重之后，你确实不再能够体会他们的感受了，因为你对他们的要求真的太过分了…… 人类会再次聚集，再次顺从，接着一劳永逸。那么，我们应该把人类看成一种脆弱的生物，进而赋予他们天生享有的安静而谦卑的快乐。我们应该向他们展示他们的脆弱，告诉他们，他们不过是可怜的孩子罢了……[37]

68 我还想到了保罗·尼赞(Paul Nizan)的小说《安多尼·布劳耶》

(*Antoine Bloyé*)。这部小说讲述了一个工人阶级的儿子为了将来能够在工业体系中找到自己的位置，而被送进一所中学接受教育的故事。他在毕业的时候获得了一个奖品——一本书。他在这本书中读到：

> “人类是自由的——他们一直都能意识到自己有权利不去做曾经做过的事情，也有权利去做没有做过的事情。”安多尼对这些文字进行了反思……但却误解了其中的意思。他的父亲是不是可以选择不去值夜班，不去他要去的地方呢？他的母亲是不是能够因为背疼而选择不去上班，选择不随着时间的流逝而衰老和无力下去呢？关于他自己——他在哪些方面是自由的呢？自由只不过意味着不被贫穷困扰，不总是被他人颐指气使地干活。有钱人，那些有收入的人，享受着某种形式的自由。㊳

这个例子反映了那些被“打印”出来的年轻人的想法——他们被家庭和学校打上了烙印，只能在异化、无助和没有其他选择方案的环境中安放自己的青春。从未有人启发过他们，促使他们认识到自己身上具备的自决性——意识到他们是能够选择阶级意识和自由的独立自主的个体。整部小说抒发了一种愤怒的嘶吼(由于这部小说是以安多尼·布劳耶儿子的口吻撰写的)。愤怒的对象不只是体制施加于人类身上的伤害，还包括个体对他的伤害。

我们不需要变得浪漫，也不需要进行神秘化。教师教育者如果想引发改变，必须构想出一套能够督促人们坚定地表达自己主张的方法，激励人们发挥主动性，克服施加在身上的异化力量。特伦特·施罗德(Trent Schroyer)在《支配的批判》(*The Critique of Domination*)中讨论了高校背景在促使人们理解统治和自我解放过程中的重要作用。他完全理解庞大的机构施加在人们身上的限制，但仍这样写道，“我们并没有假定‘激进教育’(radical education)的意义是颠覆传统教育，我们需要严肃地投身于批判性知识分子自我形塑的过程中，以此来实现‘激进教育’”。[39]他还谈到了自由学校、医院和社区，指出我们需要接触正规组织之外的机构。如我所言，教师教育者和教师一样，通过反神秘化行动和自我解放，不仅将教育过程落到了实处，还促进了技术的推广。他们能够遵守原则并按照自己的意愿自由行动，同时也能够代表自由机构的传统采取行动。考虑到当代社会中的所有压力和偏差，除了所谓的民主之外，我们还能够将这个过程看成什么呢？

69 如果可能的话，教育者在以这种方式教育和解放学生并且促使他们理解所居住的社会现实是构建而成的过程中，应该避免用专家式的高姿态来对待学生。这样，他们和学生才可能进入一种双向的对话之中。这种双向对话营造出了一个易于提问的世界，人类在里面可以用真诚的方式发表言论。包括教师在内的每一个人或许都能够清晰地阐明与他们相关的特定主题，真诚和简明地阐释主题的背景和前景，解释“在场、探索、提问和学习”分别意味着什么。事实确实如此——或者事实应该如此，正式的询问和科学的思考促进了人类的交流，因而非常重要。

学科，即组织化的知识结构，应该被用来为个体参与者提供更多的可能性。每个参与者都有能力建立一种与他/她关注点相关的结构，并且借助这种结构阐明自己想表达的事情。如果这种对话和交流被当成一种模式固定了下来，那么实证性解释便可能成为一种看待问题的视角，扭曲的现象也会得到理解。那些参与谈话的人可能会学会对自己的生活环境、意义确立的模式和未来发布“真诚的演讲”。他们可能会在一起交流和生活的过程中学会如何超越。

如果对话无法将个体的注意力拉到社会现实的构建之上，也无法促使个体留意他们文化生活共享的协议和理解的动态构成过程，那么没有任何人会愿意参与到这种对话中。我相信，随着这个过程的开展，人们也会逐渐认同多元化的考量。这种认同要求人们从新的角度认识社会。一定存在这样的认知方式——个人基于他们独特的历史环境和长期养成的经验，将自我置于世界当中。每个人都会从特定的视角，基于不同的兴趣、职业、责任和欲求，对他们观察到的现实进行解读。每个人都在不同的社会团体里承担着不同的社会角色。个体的卷入，即个体从事的工作、就读的学校、所属的种族和社会阶层，影响着他们使用“手边常备知识”的方式。个体会利用这些知识，从特定的视角来整理和解读世界；他们在这个过程中构建了一个共享的意义结构；他们共享着同一个世界。

然而，我认为，由于个体的背景不同，沉淀意义的方式也不同，70
因而他们会从不同的角度，以不同的视角构建共同的意义结构。基于传统的假设来审视“正常”世界和官方意义结构的学校不仅强调了教学内容的“给定性”(givenness)，还习惯性地忽视观点的独特性。除非探索个人兴趣能够带来利益，否则学校只会将个体与遗传、共同经验和逐渐积累起来的关于某种种族的看法联系在一起。[40]学校的这种做法使得上面那种交流无法实现。参与远不及适应重要，即便在具体的个性化过程中也是如此。

在过去几年当中，那些此前无法传到我们耳朵中的声音不断提醒我们注意这一点。少数族裔、女性甚至儿童等帕布罗·卡萨尔斯所说的“沉默文化”(a culture of silence)[41]成员的声音第一次传到了我们的耳朵里。对心理历史学、生物学、自传文学和“自下而上的历史”的兴趣在某种程度上回应了这一现象。无论我们怎样努力促使“准教师”说出自己的心声并直面生活中的具体问题，都免不了对神秘化发起挑战。同时，一段时间之后，这种去神秘化的挑战也可以被带到学校或者其他他们最终工作的地方。

我认为，对被视为理所当然的事情及理所当然地传播的事情发起挑战是问题的关键：阶级的观念、应有的匮乏、迟到的感谢和死板的时间观与人类的内部时间之间呈现出一种张力。显然，我们需要采用新的教学方法——一种使个体能够自由地理解他们从各自的位置出发构建共同大陆和共同世界的方法。我们也可以把这种教学方法称为“民主教学法”，因为从多个层面看，这种教学方法的目的都是赋予人们建立民主社会的权利。我相信，基于民主价值观采取行动就是对有意识地被人格化了的自由、正义和关心他人等原则做出回应。如果个体能够将这些原则运用在自己身上，同时在面对经阐释而成的具体现实时参考这些原则，那么这种方法便能够被用于实践中，并被用来拉近世界和人心欲求的距离。

当然，如果人们继续保持浸没状态的话，我们无法想象这一切成 71
为现实。我们无法想象民主能够在阿哈布船长的船上出现，因为这条船上的船员大多是岛上的居民，一直被他人疯狂的想法欺骗和统治着。如果一个社会被冷冻在技术语言并根植于不平等之中的冷漠侵占，那么我们也无法想象民主能够诞生。因此，教师教育者的考量必须一直保持规范性、批判性甚至是政治性。虽然师范院校和学校都无法改变社会秩序，也无法使民主成为法律，但是我们至少可以赋予准教师们反思自己生活环境的权利，使他们能够对需要修复的匮乏发出自己的声音，同时以他们认为体面、人性化和正义的方式采取可能的行动。“我需要你生活在现实中，”弗吉尼亚·伍尔夫这样写道。[42]“瘟疫和受害者都存在，”塔拉在《鼠疫》中指出，“但是，是否屈服于瘟疫的威力取决于我们本身。”[43]上面这两句话启发我们认识到这样的结论：我们至少能够超越匮乏，创造能使所有年龄阶段的人在一起交流的条件——在迫不得已时，拥有表达愤怒、进行破坏的选择权，而在其他情况下则成为真诚、富有激情和自由的个体。

参考文献

1. Herman Melville, *Moby Dick*(New York: Random House, 1930), p. 306.
2. Ibid., p. 308.
3. Quoted from *Capital* Ⅲ *in Richard J. Bernstein*, Praxis and Action

(Philadell9hia: University of Pennsylvania Press, 1971), p. 65.

4. Karl Marx, *Capital*. ed. Frederick Engels(New York: Modern Library, 1906). chapters Ⅰ and Ⅶ.

5. Paul Ricoeur, *The Conflict of Interpretations*, ed. Don Ihde (Evantston: Northwestern University Press, 1975), p. 149.

6. R. S. Peters, *Ethics and Education* (Glenview, I11. : Scott, Foresman, 1967), p. 217.

7. Peter L. Berger and Thomas Luckmann, *The Socia*, *Construction of Reality* (Garden City, N. Y. : Doubleday, Anchor Books, 1967).

8. Melville, *op cit.*, p. 174.

9. Hannah Arendt, "Lying in Politics: Reflections on the Pentagon Papers,"in *Crises of the Republic* (New York: Harvest Books, 1972), pp. 1-47.

10. F. Scott Fitzgerald, *The Great Gatsby* (New York: Charles Scribner's Sons, 1953). p. 99.

11. Richard Hofstadter, *Anti-Intellectualism in American Life* (New York: Alfred A. Knopf, 1963), pp. 299-390.

12. See Jerome S-Brunet, *The Process of Education* (Cambridge: Harvard University Press, 1960) and Robert W. Heath, ed., *New Curricula* (New York: Harper & Row, 1964).

13. Daniel Bell. *The Coming of Post-Industrial Society* (New York: Basic Books, 1963), pp. 262-265.

14. G. W. F. Hegel, *Philosophy of the Right* (Oxford: Clarendon Press, 1952), p. 53.

15. Harry S. Broudy, B. Othanel Smith, and Joe R, Burnett, *Democracy and Excellence in American Secondary Education* (Chicago: Rand McNally, 1964), pp. 54-55; 233-243.

16. Alfred Schutz, *The Problem of Social Reality*: Collected Papers I, ed. Maurice Natanson. (The Hague: Martinus Nijhoff, 1967), p. 38 f.

17. Jurgen Habermas, *Knowledge and Human Interests* (Boston: Beacon Press, 1971), pp. 301-317.

18. Thomas S. Kuhn, *The Structure of Scientific Revolutions*, 2nd ed. (Chicago: University of Chicago Press, 1970), pp. 144-210.

19. Alvin W. Goutdner, *The Caming Crisis of Western Sociology* (New York: Basic Books, 1970), pp. 88-108.

20. John Dewey, *The Public and Its Problems* (Chicago: The Swallow Press, 1954), p. 98.

21. Ibid., p. 102.

22. Ibid., p. 170.

23. Daniel Bell, *op. cit.*, p. 214.

24. 言下之意是“谁在乎你有没有”。这是一种个人主义的体现。

25. Carl Raschke, “Demystifying Inflation,” *Christianity and Crisis*, Vol. 24, No. 20, Nov. 25, 1974, p. 263.

26. John Rawls, *A Theory of Justice* (Cambridge: Harvard University Press, 1971), pp. 100-108.

27. Raschke, *op. cit.*, p. 264.

28. 救生艇心理：指在一群人被置于救生艇上，当生命受到威胁时，努力自救的人将会被视为反社会者，即便他/她的努力没有直接损害其他人的利益。每个人都被期待努力地划船，但是任何一个人都不应该比其他人划得更用劲儿。

29. Raschke, *op. cit.*, p. 265.

30. Robert Nisbet, *Twilight of Authority* (New York: Oxford University Press, 1975), p, 238.

31. Rawls, *op, cit.*, pp. 440-446.

32. Edmond N. Cahn, *The Sense of Injustice* (New York: New York University Press, 1949).

33. Robert Nozick, *Anarchy, State, and Utopia* (New York: Basic Books, 1974).

34. Robert L. Heilbroner, *An Inquiry Into The Human Prospect* (New York: W. W. Norton, 1974), p. 21.

35. See, e.g., Clarence J. Karier, Paul Violas, and Joel Spring, *Roots of Crisis* (Chicago: Rand, McNatly, 1973).

36. Walter Feinberg and Henry Rosemont, Jr., “Introduction,” *Work, Technology, and Education*. eds., Feinberg and Rosemont (Urbana: University of Illinois Press, 1975), p. 8.

37. Fyodor Dostoyevsky, *The Brothers Karamazov* (New York: Modern Library, 1945), pp. 306-307.

38. Paul Nizan, *Antoine Bloyé* (New York: Monthly Review Press, 1973), p. 54.

39. Trent Schroyer, *The Critique of Domination* (New York: George Braziller, 1973), p. 252.

40. See John Dewey, *The Child and the Curriculum* (Chicago: University of Chicago Press, 1902), p. 17 f.

41. Paulo Freire, *Cultural Action for Freedom* (Baltimore: Penguin Books, 1972), p. 57.

42. Virginia Woolf, *A Room of One's Own* (New York: Harcourt, Brace & World, 1957), p. 114.

43. Albert Camus, *The Plague* (New York: Alfred A. Knopf, 1948), p. 230.

/ 5. “基础”之争：回顾和展望/

1976 年，索尔·贝洛在诺贝尔文学奖获奖感言中坦言，他对现在 74
私人生活和公共生活的混乱状况感到困惑和迷茫。他还提到了我们常常面对的废墟意象、周围的喧嚣和每天的恐惧。他深信，我们并没有充分思考自己究竟是怎样的存在，进而提醒我们维持“思考、区分和感受”的能力。他接着说：

> 在困难时期，人们对必需品的需求量也会上升。自第一次世界大战以来，危机永无止境地循环发生，并造就了一批人。他们经历了可怕而怪异的年代，在他们身上，我们可以看到偏见显著减少，令人失望的意识形态逐渐剥落。他们具备与形形色色的疯狂现象共处的能力，并不断追求某些长久存在的优良品质——比如真理、自由和智慧。[1]

和贝洛一样，今天许多人也在“困惑和迷茫之中”试图决定他们应该抵抗还是屈服。他们想到了波诡云谲的未来世界和涌入内心的那些令人害怕的问题。当这些问题触及孩子和他们的未来时，这些人可能会深切地体会到贝洛所说的“无尽的欲望”：对必需品的欲望、对克服混乱和不确定性的欲望。神秘主义折磨着他们，使他们放弃了真正理解的希望。他们在每个可能的地方寻找万灵药。然而，他们首先需要做到的是相信。

75 和其他国家的人相比，当今时代的美国人更加关注学校。他们能够从学校中找到承诺的记忆和安慰。甚至到了今天，仍然有许多人在学校身上施加了一种近乎神圣的职责。贺拉斯·曼(Horace Mann)在学校创建之初就断言，实验能够提供“最终取得成功的最高权威”。他这样比喻，准则像“蔚蓝天空中的荧光色字母”一样清晰可读。“以一种适合孩子成长的方式培养他/她，这样孩子长大以后就不会偏离这种方式。”[2]他将自由的学校体制比喻为太阳，照亮的“不仅是美好，还有邪恶”，而“这些邪恶的事物可能转变成美好的事物……”他说，自由的学校体制就像甘霖一样，“不仅滋润了公正的事物，也滋润了不公正的事物”，而“不公正的事物所包含的非正义性可能离它们而去，再也不被人们知晓”。[3]半个世纪以后，约翰·杜威将教育称作“社会进步和改革的基础方法”，同时表示“教师……一直是上帝真正的牧师和天堂的引路人”[4]。

然而，到了20世纪60年代，许多人抛弃了上面这些神话、传奇和信念。大部分公众认为，与社会机构相比，尤其考虑到推动个体的经济进步和维护经济平等时，学校只起到了次要作用。[5]另一些公众则开始从不同视角看待学校，认识到学校具有的强制性和对教师资格证的认证功能。他们认为学校感兴趣的只是为企业和社会提供服务，而非为正在成长中的男孩和女孩提供服务。[6]矛盾的是，这样的批判发生在经济高速扩张和期待上升的时期，甚至可以被视为对国内外暴行的回应。最具批判和揭露能力的人认为，大多数人只要留心就可以找到可供选择的方案——不仅可以选择其他的生活方式和工作方法，还可以选择其他实践的可能，以及另外一些引发社会变革的力量。

在过去的几年当中，经济发展受到了制约，失业率猛增，个人选 76
择的余地似乎变小了：人们意识到可能性正在减少，抗议和批判之声也随之减少。让-保罗·萨特曾经指出，我们只有在意识到存在“另外一种状态，在其中事情会朝着有利于每个人的方向发展”时，才会承认当前的生活环境存在问题，并发现这些问题在某些方面是不可容忍的。[7]当前，改善我们社会经济环境的可能性极小；也没有证据表明，人们正在为改变环境而研发什么重要项目。结果产生了一种令人恐惧的顺从心理，这种心理占据了社会的统治地位，造成了一种对重大改革的无力感。随之而来的是怀旧心理，人们开始喜欢做白日梦——梦想着古老的诺言和传奇，以及阳光雨露的福佑。这种幻想开始满足人们的期待——表达需求的期待。如果任何其他机构都无法提供保证，那么我们至少可以怪罪处在体制中的学校，无论体制本身具有多大的缺陷，也无论年轻人对体制是多么得不感兴趣。可以理解的是，教育者负有不可推卸的责任，不只因为他们没有完成一些事情，也因为他们为了满足家长的需求而代替学生做出选择。

显而易见，这种不满和需求建立在实证主义基础之上。在媒体的持续引导下，公众开始认为考试分数正在下降，“输入”跟不上“输出”的步调。中产阶级理所当然地接受了技术文化的语言和管理规范，心甘情愿在管理的制约下看待问题。“生产思潮”甚至为脆弱的知识主张提供了合法化的支持。而对于深陷贫困的男男女女来说，他们甚至不需要这种合法性的证明。如果报纸告诉他们，小约翰和小苏茜[8]不再会被教授阅读知识，同时假设阅读与“成功”之间有一定关联(阅读能够促使人们取得成功)，这些人只得将自己的愤怒转嫁到学校身上。工厂成批倒闭的景象在他们面前上演，他们只能眼睁睁地看着年轻人排队等待应聘并不存在的工作岗位。他们认为学校传播的挫败感会对孩子在世界上的生存构成威胁。因此，他们支持“回到过去”的要求，认为学校应该回归“基础”，回到更加简单和明晰的时代中。人们渴望获得能够理解的答案，比如，考试检测的技能就是资本主义社会需要的技能。这可能会起到帮助作用，因为“基础”常常没有明确的定义，或者只是以“不是什么”来定义：创新教学、放任自流、自由询问或艺术。从某种程度上说，“基础”指的是那些人们认为教师完全有能力传授的知识，即如果他们承担起社会责任，满足社会对他们的期待所应该传授的知识。

77 当然，我们可以把其中一些思维趋势归因为这样的现象：人们在回顾自己过去的学生时代时，总会习惯性地附加上一些目的性和明晰性，而实际上这些特点并不真正存在。比如，律师、在百货商店买东西的顾客、汽车修理厂厂主或者社区领导者在从自己的视角回顾过去时，可以将早先发生的事件视为对当前正在发生的事件的准备。撰写概要、信件和新闻稿等基础技能现在似乎都成了教学的目的，更不用说教师的严格要求和课后自习。至少在大部分人的回忆中，学校没有开放性的课堂，也不存在创新。如果开设了艺术课程的话，每周也不会超过1次。对于大多数人来说，如果存在这样的娱乐和创新的话，他们从中掌握的技术也常常被默默地忽略了。

这样的思考并不罕见。记忆通常是带有选择性的，考虑到我们时代存在的扭曲现象，从诸多方面来看，对此类思维的辩护是可以被理解的。E. L. 多克托罗(E. L. Doctorow)的小说《褴褛时代》(*Ragtime*)一开篇便富有感召力地描述了1902年新罗谢尔(New Rochelle)⑨的景象，或者至少可以说是美国人在想象中相信应该存在的景象。

> 似乎没有任何娱乐活动不聚集着一大群人。火车、轮船和有轨电车将这些人从一个地点运送到另一个地点。这就是当时的风气，这就是当时人们的生活方式。女人们愈发壮实了，她们撑着白色的太阳伞在港湾上观景。夏天人人都穿着白色衣装。网球拍大得不像话，拍面呈椭圆形。那里充斥着激荡的情欲，那里没有黑人，也没有移民。⑩

如果我们想要对抗技术衰落的趋势，必须首先对我们记忆中喧嚣世界表面背后隐藏着的一些东西进行思考。此外，还需要考虑在当代世界中随处可见、层出不穷的不公平现象。贫困、营养不良和恶劣的居住条件都是学习的障碍。不感兴趣、无聊厌烦和被动接受会给我们增添更多的障碍。我们拥有足够多的知识，可以将这些现象归因于环境的消耗、过度刺激或对惊悚和强烈感官刺激的过分追求。我们还可以把这些现象归因于“再也不存在所谓的事业”的认识。我们应该奋起反抗他人阐释和定义的客观世界。这种世界像一种陌生而一成不变的存在一样停留着，在任何影响下都不可能发生转变，也不可能变得人性化。它像一堵墙或一块钢板一样，呈现不出任何可以穿透的空隙。它抗拒被阐释，因为不可测知而难以对其进行批判。

78 该说的似乎都已经说过了。弗吉尼亚·伍尔夫曾经说过，世界正在“嵌入一团毫无特征的脱脂棉中”[11]。我们可以把她的比喻看成一种线索，提示我们上述现象已经唤起或者即将唤起哪些感受——没有任何事物能够给人们留下深刻的印象，周围的一切事物似乎都被捂住了，变得枯燥无味、模糊不清。今天，我们几乎可以触碰到社会中的疲倦感。无论游戏看起来多么荒谬，人们都会以一种厌世的态度和愤世嫉俗的样貌参与其中。借威利·劳曼夫人(Mrs. Willy Loman)的话说，我们必须以此前从未采用过的方式“付出注意力”。所有从事和接触教育事业的人，包括公共团体的成员、年轻人、孩子的父母、教授等，无论他们扮演着何种角色，处在何种基质当中，遭受着怎样的不适、不确定和痛苦，都必须付出注意力。

我们再也不能假定教育专家拥有不经过同意就将自己的精神强加给他人的权利和权威。他们的承诺无论是“人性化”“学术性”还是“技术性”的，都在许多层面上和公众的关注点不一致。当普通人感到恐惧或被告知了错误的信息时，当他们受到无法识别的力量的约束时，他们一定会抨击知识分子和专业人士，谴责他们无知而反动。在向“回到基础”运动开战的自由主义中必然存在一种反讽。他们的思维相对来说比较解放，能以自己的方式变得具有压迫性。当自由主义与既定的利益联系在一起时(如维持财政困难的学校运转)，便会丧失一些论战力量。与此同时，毫无疑问，答应人们的要求便是纵容神秘化，并且支持定义本身带有经济保障能力的幻象。

我们必须在社区中发起一场对话，一场为了促使人们看见的教育性对话。正如约翰·奥尼尔(John O'Neill)指出的那样，形形色色的人都会参与到这场对话当中，“一起创造意义”⑫。奥尼尔引用了迈克尔·欧克肖特(Michael Oakeshott)的话：“恰当地说，教育是加入对话的技术和合伙关系中，我们通过这种对话学会了识别不同的声音，区分不同的说话场合，并且习得与对话相匹配的知识和道德习惯。”⑬参与者(对话中的专业或非专业人士)也许可以在引发的争论和质疑的过程中重新思考我们正在教育领域从事怎样的事情——并且发现我们应该做些什么。他们也许能够问一问自己，重要的文化素养是否可能继续存在于后工业化社会中，那些不完善的技术理性⑭是一定会被当成“赫胥黎的 Delta 级”⑮(Huxleyan Deltas)，还是仅仅会被置于一旁。只有在这样的意义构建的过程中，我们才能建立有意义的素养，这些素养关乎于反身动词、倾听和实践，并能使人们有可能对围墙和钢筋建立起新的视角。

约瑟夫·施瓦布(Joseph Schwab)曾在作品中提及“学习型社区” 79
(learning community)⑯，身在其中的人们能够发现如何在理解和构建意义的过程中活力四射地与他人相处并彼此支援。在我看来，学习型社区必须解放于教室，同时又超越教室。它应该延伸到周围的世界中，无论人们选择了何种基础，促使那些不确定的人和没有找到恰当的语言来表达自己想法的人参与进来。学习者，无论他们是谁，都是人类世界的“新人”。正如汉娜·阿伦特所说，在他们到来之前，人类世界就已经存在了；在他们死去之后，人类世界还会继续存在。⑰从一种维度来看，人类世界是向后延伸的一个构建而成的世界，一个由先驱者和当代人共同阐释而成的世界。从另一种维度来看，它是一个特定的当前社区，正如施瓦布所说的，教师和学习者都朝着他们设定的目标，“要求获得合作、交流和相互帮助”。⑱

在我看来，公共领域的许多成员似乎和许多年轻人一样，不明白他们为什么生存在世界上。他们感到烦恼，认为客体好像并没有什么意义，进而否认思考的需要，转而寻求技术的帮助。这并不意味着他们不像其他所有人一样“谴责意义”⑲，也不意味着他们不在追求某种连贯性(从某种层面上看)，寻找和世界连接起来的方法。这也不表示，他们不渴求面前的围墙裂开一道缝隙，产生新的可能性。

没有人会告知我们这一切，我们能够获得的只是可能产生这种想法和可能找到意义的机会。这就是思考。阿伦特指出，人们通过提出与意义有关的问题，“将自己构建为提出问题的生物”⑳。面对当前的恐惧和压力，个体在思考后工业时代技术化社会中的教育问题时，应该将这一点铭记于心。马丁·海德格尔(Martin Heidegger)认为，现代社会因隐含的意义和广泛传播的“思维的溃退”㉑而不同于此前任何一个时代的社会。现代社会极力阻止人们提出问题，拒绝给人们提供思考的原料。我们应该开辟一些能够引发问题的地方，人们在那里能够用自己真实的声音对话，学习如何参与交流，与此同时学会明白而准确地思考。

我们需要利用任何一点微小的可能，通过特定的方式将“什么是基 80
础”的思考放大为一种文化上的改变，促使每一个人从他/她的中心出发，学会通过渗透到文化中的多种视角来解读他/她的经验，包括他人生活经历提供的视角、从某个学科或艺术类别中获得的视角等。当然，熟练掌握技术是一项必要条件；而学校对此负有巨大责任。但是，不知为何，这种对技术的要求已经与个人成长和未来发展的要求达成和解，同时还与批判性思维的要求达成一致。

形形色色能够进行思考的人都能给我们提供一些建议。基于儿童如何思考和成长的实证性知识，让·皮亚杰(Jean Piaget)做出了如下评论。教育的首要目标应该是“创造能够投身到全新事业中的男男女女，而不是仅仅教会他们重复上一代人的工作——培养具有创新精神、善于发明、乐于发现的男男女女”——他们的思维方式“是具有批判性的，不是盲目接受别人的观点，而是首先对其进行验证”。[22]另一些关注教育领域的思想家则重新强调了“学校和行动的新形式”，这种形式不同于以往人们对“基础”的普遍认知。这些思想家大多基于与人类本性相关的行为主义概念提出了自己的主张。我们可以从中发现对“以能力为基础的教师教育”和多种形式的“效率崇拜”的典型合法化倾向，例如，人类是喜欢顺从且容易被影响的有机体，除了操作性条件反射之外，对外部动机的反应最为明显。

相反，皮亚杰等人关注未来、发现和批判的学者相信，人类是独立自主的，他们拥有自我引导的能力，可以在开放的世界中自由地进行观察和选择。他们似乎在说，男性和女性都拥有能使个体独立制订生活计划的全面觉醒的能力。这种观点认为，身份是通过对行动的有意识的选择而创造出来的。实际上，人们会通过他们的项目、感兴趣的事情和想要在世界上从事的工作来完成自我认同。

81 我们很容易理解，为何人们总认为“他人”会被动接受“塑造”并容易受其影响(就像陀思妥耶夫斯基笔下大检查官所说的“愚蠢的孩子”或“天生会因为卑微的收获而感到快乐的脆弱生物”一样[23])。但是，我们几乎无法想象，那些谈及自我或接近自我的人会为了面包、快乐或者斯金纳所说的“文化生存”而放弃自由。[24]这确实是能够促使人们聚在一起进行交流和对话的理由。如果人们都能处在一种有根有据的“我们之间的关系”[25]中，意识到他们的存在性现实，那么他们完全可能选择成为独立自主的个体。他们不得不承认，他们聚在一起的本质动力是需要通过某种方式释放自己的能力，找到自己的表达方式。

他们在寻找自己的表达方式，并将周围的世界视为充满问题且易于改变的过程中，可能会——随着他们的对话不断进行——清晰地阐述他们构想中的教育拥有的总体目的。总体目的(有时也叫总体目标)之所以如此重要，是因为它能够影响人们做出的个别决定，同时也能为评估和权衡当前的目标提供判断标准。总体目标或许可以帮助人们决定，在存在缺陷的世界中，什么才是人类教育的基础。在这样的世界中，不公正现象每天都在不断增加，人性解体日益加剧，选择多样性持续萎缩。那么，究竟什么才是个体教育的基础呢？在这种教育中，个人将会变得更加具有创造性，能够进行评判和验证，参与到思考和行动中，并且有可能尝试改变世界和个人。

英国教授伊丽莎白·麦克弗森(Elisabeth McPherson)曾经这样写道：

> 我认为，最基础的是能够进行区别性的阅读，认识到一些概括性描述是没有证据的，同时能够要求出示这些概括性描述的根据…… 对人们来说，在看待事物时了解其中包含的偏见，认识到其中故弄玄虚的言辞是一种“基础”。我认为，认识到他们所阅读的文字中的扭曲，同时在自己写作的时候极力避免出现同样的扭曲，也是一种“基础”…… 然而，我们首先需要意识到，良好的阅读和写作是与他人分享有意义经验的方式，这才是最基础的一点。㉖

伊丽莎白·麦克弗森教授对思考、批判性意识和基础技能的掌握提出了明确要求。显然，掌握区分性阅读，以能够传递意义的方式进行写作，并要求获得证据都取决于之前的学习。之前的学习涉及规则的内化，同样也涉及实施吉尔伯特·赖尔(Gilbert Ryle)所说的“交易的把戏”或开展的方法。㉗此外，她还要求大家在一定程度的机械学习的基础上，进行一定数量的自我学习或根据自己的意愿采取独立行动。

82 如果这一切都是一系列交流和关于思维的共同想法带来的结果，那么我们可能会把所有一切视为持续推进的*实践*的一部分。实践在这种背景之下意味着一种刻意的行为模式，人们采取这种行为是为了引发改变。我们假设，那些采取行动的人可能正在学习如何将恐惧和无助转化为面对匮乏和不足时的愤怒。他们不仅希望自己的孩子通过阅读、写作和批判性反思实现超越，还为了清楚地阐释生活的主题而想要掌握一些特定的“基础”技能。我相信，只有在公共成员投身到这股潮流中时，他们才能意识到机构中真正缺乏的东西，比如学习。他们只有进入学习型社区，并开始认同新的可能的时候，才会发现忽视了自己和孩子都难以忍受的东西(借用萨特的话)。同时，我们还应该认识到，假定一些孩子不具备学习阅读的能力是难以忍受的。

如果我们投入适当的注意力，进行必要的个性化区分，同时按照顺序，有差别地对待资质和基础不同的孩子，那么所有孩子(除了少数身心严重受损的孩子之外)都能学会阅读。然而，我们必须杜绝理所当然地持有某种想法。没有效率的学校一定存在许多问题；那些受到影响的人，即便只是受到间接影响，也必须从能够想出的多种视角对这些影响进行批判性反思。当然，我们一定要把与固有的劣等性相关的言论视为一种问题；同样，认为教育资源的现行分配是不可避免的言论也应该被视为问题。

在较大的学习型社区中，学习应该引发人们重新关注事物之间的联系和分界，同时思考世界的整体性和具体性。导致学校经费缩减的原因不仅在于缺乏社会功用和对穷人的服务，种族主义也是一个原因；

此外，社会中一直存在的经济发展不平衡和失业率的上升构成另外的原因。因此，人们往往不会承认自己不关心穷人的境遇。除了上述问题之外，社会成员也可能发现，中产阶级纳税人身上的压力(对孩子的担心、对生活和厌烦和与邻居的竞争)，蓝领工人身上的不安全感，以及富裕家庭所感受到的无望感都与学校经费的缩减相关。

我并不是在说，孩子学会阅读之后较大的社会问题就能够得到解 83
决；我也不认为，社会行动能够代替目的性教学向学生传授技能。显然，专业教师仍有存在的必要，尤其是那些能够促进年轻人采取行动并超越所学知识的教师。他们需要具备多种素质：对理论知识的实用性做出判断，或实证性研究中有所发现，理解年轻人和孩子，并在这种理解之上做出实际的判断。他们需要成为能够将自己的思维形象化地呈现给年轻人的教师，并将各个领域的工作模式展示给学生，同时基于批判性思维对教学内容做出自己的判断[28]，同时打开多种视角并探索世界。

然而，在我看来，只有当教育工作者自己选择对超越纯粹专业标准的规则做出回应之时，这种教学法才能发挥作用。同时，我认为，关注学习过程的公众(甚至包括关注技术、培训和准备的公众)只有以自己的方式将社会成员视为教师和学生的时候，才可能支持这种教育方式。例如，每个社区中都有祖母哺育(grandmothering)[29]方面的专家，能让他人明白如何剖析大型机构的人，还有一些能够宣传体育的重要性、集体行动的意义或具有艺术潜质的人，如果他们都能够参与到持续的交流当中，并且交流能够与活过的生活(和体验过的困境)联系在一起的话，教育至少可以对那些试图构造意义的人发挥作用。与此同时，教师也会通过不同的方式看待学生，不仅将学生视为独立的个体或案例，而是将他们视为根植于家庭、俱乐部和教会的个体，或者根植于诊所、剧院、电影院和福利机构的个体。

关系网络和构建关系网络的想法在今天并非前所未闻；无论何时，一旦有人希望改变学校——围绕一些现存的组织机构——人们都会努力促使学校变成各个阶层、邻近地区的代表和专业领袖碰面的地方。艺术可能为构建关系网络提供了契机，但是我们不能忽视其中存在的监管问题和财政支持问题。我认为，在较大的社区中，在被动性和痼疾普遍存在的社会中形成的关系网络也能够促进人们对他们共享的生活环境进行批判性思考。思考，即提出问题，能够带来益处。我认为，回到“基础”的运动常常意味着“思维的溃退”，导致人们转而求助于外部的机械主义来“修复”(带有些许技术性)一些只有通过人类内部共同努力才能“修复”的问题。我觉得学习型社区比学校更加能够“改变社会的秩序”。

84 不过，我认为，保罗·弗莱雷所说的“文化行动”(cultural action)[30]的种子能够通过对话和分享等活动传播开来——即便是单纯为了降低社区文盲率的活动，反抗官僚主义的活动和为遗失儿童和“脖子上挂着钥匙的儿童”(latchkey children)[31]提供课外活动场所的努力都能够起到这种作用。如果人们无法反思自己所处的环境，也发现不了真正需要做的事情的话，这些活动和努力便都不会发生。我们需要变得能够更加反思，努力了解将要学习的内容。参与到学习当中意味着对学习和教育的目的有自己的想法。也许，人们会坚持认为，在学习型社区当中，促使年轻人做好获得安全感和工作的准备依然是最基础的；我们甚至不需要努力促使人们共同思考他们应该如何生活，他们活过的环境中存在哪些缺点，以及如何修正这些不足。

只有全面觉醒才能改变这种回顾性的视角，但我们无法保证全面觉醒能够带来什么。我希望看到扩大化对话的出现，正如我希望看到人们愈加关注生活的定量化维度和艺术的想象性视角一样，也就是梅洛-庞蒂所称的“原初”(the primordial)[32]和威廉·詹姆士所说的“活过的现实”(the lived reality)[33]。这是因为，无论处在哪个年龄阶段，拥有丰富信息的人们在接触艺术时，常会看到自己的内部风景；它们为个体提供了出场的机会。随着越来越多的个体获得出场的机会(变得能够真诚地审视、建构和聆听他们周围的世界)，我们熟悉的对话都将成为有依据的对话，来自中心的对话和能够为思考提供养料的对话。欣赏保罗·塞尚(Paul Cezanne)的画，阅读托尔金(Tolkien)和梅尔维尔的作品，聆听莫扎特(Mozart)的交响曲，科普兰(Copland)的钢琴曲或者爵士音乐，观看《罗密欧与朱丽叶》(*Romeo and Juliet*)、《有色女孩》(*Colored Girls*)或《樱桃园》(*The Cherry Orchard*)，欣赏《天鹅湖》(*Swan Lake*)或阿尔文·艾利(Alvin Ailey)的芭蕾舞剧，背诵或亲自创作诗歌，编织地毯，磨制壶罐，注视雕塑家塑造陶器等：所有这一切都需要我们本人亲自出场。这些活动从某种层面上为我们的经验增添了新的可能，即便在我们直面自己的时候。

与回到“基础”的呼声相连的反抗简单化的斗争并不简单。我还没 85
有谈到解决我们面对的问题的整体方案，也没有对成功做出任何保证。

我所讨论的是索尔·贝洛所说的"耐用商品"(durable goods)；我认为，只有当我们构想出开放的未来和开放的可能性时，才能确保这种商品的安全。对于我们当中的一些人来说，世界上存在的风险和追求远比已经到来和确定拥有的东西具有吸引力。正如许多人了解到的那样，教育的目的在于，为具备人类必需的技术和灵敏度的年轻人提供创造自我和生存的方式。索尔·贝洛在诺贝尔文学奖获奖感言的最后谈到了"更加广泛、灵活、全面、连贯而综合地说明'人类是什么、我们是谁和生活是为了什么'的强烈而痛苦的渴望。人们为了追求自由与集体力量抗衡；为了掌控自己的灵魂与非人性化力量斗争"㉞。如果我们愿意的话，都能自由地进入这个中心。说明"我们人类是什么"和"生活是为了什么"是关注美国教育事业并受其影响的人的一部分目的所在，因此他们有责任进入这个中心。

参考文献

1. Saul Bellow, "The Nobel Lecture,"*The American Scholar*. *Summer* 1977, p. 321.

2. Horace Mann, "Twelfth Annual Report(1848)"in *The Republic and the School*: *Horace Mann on the Education of Free Men*," ed. Lawrence A. Cremin (New York: Teachers College Press, 1957), p. 100.

3. Horace Mann, "Twelfth Annual Report(1848)"in *The Republic and the School*: *Horace Mann on the Education of Free Men*," ed. Lawrence A. Cremin (New York: Teachers College Press, 1957), p. 112.

4. John Dewey, "My Pedagogic Creed,"in *Dewey on Education*, ed. Martin S. Dworkin(New York: Teachers College Press, 1959), p. 32.

5. Christopher Jencks et al. , *Inequality: A Reassessment ofthe Effect of-Family and Schooling in America*(New York: Basic Books, 1972).

6. See Edgar Z. Friedenberg, *Coming of Age in America: Growth and Acquiescence*(New York: Random House, 1965); Paul Goodman. *Compulsory Miseducation*(New York: Horizon Press, 1964); John Holt, *How Children Fail*(New York: Pitman Publishing Corporation, 1964): Ivan Illich, *Deschooling in America*(New York: Harper and Row, 1961); Charles E. Silberman, *Crisis in the Classroom: The Remaking of American Education*(New York: Random House, 1970).

7. Jean-Paul Sartre, *Being and Nothingness*(New York: Philosophical Library, 1956), pp. 434-435.

8. 小约翰和小苏茜(Johnny and Susie):常见的儿童英文名,指代普通孩子。

9. 新罗尔谢:美国纽约州东南部的城市,临长岛海峡。

10. E. L. Doctorow, *Ragtime*(New York: Random House, 1975), p. 3.

11. Virginia Woolf, *Moments of Being*, ed. Jeanne Schulkind (New York: Harcourt Brace Jovanovich, 1976), p. 70.

12. See John O'Neill, *Making Sense Together: An Introduction to Wild Sociology*(New York: Harper Torchbooks, 1974).

13. See John O'Neill, *Making Sense Together: An Introduction to Wild Sociology*(New York: Harper Torchbooks, 1974), p. 17.

14. Daniel Bell, *The Coming of Post-Industrial Society*(New York: Basic Books, 1973), pp. 350-351; p. 214.

15. 在赫胥黎的小说《美丽新世界》中,人类通过生物学制约技术被依次分成了5级:Alpha、Beta、Gamma、Delta以及Epsilon。

16. Joseph J. Schwab, *Education and the State: Learning Community*(reprinted from *The Great Ideas Today*, 1976). (Chicago: Encyclopedia Britannica, 1976).

17. Hannah Arendt, *Between Past and Future*(New York: Viking Press, 1961), p. 185.

18. Schwab, *op. cit.*, p. 235.

19. Maurice Merleau-Ponty, *Phenomenology of Perception* (New York:

Humanities Press, 1967), p. xix.

20. Arendt, "Reflections: Thinking 1," *The New Yorker*, November 21, 1977, p. 74.

21. Martin Heidegger, *Discourse on Thinking*, tr. John M. Anderson and E. Hans Freund (New York: Harper & Row, 1966), p. 45.

22. Quoted in Paul H. Sherry, "Editorial: Public Education Today and Tomorrow," *Journal of Current Social Issues*, Summer 1976, p. 3.

23. Fyodor Dostoyevsky, *The Brothers Karamasov*, tr. Constancé Garnett (New York: Modern Library, 1945), pp. 300-301.

24. B. F. Skinner, *Beyond Freedom and Dignity* (New York: Alfred A. Knopf, 1971), p. 144.

25. Alfred Schutz, "The Dimensions of the Social World," in *Studies in Social Theory* Collected Papers Ⅱ, ed. Arvid Brodersen (The Hague: Martinus Nijhoff, 1964), p. 25 f.

26. Elisabeth McPherson, "The Significance of the Written Word," in *Profession 77* (Selected articles from the Bulletins of the Association of Departments of English and the Association of Departments of Foreign Languages) (New York: Modern Language Association, 1977), p. 25.

27. Gilbert Ryle, "Teaching and Training," in *The Concept of Education*, ed. R. S. Peters (New York: Humanities Press, 1967), p. 114.

28. See Israel Scheffler, *Conditions of Knowledge* (Chicago: Scott, Foresman, 1967), p. 11.

29. 祖母哺育：指祖母代替母亲抚育孩子。

30. Paulo Freire, *Pedagogy of the Oppressed* (New York: Herder and Herder, 1967), p. 131.

31. 脖子上挂钥匙的儿童：指因父母疏于照顾而不得不独自在家的孩子。

32. Merleau-Ponty, "Cezanne's Doubt," in *Sense and Non-Sense* (Evanston: Northwestern University Press, 1964), p. 13 f.

33. William James, *The Principles of Psychology*, Vol. Ⅱ (New York: Dover Publications, 1950), pp. 299-300.

34. Saul Bellow, *op. cit.* p. 325.

第二编

社 会 问 题

Social Issues

/ 6. 对教育政策的思考/

索尔·贝洛和理查德·桑尼特(Richard Sennett)提出过与我的出发点类似的观点。1976 年，贝洛在诺贝尔文学奖获奖感言中对“维护大众社会、去人性化及其他的惯常看法”提出了质疑。他对听众说，这些东西完全不能代表我们；“我们的头脑和四肢更加灵活，具有更为丰富的才艺，同时能够更加清楚地表达我们的看法。我们完全不止这些，这一点我们都能感受到”①。桑尼特在《公共人的衰落》(*The Fall of Public Man*)中追溯了“个性神圣化”(sanctification of personality)或其他人所说的“新自恋”(new narcissism)倾向的根源，同时探讨了私人领域和公共领域之间日益加剧的分歧，以及公共兴趣的侵蚀。②

在我看来，我们当下对教育政策进行任何讨论时，似乎都把出发点放在教育政策能够对重构公共领域或政治领域起到什么作用。只有当人类真正意识到自己是灵活多变、柔韧而自由，并且有能力改变世界的时候，政治领域这个需要付诸行动的领域才可能存在。然而，除非其中牵涉到的个体能够超越个人主观性做出判断，否则政治领域便不会存在。只有当参与者能够从位于具体社会现实中的人的视角看待事物时，即能够站在周围的人的视角上和会受到自己言论和行为影响的人的视角上思考问题时，这样的政治领域才可能存在。我认为能够从多个不同的视角观察普通世界，能够对被视为理所当然的事情提出质疑，同时意识到存在其他可能性(尤其在当今这个特定的历史时期)是尤为重要的。

90 对于投身于这种政治领域的人来说，从 20 世纪 60 年代明确提出的社会目标中撤退并不是他们唯一关心的问题。1965 年，《初等及中等教育法案》(*Elementary and Secondary Education Act*)颁布，明确提出“教育是当今时代的头等大事，是当代社会的首要工作”。自此，对教育的意识发生了巨大的转变。神秘化过程似乎已经发生了，而且推进的效率如此之高，以至于几乎所有美国人都确信，福利、暴力、街头犯罪、城市衰落和人类无能等在某种程度上都是无法解决的问题。

也有人提出这样的质疑，他们认为不公、歧视和失败是事物本身的固有属性，社会实验如果即便不是荒谬的，也注定是无效的。右翼思想家鼓吹实施不干预政策，支持通货膨胀理论，企图将人们的冷漠合理化。左翼思想家则坚持认为，非正义和不充分是资本主义社会的体制性问题，补偿性措施具有操纵性，在伪装之下掩盖了更加有效地施加社会控制的真实意图。自由主义者和浪漫主义者低声说“小即是美”，反对集中计划原则，认为任何旨在推进集中化的政策都会不可避免地伤害儿童个体，即“单个的人”。

这些观点通过不同方式彼此调解，比如支持将学校“边缘化”(marginality)的观点，但是由于利己主义因为这些观点的存在而变得愈发合理，公众漠不关心的态度也常常随之得到了强化。我们很容易发现，“启智计划”(Head Start)③和“追踪到底方案”(Follow Through)等头号改革方案(Title I innovation)够没有发挥作用，甚至遭遇资金不足和不被认可的问题。反复歌颂“回到基础”演变成一种仪式化的行为，然而我们在社会看不到一丝挑战“基础”的迹象，也找不到任何推广阅读项目和提高儿童技能的严肃努力。对学校的财务预算和债务方案投反对票似乎已经成了一种潮流；人们甚至能够接受关闭学校的决定。人们有时把这种现象的原因归结为“消极论”(negativism)的蔓延，有时归结为对校董事会的不信任，有时则责怪纯粹的自私主义，还有时是出于一种绝望。当然，部分原因在于这一种粗暴而未经检验的种族主义(当周围居住在贫困人口或少数族裔时)，但是人们提起教育时不感兴趣的诸多例子似乎还预示着一种社会痼疾，这种意识认为学校的确已经被边缘化了，对创造更加美好的世界毫无作用，更不用说创造美化的生活了。

公立学校的“神话”或“传说”似乎已经破灭。所谓的“神话”和“传说”指的是相信公共教育能够创造托马斯·马恩所说的“社会机器上的平衡轮”(social balance wheel)，同时相信公共教育能起到消除阶级差异，实现机会均等化和无差异化地开拓追求物质成功之路的作用。当然，许多移民家庭的孩子确实成功进入了所谓的主流社会，主流社会(主要指信仰新教的中产阶级)的观点和信念也在学校的作用下保持着活力。

但是，我不明白，为什么这么多人在相当长的一段时间里都相信 91

学校能够根除社会的根本性痼疾。我也不明白，这种观点的流行是否会扭转改革的趋势，或者将人们的注意力从阶级斗争上转移开来。但是，似乎这种观点的确把人们的注意力从社会规划、公共工程建设、国家健康保健计划等其他需求上转移开来。毕竟，如果只考虑社会功效，严重的经济危机甚至要求美国赶超西欧。毫无疑问，人们依靠学校的“诺言”否认少数群体遭到的排斥和伤害，同时将他们永远置于“看不见的”状态之下。激进的民权运动广泛爆发，使得美国人民不得不承认，公共教育的“诺言”对那些遭到种族隔离、遭受剥削和处在贫困无望状态的人来说是空洞无物的。

20 世纪 60 年代任何一场运动和讨论都应该使大多数人确信，要求教育进步必须与努力提高生活水平、提供体面的住房和医疗条件同时进行；此外，在这样一个科技时代，我们还必须利用娱乐和艺术体验，使生活变得更加丰富多彩。到目前为止，我们都应该清楚，学习能力和充足和营养、稳定的家庭生活、安全感和信任感之间有着千丝万缕的联系。这种联系不需要通过量化研究来证明，我们需要的是学会如何依据已经了解的知识采取行动。

社会现象是交织在一起的，然而，这个事实并不能构成我们把注意力集中在单一现象上的理由，我们也不能因此就只努力提高某一领域特定维度的水平。在闷热而不卫生的出租屋里生活的儿童不应因为环境对健康不利而被剥夺获得保健的权利。同样，我们也不应该仅仅由于家庭的不支持而否认被剥夺隐私和家庭关怀的孩子拥有获得教育的需求。即便最宏大的“启智计划”、最熟练的双语教学、最有效的同辈教学法和最人性化的辅助教学也无法完全弥补外部世界给孩子带来的损害，他们也不应当被剥夺额外的需求。

我指的是约翰·杜威所说的对“矫正”的剥夺。他写道，矫正的原 92
则是“为了平等地对待每一个人，提供真正平等的机会，社会必须更加关注那些拥有较少自然资产并出生在较为不利的社会位置上的人群。这样做的意义在于纠正偶然发生的偏见，朝着平等的方向迈进”④。

众所周知，罗尔斯的标志性贡献之一是将劣势和缺点(正如优势和优点意义)看成一种偶发性事件——缺点并不是应得的。虽然许多读者对罗尔斯的正义论仍然持有诸多疑问，但是我们必须将他的“偶发事件观”置于教育政策讨论的中心位置。长期以来，在清教教义的影响下，我们一直认为劣势是一种罪恶，应该归咎于个体本身。我们仍然没有将这一负担成功地从儿童身上卸下来；针对儿童，我们既没有从责任归属的角度上考虑教育资源的不足，也没有从社会机构，包括公立学校的角度来考虑这种不足。

我接下来将讨论获得优质教育资源的权利和学校在提供教育资源上的责任。我们不得不问一问自己：“教育”的意义究竟是什么，不公平的社会是否有可能为个体提供优质的教育资源。一种观点认为，所谓“教育”，即促使个体思维从较为满足的状态向较为不满足的状态发展，促使个体以更为宏大和连贯的视角看待自己所处的当前社会。但是，还有许多其他观点对“满足”持有异见，尤其在考虑到弱势群体的时候。这类观点假定，在当代和大多数其他时代的社会中，无论个体的独特发展具有怎样的需求，教育的责任还是在于满足经济体制发展的需要。尽管我们不愿意承认，但还是常常被告知，为了层级化的科层制结构而促进孩子的发展，为了维护社会秩序而不惜一切代价，甚至不平等地分配教育资源并施加社会性控制来压抑创新和提问，都是值得鼓励的。

93 许多批判学校的人认为，这种压抑是学校在更为宏大的体制中发挥作用不可避免的后果。有些人则宣称，我们无法在体制本身改变之前做出任何意义深远的改变。另一些人则相信，我们在体制内工作的同时有可能培养出批判性思维，随着时间的推移，逐渐引发改变。还有一些人相信，如果想要改变教师和学生的意识，我们需要在科层制之外开展工作。据此，有人提出了“去学校化”(de-schooling)，致力于建立“自由学校”(free school)。这些人在教育券制”(voucher system)[5]和平等化安排中发现了一些允许多元化发展和进行自由选择的方法。当然，也有一些人主要关注“无脑”状态或无效状态。教育者需要提高学校的重要性，使学校变得更加人性化，从而增强学校的效用。这些人呼吁建立“人性化”的学校，希望在世界各地建立开放性教室，并在宏大的体制之下建立“迷你学校”(mini-school)和“卫星学校”(satellite school)。他们还致力于推广以学习为中心的综合性教育和“不设围墙的学校”(school without walls)。

从某种意义上说，尽管持这种观点的人彼此之间存在差异，这些团体和个体共同构成行为主义、“能力论”专家、管理学工程师和技术控制论代表人物的反对派。然而，显然大部分教育家仍然在管理学的规则下行事。在农村地区较小的社区中，校董事会从经济效用的角度制定决策，学校的行政人员则认为有必要按章办事。在较大的城市和更为贫穷的社区中，学校的责任不是促进年轻人完成自我实现或成为具有批判性思维的思考者，而是促使他们以恰当的方式行事。在社区的校董事会、杰西·杰克逊（Jesse Jackson）[6]的彩虹推动联盟(The Rainbow PUSH Coalition)[7]支持者的大型聚会以及州和市的管理办公室中，人们讨论的都是同一个内容：公立学校的目标在于促进年轻人掌握能够帮助他们在经济体制中富有成效地工作的能力。学校的"诺言"被理解为承诺获得某种资质证明或取得某种地位。人性的价值及与激进的批判主义相关的价值似乎只是少数中产阶级应该考虑的问题。丹尼尔·贝尔曾说"自我实现的回声和功能理性之间的裂缝统治着技术经济活动"[8]，这种极富戏剧性的描述适用于大多数学校。

那么，我们将如何继续前进？我们应该如何应对引发醒悟和不信 94
任的神秘化？我们将如何对待从人道主义出发的激进批判观点？我们怎样做才重新构建一个世界，让其中的人们可以足够自由而高效地为教育事业奋斗？我们如何才能重新引发 20 世纪 60 年代的热潮，使人们再一次相信"教育是当今时代的头等大事"？我们怎样做才能再一次提供充足的资源，再一次克服冷漠和利己主义，并将教育变成不只是获得证书和施加社会控制的过程？

参考文献

1. Saul Bellow, "The Nobel Lecture," *The American Scholar*, Summer 1997, p. 324.

2. Richard Sennett, *The Fall of Public Man* (New York: Alfred A. Knopf, 1977), pp. 3-27

3. “启智计划”：始于 1965 年，是迄今为止美国联邦政府实施的规模最大的早期儿童发展项目。该计划主要关注 3～4 岁贫困家庭儿童的教育、医疗与身体健康发展，旨在通过关注儿童的早期发展来扩大弱势群体受教育的机会，以消除贫困。

4. John Rawls, *A Theory of Justice* (Cambridge: Harvard University Press, 1972), pp. 100-101.

5. 教育券制：政府把资助公立学校的款项，全部以“学券”形式发给有学龄孩子的家长。家长们手持学券，在众多的公立、私立学校之间自由选择。这种制度的主要目的在于，在维持政府对教育的津贴同时，亦可以引入市场竞争机制，从而提升教育的制度。

6. 杰西・杰克逊(1941—　)：继马丁・路德・金之后又一位具有超凡魅力的黑人民权领袖和演说家，曾号召美国年轻人“放下枪支，拿起选票”。

7. 彩虹推动联盟：一个追求社会变革的多种族、多议题的激进国际组织，倡导全世界的和平与正义。成立于 1996 年 12 月，总部位于芝加哥。

8. Daniel Bell, *The Cultural Contradictions of Capitalism* (New York: Basic Books, 1976), p. 15.

/ 7. 教育与实践：“有害的慷慨”问题/

萨特在《对知识分子的恳求》(*A Plea for Intellectuals*)一文中谈及了知识分子作为“中间人、中等人和中产人”遭遇的矛盾：

> 他从刚懂事起就成了一名“人道主义者”。这意味着，他从小就被灌输了人类生而平等的思想，对平等的理念深信不疑。但是，一旦考虑到自己，他便会意识到，自己本身就是人类生而不平等的一例活生生的证据。他把知识转化为技能，掌握着一种度量社会权力(social power)① 的能力。作为公务员、管理者或者自由职业者的儿子，这些知识对他来说是一种与生俱来的遗产：甚至在他出生之前，文化就已经进驻了他的家庭。因此，对他来说，出生在这样的家庭中就等于出生在这样的文化中。然而，如果一个人想要成为从工人阶级中脱颖而出的少数幸运者，必须跨越复杂且不可避免地带有非正义性的教育体系，一套淘汰了他的大部分同志的体系。

> 最重要的是，如果他足够聪明，能够顺利通过所有考试，便不可避免地成了特权的所有者。这种特权，或者说对知识的垄断，与人道主义者所坚持的平等主义原则背道而驰。换句话说，他应该声明放弃这种特权。但是，既然他本身就是特权，那么他只能通过废除自己来放弃这种特权。这个过程与深深地根植在大多数人心中的求生本能相矛盾。②

上面描述的困境并非只存在于知识分子身上；许多全面觉醒的专业人员也体验到了同样的困境，包括从事教学工作的人。只有在他们意识到所描述的“统治”、扭曲的交流，以及所服务的科技社会中存在的诸多操控之时，问题才会被激化。可供选择的其他方案有哪些呢？安德烈·马尔罗(Andre Malraux)所著《人类的命运》(*Man's Fate*)中京吉索(Kyo Gisors)的选择是我能想到的为数不多的方案之一。京吉索也属于中产阶级，但有一些不同之处：

96 但是，在京吉索身上，一切都变得简单起来。英雄主义意识赋予了他一种自律，而非对生活的合理化。他并没有感到焦躁不安。他的生活存在意义，他知道生活的意义何在：赋予每一个正在被“匮乏”这种慢性疾病慢慢杀死的人以自尊意识。他也属于这样的群体：他们有着共同的敌人。京吉索被白种男性，甚至白种女性辱骂、歧视、驱赶和唾弃，却从未试图战胜他们：他曾经做过尝试，并且发现了自己究竟属

> 于哪种群体。“对于每天工作 12 小时却不知道为什么工作的人来说，尊严和真实的生活都不可能存在。”工作必须建立在一种意义之上，成为一种信仰。个体问题只存在于京吉索的私人生活当中。③

问题不仅仅在于他是一个局外人(由他的出生造成)。在他身上我们还可以发现与资本主义社会中劳动力相关的异化问题。我们假设剥削的条件能够被消除，那么全体人类的尊严便都将得到保证。在当前的社会环境下，人们的确会关注意义和尊严问题，同时也会关注自由和自治问题。但是今天，考虑到技术统治下的社会所发生的翻天覆地的变化，我们意识到自己需要的远不仅仅是改变与生产和机器的客观关系。我们不得不关注人类的主观性；如果我们想要以某种方式减少统治的话，必须将人类意识考虑在内。现代教育的地位之所以如此重要，原因之一在于一旦教学法确立了决定性地位，在负责教学、待人、管理或组织的人身上存在的分裂与扭曲便会呈现出此前从未有过的重大政治意义。

首先，问题出在那些怀有善意的中产阶级专家身上。他们并不是真正信任与其共事的学生(或者客户、病人和社区成员)，虽然如此，他们还是致力于代表一起工作的变革社会秩序。从某种意义上讲，这类人和京吉索很像：他们希望使那些遭受剥削的人相信自己也拥有自尊 。正如保罗·弗莱雷所言，这些人通过争取解放的斗争发挥了作用。他们至少在精神上脱离了压迫阶级及其价值观。他们像许多觉醒的年轻人和从表面上看似激进的知识分子一样，对获得成功、追求地位和物质财富以及精英主义的偏见不屑一顾。弗莱雷这样写道：

97 > 他们不再充当剥削者、漠不关心的旁观者和剥削利益的继承人，而是和被剥削者站在同一条战线上；尽管如此，他们仍然总带着出身的印记：偏见、扭曲，包括不相信人民有思考、获得和了解的能力。随之而来的是一种风险：这些人民运动的拥护者总可能跌落进入一种与压迫者同样有害的慷慨之中。不公正的秩序助长了压迫者的慷慨。从另一方面来看，我们的皈依者的确渴望改变这种不公正的秩序；但是由于他们的背景，这些人相信自己一定会是改变的执行者。④

这些皈依者不相信人民的力量，也无法与人民进行交流，因而他们做的事情实际上起到了否认自由的作用(尽管他们相信自己正在做一些有助于人类解放的事情)。他们将一同工作的人视为案例、受害者，比客体和物品好不了多少。

与慷慨问题紧密相关的是皈依者的语言。这不仅使我想到了默里·埃德尔曼(Murray Edelman)所说的“助人专业的政治语言”，尽管我相信，他的话能够帮助我们理解语言拓展和维护权威的方法，以及语言操纵人们“对从众和顺从表达不满”的方法。⑤还使我想到了阿尔文·艾利所描述的知识分子的语言特点。他认为，知识分子的语言特点表现在频繁使用反身代词、具有批判意识和脱离情境之上。与知识分子类似，许多专业倾向于建立一种层级制度，把语言分为准确的和不准确的，把谈话分为“较为良好和较不良好的”。[6]在假定包含一切的语篇世界中(至少包括最理性和信息最丰富的男性和女性)，他们和知识分子一样可能把自己与那些看上去沉默寡言，说话操着一口方言，使用的语法也不甚准确的人区分开来。他们可能会表达对语言贫瘠化的关注；他们还可能进一步调查这种贫瘠化产生的原因，希望纠正出错的地方；他们甚至还可能为了更好地向那些有需要的人传递信息而试图学习特定的通用语或贫民窟英语。但是，这些努力并不能缓解专业人士和他们试图帮助的人之间的疏远感。古尔德纳写道：

> 成为一名现代知识分子……意味着投身于与特定本地背 98
> 景日益分离的世界文化当中。无论是技术知识分子还是人道主义知识分子，那些受相对频繁地使用自反代词的文化熏陶的人能够较好地与专业人士交流，即便他们与专业人士之间不存在活的共同历史。将他们聚集在一起的是共同的语言和语法，而不是活的共同历史和共同记忆。这样的话，知识分子几乎可以把任何地方当成自己的家。然而，他们也可能在任何地方都显得无家可归，感到自己与所有受历史限制的特殊地点疏离开来，同时面对只有默契地共享着相同假设的人才能理解的日常生活，他们还会体验到一种分离感。[7]

这些皈依者是激进的专业人士，在我看来，他们和所谓的“革命性知识分子”(revolutionary intellectual)十分类似。由于他们的语言和承诺，甚至由于对批判的兴趣，他们可能施加一种新的统治和控制模式。我们只需要想象，自己接触到了这样一群人：那些经常使用在媒体中流行的俗语的人，或者那些满口“你说对吧?”“爽，哥们!”“酷毙了，兄弟!”和“哇!”的人。我们只需要设想一下和玛丽·哈特曼(Mary Hartman)[8]之间的善意交谈便能够了解。我们怎样做才能避免这种有害的慷慨呢？我们怎样做才能横跨和信任之间的鸿沟呢？

我所描述的困境的第三个维度与我们当中许多人希望教学法承担，尤其在学校中承担的实践地位有关。人们的当代实践观可能源自卡尔·马克思的著作。比如，他在《费尔巴哈提纲》(*Theses on Feuerbach*)中写道：“环境变化、人类活动变化和自我变化的同时发生只能被理性地理解为革命性实践。”[9]接着，他在后面的段落里写道：“从本质上说，所有社会生活都是实践性的。将理论引向神秘主义的神秘事物都能在人类实践和对实践的理解中找到理性的解决方案。”[10]保罗·弗莱雷引用了乔治·卢卡奇(Georg Lukacs)的话，用来说明澄清和阐明大众行动意义的重要性，“既考虑到它与所引发的客观现实之间的关系，也考虑到它的目的”[11]。卢卡奇和弗莱雷都认为，必须通过实践对现实进行批判性干预。实际上，现实意味着基于客观实在对行动进行思考。弗莱雷这些写道：

> 人类只有生活在丰富多彩的现实中，才能变得真正具有批判性。也就是说，只有当他们的行动所包含的批判性反思

> 能够逐渐组织他们的思维，进而引导他们从对现实的单纯理解走向一个更高的层次，他们在这个层次上能够认识到现实产生的原因。⑫

需要强调的是，实践尽管带有解放性目的，但并非是对现实的诊 99
疗性探索。实践不止像萨特描述的那样，以“产生的实践”为名，否认被拒绝的现实。⑬梅洛-庞蒂曾对萨特的实践观提出过反对意见，他将现实视为“使我们能够采取行动并成为想要成为的样子”的各种自由和神奇力量的另一种表达方式。⑭他转而支持卢卡奇的观点，认为实践不能被视作任何一个单独个体的项目；相反，它是“意识形态、技术和生产力运动之间关系的簇合物，其中任何一个元素都牵涉到其他元素，并从其他元素那里获得支持。它们各自在适当的时候发挥着并不排外的指导性作用，它们一起产生了社会发展的量化阶段”。⑮

关于无产阶级实践是由理论家创造的，还是自发产生的，梅洛-庞蒂这样回应：

> 对于实践哲学观而言，知识本身并不是意义的所有物，也不是精神的客体；无产阶级能够传承历史的意义，即便他们并不是通过“我认为”的形式来表达历史的意义。这种哲学观认为，主体意识并没有被封闭在主体内在本身，而是由人类解释给其他人。一个人将生活与压迫机构联系在一起，另一个人从同一种生活的其他来源和总体斗争中获得信息，也

> 就是说，从生活的另外一种政治形式中获得信息。通过这样的冲突，理论确认自己是无产阶级生活的精确表达；与此同时，无产阶级的生活被引向了政治斗争层面。[16]

基于过去的杜威思想和对参与者的熟悉，同时由于将学习视为“对经验的重构”[17]，我们有时会倾向于把实践概念视为杜威思想的复杂形式。我们会像杜威一样，认识到人类能够进行社会性参与，承认人类即便在各自的“奇点”(singularity)[18][19]思考时，他们的意识也是具有社会性的。但是，我们忽略了这样的事实：在杜威思想的背景下，批判性思维的目的在于澄清和影响经验中的关系，促进意义认知的扩宽和增长成为可能。

100 这一点的教育意义可能在于，人们永远不会把它和实践混为一谈。如我所言，实践涉及批判性反思以及行动——从某种意义上看，涉及由拥有共同利益和需求的人共享的情境。平等意味着进行实践，改变环境，克服压迫和统治。我们必须进行集体反思，必须对现实和紧急的需求做出阐释，还必须完成某种实现。

如果可能的话，上述情况如何才能在我们当前备感制约的教育机构中发生呢？学校体制致力于实现更高层次的平等，促进人类更加充分地发展，同时又被用来“维护资本主义体系及其财富和权力结构”[20]；使这两者之间的需求协调一致是极为困难的。在这样的学校中，专业人士能够在多大程度上和普通人并肩协作，帮助普通人接触梅洛-庞蒂所说的“压迫的机构”和“全体抗争”的形状呢？他们怎样做才能帮助那些不顾一切想要往财富和权力的阶梯上端攀登的人获得物质成功呢？

以上便是我看到的批判性教育者和激进主义专家面对的三个方面的困境：滑向有害慷慨的倾向，语言造成的与日常文化的疏远，以及实践所暗含的革命性意义。无论处在何种背景和框架之下，他们都面临着这样的困境。我的兴趣是研究教育者在学校和大学的背景下，如何克服这些问题，尤其针对那些致力于实现文化变革和社会变革的教育者。我们没有假定和他们并肩工作的人遭到了和巴西农民一样的压迫，也没有假定美国社会存在一种和保罗·弗莱雷在穷人身上观察到的现象类似的“沉默文化”。我思考的压迫和统治能够产生“虚假意识”——赫伯特·马尔库塞口中的“概念形成中的社会压迫…… 经验的学术性制约…… 意义的限制”。[21]这种虚伪意识能够引发被动的注视，在勒菲弗尔(Lefevre)看来，这种注视成了“社会行为的原型”。[22]从最具批判性的视角看，这些虚伪意识将人类置于技术体制下，剥夺了人类的自发性，侵蚀了他们的自决性和自治性。

这里，我们不需要回顾批判理论家如何描述技术与权力之间的联 101
系，如何刻画知识和人类利益之间的关系，以及他们发现人类利益存在怎样的区别，尤其是哈贝马斯所说的控制人类活动的三大主要利益。[23]工具性和目的理性利益能够为实证性分析科学及其造成的技术控制构建一种框架，我们没有必要为这两种利益的重要性进行辩护。到目前为止，我们当中的大多数人对在应对阐释性利益中获得的知识都非常熟悉，同样我们也非常熟悉由操纵性利益决定的自我反思模式。假定每种利益都能为进入一种特定的意义领域设置背景，且每种利益都表明了构建特定现实所需要的认知风格，那么我在思考今天作为一名批判性教育者意味着什么的时候，应该尝试利用这种导向。

我希望重点关注转而投身批判事业的教师具备的反叛性和洞察力上。这么说并非在弗莱雷观点的后面亦步亦趋，因为在我看来，在北美社会的背景下，最重要的转变是开始以一种否认性的思考模式来看待被认为理所当然的价值观和需求，同时以这种思考模式来看待解释和合法化社会经济事件的类似法律文件的声明。那些被剥夺继承权的人、少数族裔和没落的工人阶级在从所谓的“压迫阶级”走向“被压迫阶级”的过程中，并不一定能够体验到这种意识的转变。

问题和批判的突然增多一定会首先出现。我认为，在回应阿尔弗雷德·舒茨所说的“震惊体验”(experience of shock)的过程中最可能发生这样的现象。“震惊体验”迫使人们打破意义领域的限制，“将现实从一种腔调转变为另一种腔调”。例如，舒茨这样说过，当这种体验发生在个人的日常生活中时，我们会体会到“在标准时间内，我们工作的世界并不是唯一的意义领域，只是我们能接触的众多有目的生活的其中一种”[24]。被科学描述为客观而真实的世界也是同样的道理，实证分析的规则定义了这个世界中的意义领域。

然而，我的观点在于，如果想要冲破界线和限制，“震惊体验”是必不可少的。我们一定会体会到阿尔贝·加缪在谈到“舞台布景”(stage set)[25]时所描述的感受。[26]许多人的确会在现代历史的紧要关头回想起这样的经历：1968 年民主党全国代表大会(Democratic convention)[27]、肯特大学惨案[28]、杰克逊州立大学惨案[29]和美莱村大屠杀(murders at

My Lai)，即尼克松总统执政期间的“星期六夜晚大屠杀”(Saturday night massacre)[30]。但是，任何“震惊体验”都会很快被犬儒主义或者“积极形象”的幌子和遮盖物所覆盖。我们变得没有能力提出质疑，也没有能力理解其中的联系并进行干涉。

弗雷德里克用极富表现力的笔调描述了反思在这些时刻的重要 102
性——人们发现或试图发现自己处在一种前人很少取得成功的情境之下：

> 只有当这种环境不再被呈现为一种黏稠而封闭的现实，或者令人痛苦的盲道，同时人们能够将它视为客观而存在疑问的环境时——只有在那时，承诺才可能出现。人们才可能从浸没中浮出，获得干预展露出来的现实的能力。因此，对现实的干预——历史性意识本身——代表着跨出浸没的第一步。[31]

“意识化”(conscientization)[32]，即“对意识态度的深化”，使得这一切成为可能。重要的是，我们需要认识到，只有那些能够对自己的境遇进行反思的人，才能实现这种“深化”。这里的境遇指的是人类在充满问题的世界中的历史性存在。

在我看来，如果教师本身选择成为具有批判意识的人，这种反思意识是必不可少的。和弗莱雷所说的皈依者一样，我们不得不克服一些扭曲和偏见。我们只有克服这些扭曲和偏见之后，才能直面打着“救赎”的幌子进行自我贬低的“有害慷慨”。如果那些投身于教师教育的人能够清楚地认识自己的境况，他们会因为与教师角色相关的限制和承诺而面对一种特殊的困境。教师不仅被要求以更为宏大的社会为名来调解在现实生活中被视为理所当然的事情；他们还坚持认为，这种做法能够释放年轻人的潜能，开创新的机遇，促进他们以民主的方式生活。从另一方面看，皈依者——教师必须对施加限制和操纵的结构提出自己的看法；他们必须抵抗自以为是和制度性不良信仰的诱惑。

103 由于上述所有原因，希望成为批判性教育者的那些人极为需要与生活空间、“前理解”(pre-understanding)和知觉风景保持联系。我和梅洛-庞蒂一样，都认为知觉风景是任何一部个人传记中理性结构的基础，同时与那样的现实保持联系，即亲自出席。实际上，每个人的生活史都是一幅浮现和转变的历史。梅洛-庞蒂写道，在“我能”的自我实现中，自我意识浮现了出来。这意味着，一个人可以达到的现实能够超越他直接接触的领域，可以使地平线变得清晰起来，超越最初在场的领域，向另外一种未来的领域发展。那些曾经位于知觉边缘令人困惑的形状和碎片经过主题化之后，转变成一种象征形式。命名和阐释由此发生，意义也得到构建，我们进入了互为主体性的关系当中。被具体化的意识逐渐构成一个世界。[33]

从某种意义上说，随着人类解读他们生活空间的能力逐渐提高，并且变得越来越能够从中概括出主题和问题，超越和询问在人类经验中提供了一个主旨。梅洛-庞蒂指出，定义人类的“不是创造第二本质的能力——经济、社会或文化等超越生物属性本身的能力，而是为了创造他人而超越所创造的结构的能力”[34]。我认为，这种能力能够促进个人反思和超越，对教学非常重要。然而，教育者只有和他们自己的历史和背景保持联系，才能促使他人努力实现超越。

显而易见的是，教育者本身阐释周围发生的事情的能力依赖于他们与“前理解”保持联系的能力。这种阐释能力以被视为文本的书面文字或人类行动的形成呈现。哈贝马斯说：“阐释性知识总是通过源自解读者最初环境的‘前理解’达成调解。只有解读者本人的世界也变得清晰时，传统意义的世界才会向他/她敞开。”㉟反过来说，这关系到“行动导向的相互理解”，这对于对话教学和交流来说可能起到根本性作用，结果可能带来信息的交互。

我不确定，展现自己和展现最初环境的能力是否可以保证一个人对他人表现出真实的自我，以及是否能减少有害慷慨产生的可能。然而，对个人历史的关注和自我塑形的过程的确能够促使个人用批判性意识看待被视为理所当然的事物，同时这对于创造出来的结构切断联系也非常重要，其中包括弗莱雷说的偏见和扭曲。除了与培养阐释性知识和丰富交流相关的创造性阐释之外，并不存在任何问题。内尔·卡蒂(Nell Keddie)在著名的文章《教室的知识》(*Classroom Knowledge*)中，已经强调了这种需求。他在文中写道，差异化的课程安排“创造了教育变体，维持了它们异常的自我认同”㊱。稍加回忆，你便会想到卡蒂的报告。他报告了学校传授的那些假定恰当的学生行为，以及“当成理所当然、毫无疑问的社会经济制度”。她指出，“能力强的学生无法对他们在学校学到的东西提出质疑，而正是这一点成为测量其学习成就的重要指标”。她接着指出，学校知识的组织方式强调了理解当前被普遍接受的工具性利益是多么重要。

104 学校似乎正在以这样的方式传授知识——以世界在“专家”眼中常有的姿态呈现主体，而非以“常识”化的模式呈现知识。这样的做法在主体内部建立和维护了标准化的秩序，同时将学校之外能够掌握科目知识的人定义为成功者。我们可以把学校视为通过上位层次(superordinate)[37]的分类来维持社会秩序的机构，而这种上位层次以相互确认的方式处理学生和知识。当学校中的客户对环境的定义存在冲突时，在双方自愿的前提下维持这种分类方式的能力在于权利的平均分配……尤其需要指出的是，为了学生的代际分类和在学校情境下课程安排组织的分类，我们需要理解权力的社会性分配和知识的分配之间的关系。[38]

内尔·卡蒂在结论中强调，我们有必要从根本上变革教师使用的这种分类方式。我认为，如果教师不具备良好的质疑和提问的能力，与他们自身失去联系，并且不熟悉决定知识如何分配的利益的话，这些便都是不可能实现的。

教师和知识分子使用的语言和为组织已知事物而设计的分类中存在同等重要的问题。显然，许多教室使用的语言都是学校语言——一种预先设定的英语——往往与在那儿学习的人所使用的“自然语言”(natural language)不一致。很多文章探讨了诸如拉美族裔等说方言的人是怎样变得与代表自己家园和遗产的语言疏远起来，以及这些语言是怎样被有效地低估和污蔑。许多批评家观察到这样的现象，人们正被迫接受一些更为公共和不受情境影响的语言。他们宁愿学校用大多数人关心的俗语进行教学。还有一些人相信，人们只有在开始进行批判性和反思性谈话的时候，并且不出现任何新的控制，才能获得解放。

在我看来，如果我们以严肃的态度对待当代的控制，便不会允许 105
年轻人对正在发生的操纵一无所知。比如，我们需要具备一定的阐释能力才能到达去神秘化的需求。如果人们希望和被当作“正常”的结构切断联系，并且以自己的视角看待社会现实的发展，那么他们必须具备自发意识。事实上，教育者使用的语言可能和大部分学生不同，并且从某种意义上看，如萨特所说，语言就是教育者自身的一部分。这种事实并不一定会引起弗莱雷描述的“文化入侵”(cultural invasion)[39]。如果教育者致力于实现自治性的多种可能，如果他们有理由去理解层级制的任意性，他们便可能意识到，人们的说话方式存在许多不同，让他人理解自己的方法也不尽相同。这种意识与对多种现实的意识、意义次领域部分地联系在一起，两者都依赖于构成的特殊语言和特殊认知风格。许多教育者在回顾自己每天生活的过程中会明白：自己和家人、同事、上级和大街上的人有着不同的说话方式。当然，他们在自己接收到的各种符号中穿梭时，也可能理解到这一点——从小说到社科类图书，从 DNA 分子论文到报道科学界重大事件的新闻。

古尔德纳曾提到过开启与普通人不信任相关的统治关系的重要性；从中，我看到了另外一种缓解有害慷慨的方式：

> 批判性理论旨在将社会转变为自治的个体，这些个体重视并拥有多种不同的说话变体；他们明白，每种说话的变体都适用于不同的目的和不同却平等的生活。他们致力于建立一个自由的多语言社区，其中每个说话者都不需要也无权将权力或文化强加于他人。这个社区将行使知识分子适当批判理论的本质功能……通过革命性或非革命性的方法，使得原本看不见的教学法变得清晰可见，从而抑制对无产阶级的操纵。这种批判理论的目的是对知识分子和知识界的作用去神秘化，同时避免对反智主义做出任何鼓励。[40]

106 我认为，对教师来说，他们接下来要做的是努力拓展所有牵涉其中的人都可以利用的语言，比如在与学生进行同理心对话的过程中。除了增强相互理解，他们还需要自觉检视教室中隐秘的操纵，比如萨特谈到的“并非人人生而平等”的问题和尼尔·凯蒂(Nell Keddie)讨论的权力分配不平等的问题。

我在之前的文章中曾提到过一些文学作品，或许和文章的关系不大。但是，我在这里还是想强调，文学和审美体验对激发我们大多数人希望在教学法中看到的反思性思维能够起到很大作用。简单的一本《白鲸》《情感教育》或《战争与和平》(*War and Peace*)并不能促使人们投入到人类的交流之中，也无法使得人们开始追求个性和意义，提出质疑和实现超越。观察者无法仅仅因为看了一眼莫奈(Monet)的《卢昂大教堂》(*Rouen Cathedral*)或塞尚的风景画就掌握了透视知识，也不可能就此感受和察觉到各种各样的形状。与艺术品充分接触能够促使那些与教学相关的人产生新的自我冲突，发现前反思背景，并对世界产生新的理解。此外，那些在生活中传授传统的作用并且表达理解传统和让他人接近过去遗产的需求的人也可能接触到类似的文艺作品。

我和保罗·利科一样，希望人们(尤其是教师)能够强调阐释性和解放性利益的互补作用——同时，在课堂内外，试图将解放性呈现为一种“对过去传统的重新解读”。利科在谈到被假定具有意识形态功能的科学和技术对文化生活的操控时，强调了必须对哲学家笔下几代人的幸福生活和“纯粹的物质财富数量增长”做出区分。他写道：

> 我认为，我们只有在解放性利益的驱动下对意识形态展开批判，同时在交流性利益的驱动下对过去的遗产进行重新解读，才有可能使努力带来具体的结果。对扭曲现象的单一批判可以被看作全力激发交流行动的对立面和另外一半。如果我们没有任何有效交流的经验，甚至在自己狭小的人际关系圈内交流的经验也没有的话，进行无边界和无约束的交流只能是一种痴心妄想……[41]

我提到这一点的原因是因为它启示我利用主体事件来拓展交流的 107
范围和内容，并在被我们视为纪律的规定中发现解放性利益存在的可能。此外，把注意力集中在历史和我们共同拥有的过去知识上也同样重要。梅洛-庞蒂在谈到人类作为一种历史性存在参与到在他人眼中被视为文化传统的人类环境中时，将历史比喻为一种“永恒的质询”㊷。这种传统虽然从未被完全实现，但可以为公共提供一个基础，使人们认识到“人类之间互为主体性”的关系。无论在过去还是在当下活的现实中，当前的人与任何年龄阶段的任何人之间都享有一条共同的纽带。㊸

这些共通性和共同的纽带总在未来被建构和达成。这最终将实践的概念带到了我们眼前，让我们思考应该在教室中做些什么来鼓励人们投身于实践当中。鲍尔斯和金迪斯接受了进行穿越机构的长征的观点；但是，我觉得很难看到其他选择。他们还谈到了社会主义教师、工人阶级意识，及在创造共同的阶级意识运动前线的革命性教育者：

> 我们必须争取安排一些有助于个人解放和政治启蒙的课程；我们必须杜绝表现出专业人士的自负——这种自负只会带来静默和隔绝——同时与工人阶级的成员结为同盟。我们必须把他们的要求拓展到父母、工人、集体和老人使用的教育资源上；最后，我们必须努力奋斗，促进平等主义教育的实现，减弱学校劳动力碎片化的力量。㊹

我并不反对上述意见，但需要补充的是，“意识化”和促使教师建立自觉而有根据的批判意识非常重要。我和梅洛-庞蒂一样，强调谈论共同的实际生活并促进共同体发展的讨论和交流的重要性。我致力于促使在世界的具体位置，并且具备阐释文化并对其提出质疑和疑问的人传承这种批判性精神——无论在过去还是在将来。

安德鲁·阿拉多(Andrew Arato)谈到了与“意识、需求和约束”有 108
关的**实践**问题。他指出，我们的文化出现了新的需求。女权运动、对家庭生活价值的重新审视和工人对工厂的诸多不满都标志着这些需求变得愈发清晰。我们不认为这些需求是协同一致的，也没有在“体制重构的总体背景”下解读它们。他认为，自我意识必须得到增强，我们必须自觉意识到这些需求以及对现实的限制。他还谈到了以解放人类为名的“集体自我反思”——以及“自觉的合做斗争”。[45]

一些学生不服从学校的管束，对上学提不起兴趣，面对这些学生，学校仍然不可避免地表现出了明显的限制性。许多学生表达了和愤愤不平的工人、垂头丧气的贫民窟居民或备受压迫的妇女极为相似的不满。这些不满可能会通过某种程度的旷课、暴力、吸毒和要求行使学生权利表现出来。供选择的学校和自由学校并没有带来一些人期望获得的安全感。因为，实际上，不适感和不满足感与整体社会趋势相关。如果教育者选择面对最初的不安，便必定会暴露出一些与教育机构及其在美国能够完成的事情相关的神秘主义。对于激进的教育者来说，他们一定会引导学生投入去神秘化的事业之中，同时他们还会与学生一同奋斗，阐释当前教育和学校所发生的变化。我们可以在对话的过程中发现相关限制：每个学生都可以用自己的语言告诉你，教育日益衰退的支持作用在他/她的经历中有何表现，这种衰退是怎样与学校之外的剥夺联系在一起的，他们的需求与在周围或活过的世界边缘所感知到的东西之间有何联系。与此同时，教师和学生都可以应对此类挑战，如“回到基础”运动、“回到追踪”运动，以及对文科重视程度的降低，这些挑战在穷人身上的表现更为明显。

我想说的还有许多，但在本文即将结束的时候，我只想再次强调教育者与学生共同努力的重要性。只有这样，我们才能在学生探索他们的共同环境，并致力于改变环境中的冷漠因素时，开辟一条道路，帮助他们采取协同一致的实践活动。我坚信，教育者能够克服常与批判性相伴的悲观主义。毕竟这种悲观主义已经遭到了许多历史人物的谴责。知识分子一旦克服了自身作为知识分子的缺陷，便不仅能够以不同的方式解读世界，还能像马克思所写的那样改变世界。

参考文献

1. 社会权力：指一个人能够有意地影响他人行为、思想或感受的能力。

2. Jean-Paul Sartre, “A Plea for Intellectuals,” in *Between Existentialism and Marxism*(New York: Pantheon Books, 1974), pp. 239-240.

3. Andre Malraux, *Man's Fate* (New York: Modern Library, 1936), p. 70.

4. Paulo Freire, *Pedagogy of the Oppressed* (New York: Herder and Herder, 1970), p. 46.

5. Murray Edelman, “The Political Language of the Helping Professions,” Institute for Research on Poverty Discussion Papers (Madison: University of Wisconsin, 1974), p. 23.

6. Alvin W. Gouldner. “Prologue to a Theory of Revolutionary Intellectuals,” *Telos*, No. 20, Winter 1975-76, p. 33.

7. Ibid., pp. 19-20.

8. 玛丽·哈特曼：1976—1977 年美国播出的肥皂剧女主角。

9. Karl Marx, “Theses on Feuerbach,” in *Marx & Engels: Basic Writings*

on Politics & Philosophy, ed. Lewis S. Feuer (Garden City, Anchor Books, 1959), p. 244.

10. Ibid., p. 245.

11. Freire, *op. cit.*, p. 38.

12. Ibid. p. 125.

13. Sartre. *Search for a Method* (New York: Alfred A. Knopf, 1963), p. 92.

14. Maurice Merleau-Ponty. "Sartre and Ultrabolshevism," in *Adventures of the Dialectic* (Evanston: Northwestern University Press, 1973), p. 132.

15. Merleau-Ponty, "Western Marxism," *op. cit.*, p. 49.

16. Ibid., p. 50.

17. John Dewey. *Democracy and Education* (New York: MacMillan Company, 1916), pp. 89-92.

18. 奇点(singularity)：大爆炸宇宙论所追溯的宇宙演化的起点。

19. Dewey. *The Public and Its Problems* (New York: Henry Holt, 1954), p. 24.

20. Samuel Bowles and Herbert Gintis, *Schooling in Capitalist America* (New York: Basic Books. 1976), p. 263.

21. Herbert Marcuse, *One-Dimensional Man* (Boston: Beacon Press, 1966), p. 208.

22. Henri Lefebvre, *Everyday Life in the Modern World* (London: Penguin Press, 1971), p. 96.

23. Jurgen Habermas, "Knowledge and Human Interests: A General Perspective," in *Knowledge and Human Interests* (Boston: Beacon Press, 1971), pp. 301-317.

24. Alfred Schutz, "On Multiple Realities," in *The Problem of Social Reality*, Collected Papers I, ed. Maurice Natanson (The Hague: Martinus Nijhoff, 1967), p. 231.

25. "碰巧舞台布景倒塌了。"——加缪，《西西弗的神话》(加缪，1955)。

26. Albert Camus, *The Myth of Sisyphus* (New York: Alfred A. Knopf, 1955), p. 12.

27. 民主党全国代表大会：自 1832 年以来，每 4 年举行一次的美国民主党总统提名大会。主要目标是提名并确认总统和副总统候选人，通过一个全面的党平台和统一党。

28. 肯特大学惨案：指美国肯特州立大学枪击事件(Kent State shootings)，即“五月四日屠杀”。1970 年 5 月 4 日，上千名肯特州立大学的学生在举行抗议美军入侵柬埔寨的战争时，与在场的国民警卫队发生冲突。军人使用武力，向示威学生开枪，共造成 4 名学生死亡，另外 9 人受伤。

29. 杰克逊州立大学惨案：肯特大学惨案发生后 11 天，美国杰克逊州立大学再次发生学生与警察对峙事件，造成 2 名学生死亡，11 名学生受伤。

30. 指尼克松任总统期间，白宫在 1973 年 10 月 20 日(周六)晚上宣布解除“水门事件”特别检查官考克斯的职务，并解除拒绝把考克斯解职的司法部长理查森和副部长拉克尔职务。

31. Freire，*op. cit.*，pp. 100-101.

32. 弗莱雷提出了“意识化”这个重要的基础概念。“意识化”是弗莱雷教育理论的核心，是贯穿其教育思想的红线。所谓意识化，其基础思想是，通过教育唤起人民(被压迫者)的觉醒，使他们认识到自己在历史创造与发展过程中的主体性，并最终获得人的解放。

33. See Merleau-Ponty，“Vital Structures”and “The Human Order,”in *The Structure of Behavior*(Boston：Beacon Press，1967)，pp. 145-184.

34. See Merleau-Ponty，“Vital Structures”and “The Human Order,”in *The Structure of Behavior*(Boston：Beacon Press，1967)，p. 175.

35. Habermas，*op. cit.*，pp. 309-310.

36. Nell Keddie，“Classroom Knowledge,”in *Knowledge and Control*，ed. M. F. D. Young (New York：Collier-Macmillan，1971)，p. 133.

37. 上位层次：指国家课程和教学内容。

38. Nell Keddie，*op. cit.*，p. 156.

39. Freire，*op. cit.*，pp. 150 ff.

40. Gouldner，*op. cit.*，p. 35.

41. Paul Ricoeur，“Ethics and Culture,”in *Political and Social Essays* (Athens：Ohio University Press，1974)，p. 267.

42. See Merleau-Ponty，*Adventures of the Dialectic*，*op. cit.*，pp. 23，31-32，78.

43. Joseph Bien, "Translator's Introduction" to *Adventures of the Dialectic*, Merleau-Ponty, *op. cit.*, pp. xxviii-xxix.

44. Bowles and Gintis, *op. cit.*, p. 287.

45. Andrew Arato, "Notes on *History and Class Consciousness*," The Philosophical Forum, Vol. III, Nos. 3-4, Spring-Summer 1972, p. 399.

/ 8. 汽船和批判/

111 我们听得见它轰轰轰开过来，不过在靠近之前没有看得很清楚，它恰恰正朝着我们驶来。这些轮船往往这么干，好露一露它们能多么贴近得一擦而过，可又能不碰到我们。有的时候，大轮盘把一根长桨咬飞了，然后领港的会伸出脑袋，大笑一声，自以为挺英俊的。好，如今它开过来了。我们说，它是想要给我们刮一下胡子吧。不过它并没有往旁边闪那么一闪啊，这可是一条大轮，正急忙地开过来，看上去活像一大片乌黑乌黑的云，四周亮着一排排萤火虫似的灯光，可是一刹那间，它突然露出了那庞然大物的凶相，但见一长排敞得开开的炉门，一闪闪发着红光，仿佛红得炽热的一排排牙齿，我们被眼前的偌大的船头和护栏罩惊呆了。它冲着我们发出了一声大叫，又响起了停止开动引擎的铃声，一阵阵咒骂声，一串串放气声——正当杰姆从那一边，我从这一边往水下跳的一刹那，大轮猛冲近前，从木筏的中间冲过去。①

这是马克·吐温(Mark Twain)《哈克贝利·芬恩历险记》中的一个至关重要的场景。在浓雾的笼罩下，哈克和杰姆刚刚乘着小木筏漂流经过开罗，他们发现自己顺流而下，再一次驶入了奴隶制国家。雾气很重，所以他们既看不清河流的走向，也无法判断与河岸的距离。忽然之间，下游传来了汽船开过来的声音，他们急忙点亮一只灯笼，相信这样就能让船员看见，从而避开他们的木筏子。但是，轮船从木筏上径直开过，“仅仅停机了 10 秒……”便又发动了引擎。为什么汽船径直向他们开去？为什么汽船没有停下来看一看他们怎么样了？习惯了这种无动于衷的哈克只说了一句：“这些轮船根本没有把木筏子上的工人放在眼里。”他能做的只是聆听汽船搅动流水的声音，和杰姆在水里挣扎，无助地寻找彼此。

这本书写于美国内战(the Civil War)结束之后被称作“黄金时代” 112
(Gilden Age)的那几年当中。马克·吐温(有意或无意地)用象征性的手法揭露了民主面对科技的困境——或者说民主面对机器的困境。我们可以把哈克视为另一个版本的“美国亚当”(American Adam)[2]，被描述为“奇迹般地不受家庭和种族的限制，不受为欧洲新生儿准备的那一成不变的悲剧和纠葛的灰暗预期影响”。[3]他是未被宠坏的个体、自由和自决传统的继承者。杰姆，那个逃跑了的奴隶，正在追求他的自由和与生俱来的权利，包括在持续发展的世界中成为丈夫和父亲的权利。哈克和杰姆一起形成了一个自愿相互陪伴并相互尊重的团体。是友谊促进了他们的成长；这种友谊的确有助于他们互不越界，促使他们发挥各自的潜能，成为自己想要变成的人。杰姆在越来越接近自由的过程中逐渐抛弃了迷信和耻辱，成为一个具有洞察力和保护他人能力的贤者，变成男孩的父亲。在做决定时，哈克学会了考虑杰姆的感受。随着河上旅行的进行，他不断成长，越来越擅长木筏工人需要实际操作的工作。他学会将杰姆当成一个伙伴，积极回应他的感受，从他的视角看待问题，从而愈发具有道德感。自由和亲密，个人选择和公共权威；它们是民主社会的基石，也是航海者目前所暂时达成的目标。

问题在于，对于河岸上的居民来说，教育在那个小型社会中取得的成就是无关痛痒的。哈克遇到了各种各样的骗子——伪善者、暴力狂和冷漠无情的人。他的坦率和自发常常导致自己或其他人的不作为。那么，汽船上的举动，如船员表现出的冷漠和缺乏关注，便既可以被看成是一种总结，又可以被看作一种象征。这些举动代表了其前后发生的违反和破坏行为。这些行为散布在哈克的历险过程之中，威胁着他与杰姆之间的友谊，成为现存社会中暗含的野蛮的象征。那盏寄托着希望却毫无作用的灯笼甚至变成无知和单纯的象征，代表他们应对复杂的世界时的那种无力感。但是，机械意象的描述有着更为重要的意义，“巨大而吓人”，被烤得发红、好似畸形牙齿的大门。巨大的重量、令人恐惧的联想……统统暗示了约翰·杜威所描述的“社会被……个人行为中相对非个人化的新型机械模式所入侵”。④木筏工人的困境暗讽了个人价值正在被迅速低估的现状。杜威也曾指出，“现在，机械力量和强大的非个人化组织决定了事物的构架”。⑤

马克·吐温早在科技时代到来之前就预见到了组织化社会中的操纵和制约对社区的危害。如果社区真的存在的话，也仅仅只是远离河岸——与贪婪、野蛮甚至虔诚隔离开来的地方。它可能只存在于男男女女、自由民众和奴隶“文明”关系的外部。因此，哈克和杰姆所经历的教育只有在那个离我们远去的古老世界中才是合适的。这种教育不能卸掉他们“简单”的外壳，“简单”才是他们最好的“美德”。经历了教育之后，他们依然对河流无能为力，在岸上他们也是无能为力的，这一点他们自己也非常清楚。“多少次，我想为杰姆呼喊。但是，我找不到任何答案……”他们的“小社区”被“更大的社区”弄得破败不堪，至少在那个时刻，他们的社区被摧毁了。

今天，我们在思考民主和教育的时候，无法将讽刺置于一边。我 113
们在鼓励个人追求自由和自发性的时候，也会遇到迎面而来的“汽船”，我们不能低估应对它们的难度。回顾过去几年，我们几乎在所有教育思想家的著作中都找不到任何证据，能够证明“机械理论和强大的非个人组织”影响了人类生活和社区。这些力量和组织被理所当然地视为美国“进步”的正常表现，无法被抑制，也从未受到质疑。年轻人常常困惑不已，没有任何力量曾经帮助过他们批判性地思考自己究竟被什么统治着。他们无法对人类共同关心的问题产生认同，也无法以这些问题的名义，来挑战剥夺人性和压迫他们的力量。

自第一所公立学校创建至今，人们关注的占统治地位的问题一直是贺拉斯·曼所说的“对欲望和激情的支配与统治——在顺从和易被驯化的孩童时代”[6]。当然，也有例外。萧伯文(Silberman)等当代观察者发现，教室生活依然具有“顺从、被动、从众和缺乏信任”等特点。[7]在各种新“秩序”的强压之下，回到“基础”的呼吁、考试不及格的预期带来的沮丧感，过分关注“纪律”带来的麻烦可能使得教室生活变得更加被动。

114 当然，钟摆不停地来回摆动，与支配和控制相反的另一极端往往是消极和被动，也就是放任自流。我们已经给儿童提供了充分的自由，让他们探索自己的兴趣，点亮他们的“灯笼”。但是，我们很少鼓励儿童进行合作性活动。而“每一个参与其中的人”都会认为，此类活动能够“带来完全正面的结果，活动产生的积极影响包括激发儿童精力充沛地实现欲望，同时仅仅出于分享的乐趣而维持这种充满活力的状态……”[8]换句话说，人们几乎从未严肃思考过合作性活动中承载的民主精神。杜威曾说，民主的特点在于“拓展共同关注的领域，解放个人能力，促进多样性发展……”[9]他强调了民主社会对“外部权威原则”的否认，认为我们将在“自主自愿的气质和兴趣”中找到代替品。他相信，教育只要能使“共同的交流经验”成为可能，便可以创造出这种代替品。想要依靠共享经验和交流能力来识别出“汽船”的到来，我们必须至少具备批判性反思的能力。但是，鉴于大多数学校的组织结构和价值观，年轻人似乎只有两种备选方案：屈从或脱离，选择后者便意味着只能依靠自己。

这并不意味着学校从未试图培养学生的批判性思维，或者致力于提高个人效能。一个复杂的社会需要拥有具备问题解决能力、技术知识和行政管理能力的人才梯队。公立学校和私立学校都无法回避社会的这种需求。然而，还有一种更加强烈和不可抗拒的需求——培养能够在流水线上和柜台后面工作的人，培养能够从事多少带有一些仆人性质的服务性工作的人，培养能够在公司和农场工作的人。这些人需要具备基础的读写能力，拥有良好的工作习惯，具有适当的从众心理、尊敬之心，并且对传统规定表示顺从。学校和家庭、教会和各种媒介共同付出了巨大努力，来培养这类人才。这并不容易做到。因为，不可救药的人很多，行为不良的人也很多，“朽木不可雕”者甚众。通常，这类人会被“剔除”。官方认为，他们的失败不是学校的责任。从表面上看，人类素质的分布和美国理想是不一致的。但是，机会均等的假设却历来能够被人们接受(当人们注意到这样的假设时)。无论个人能力如何，每个人都被认为能够自由推动个体进步，不受偏见和约束的影响在精英统治的阶梯上自由移动。如果某个小男孩或小女孩反应迟钝、毫无学习动力，懒得不想按要求做出努力，那么体制(或学校)是不需要承担责任的。从某种层面上说，我们认为，是其本人选择了浸没和被动。

然而，我们最近才察觉到对实现机会公平的限制，发现非正义和 115
不公平的现象仍比比皆是。我们只不过逐渐将注意力转移到了不公正的现象上，确切地说，转移到了现存精英统治的排他性上。人们才开始注意到，这些安排对社区发展的可能造成多大的阻碍。他们立即开始怀疑，从某种意义上说，我们创造出的结构在个人身上施加的要求和存在主义的需求是相互对立的。罗伯特·海尔布隆厄写道，我们越来越意识到“文明的痼疾”。这种痼疾“反映了导向物质增长的文化之无力感——更高的收入、更精致的饮食、特效药物、应用物理和应用化学的胜利——都是为了满足人类的精神需求”。他接着写道，“在长达两个世纪的时间当中，工业文明的价值带给我们的不仅仅是物质的进步，还有一种热忱和目的意识；而现在，这些价值似乎正在丧失其不言自明的合理性”。[10]

我们无法据此得出工业文明必将消失，或者人们对技术的依赖一定会降低的结论。至关重要的问题或许在于，甚至连那些从促进物质增长的研究中获益的人也发现自己愈加欲壑难填。反观那些被要求延迟满足的人，又是怎样的情状呢？那些出于经济原因而被置于支配和控制之下的人，又是怎样的处境呢？我们再也无法通过勾画进步、生产力或其他未来的“好处”来使排外、压迫和操纵变得合理。我们必须对那些长期以来被视为毫无疑问的事情提出质疑——从有利于人类观察的视角或者基于明确的共同关注。

将世界和体制理所当然地视为已经完成的了客观存在的人(包括学校里的人)往往忽略了这样一个事实——现实的构建具有社会性。[11]政治安排、教育机构、影视剧院、物理实验室、电视购物节目，无论现实包括什么，都是通过相关的有意义图式和共享的解读方式来被人们了解。就“在我们出生之前长期存在，有计划、有组织，他人和先辈经历并反复解读的‘主体间性’[12]世界”，阿尔佛雷德·舒茨曾经发表过如下观点。如果没有这样的解读和建构，我们便无法了解社会性现实；围绕在我们身边的只剩下混乱的无关感知，无法让我们产生相应的意识。然而，这会通过一种组织化的形式传递给我们；正如舒茨所说，“这能够赋予我们经验和阐释。对世界的解读基于一系列先前经验的储备，包括我们自己的经验和父母及老师传授给我们的经验。这些经验以“手边的常备知识”的形式起到参考图式的作用。[13]否认“经验和阐释”的作用就是把作为主体的我们和作为客体的世界分离开来，就是拒绝承担批判性反思的责任，采取绝对的单向度视角。此外，这也是一种对传统智慧或文化“官方”代言人的默许，而不管所谓的代言人是否真的具有代表性。从某种意义上说，这是一种浸没，一种对变革和控制希望的放弃。

我们只需要回想一下，在过去很长一段时间里，人们理所当然地 116
将失败归结为个别学生的过错，认为少数群体应该安于他们的命运。我们只需要回忆一下那种施加在穷人、各个少数民族族裔，甚至来自现在被我们称为“第三世界”的人身上的那种“视而不见”的态度。人们采取的态度和持有的立场(尤其是那些遭受压迫的人)代表了对不认识的他者所命名的世界的反思。只有少数人意识到“命名”一直存在。不时发生的事件将这种“命名”推向高潮，比如美莱村大屠杀[14]和水门事件(Watergate)[15]。一些人可能由此感到震惊，进而进入某种觉醒状态。但是，一般来说，在大多数人的眼中，世界还是保持着传统的样子；无论在谁的眼中(来自另一个国度或另一个星球的人)，世界都是一成不变的。

不能从有利于人类的视角进行反思极大地影响了大众教育的观点。在长得令人震惊的一段时间里，人们都理所当然地认为，公立学校能够像贺拉斯·曼承诺的那样，“促进人类境遇的平等化”[16]。人们认为，从某种程度上说，学校的号召力和吸引力是既定的；毕竟，学校是促进普通儿童成长为合格公民和美式成功候选人的熔炉。人们越来越严肃并持续地相信，学校是社会变革的引擎。[17]学校好似社会性世界的另一面，作为变革者、解放者、促进者和救赎者而独立地存在。

如果我们从下面这种视角看待学校，上述态度似乎是可行的；这种视角源自 19 世纪学校改革中华丽虚饰的语言，多年来我们一直倾向于采取这种视角。贺拉斯·曼的一番话也许是最好的例证：

> 117 从社会和政治意义上说，这是一种自由的学校体制。其中没有贫富之分，没有契约和自由之分。那些在世界不完美的灯光下，通过各种不同的道路追求自己的理想，期望到达天堂之门的人之间，也不存在任何区别。在这种体制下不存在金钱和价格。它敞开大门，将慷慨传递给每一个孩子，将恩惠洒向每一个国度。它像太阳一样照耀大地，不仅照亮善良，还照亮可能变为善良的邪恶；它像雨露一样降临，不仅滋润正义，还滋润可能离开世界、不再被人们所知的非正义。⑱

将这些视为理所当然的实证性事实便是剔除掉不公正和矛盾之处，并且删去那些想要有效变革学校教育必须面对的没有现成答案的问题。教育能给“所有孩子带来恩惠”的假设伴随着这样一种观点——民主本身是一种“赠予”的恩赐。出于上述原因，早期的经院学者⑲没有采用“恩惠”这个词汇。这种观点让人们不可能意识到，在猛冲的汽船突进之际，在世界变革的洪流之中，民主必须被持续颁布、创造和再创造。

我们可能需要与过去展开一种新型对话。在对话中澄清观点，将思想的界限向后推移。关于何谓价值、何谓真实总是存在各种不同的观点。我们可能会在认识过去多元性的过程中开展这样的对话。认识到过去的多样性，透过特定历史环境中的多种观点看待问题意味着意识到，雅各布·布朗劳斯基(Jacob Bronowski)所指的“人类的跃升”牵涉到意义的持续构建。布朗劳斯基说，“人类是风景的塑造者”[20]，总能找到看待和维护连贯性的新方法。任何一种单一维度都无法带来由时间造成的改变。这一点在教育领域和其他任何领域都同样适用。美国教育的现实是由人们阐释和构建的；教育传统和我们今天居住的环境也是如此。

带着贺拉斯·曼的承诺，我们将注意力转向其他两位描写19世纪场景的作家身上：米歇尔·舍瓦利耶(Michel Chevalier)和罗伯特·欧文(Robert Owen)。他们俩都远渡重洋，来到杰克逊时代的美国。舍瓦利耶注意到了这个国家泛滥的社会混乱，以及共性与关注的缺乏。例如，他这样描述马萨诸塞州天主教修道院纵火案[21]，“火灾发生在一座7万人的城市里，众目睽睽之下，竟然没有一个人试图救火，也不可能成立陪审团，来审判这场懦弱的暴行”。他说，人们将摧毁纽约黑人专门学校“看成一场表演”。[22]他环顾四周，满眼尽是对法律的鄙视和对私利的贪恋。乌托邦式的社会主义者罗伯特·欧文写道，在一个分裂成“多个宗派、政党和阶级”的社会中，人们不可能通过教育而变成理性动物。他说，现存的外部环境迫使人们变成非理性的动物，既然如此，唯一的解决方案是“逐渐、平和而最大限度地友好对待所有人”。只有这样，我们才能引入“一个科学性和优越性都无与伦比的全新外部安排组合……”[23]

118 上述两位作家从完全不同的视角，识别出了被描述为“民主”的社会中存在的严重匮乏。两者都以非人性化的方式找寻不平等现象；他们在观察“入侵”的迹象——对人们珍视的“社区”的压制。之后，杜威也揭示了这种迹象。组织似乎已经做好了被接管的准备。正如艾默生所写，存在“一种从社会组织中逐渐撤出的意识”。[24]像哈克和杰姆那样，成为温和而具有理性主义的英雄，与河岸上的城镇分隔开来。他们可能发现自己变成了独居者——被隔离开来，抛入一个充满敌意的宇宙中。他们可以选择像罗伯特·欧文那样，建立一个短暂存在的乌托邦；或选择像卢梭(Thoreau)那样，隐居树林，寻找真我。

贺拉斯·曼、亨利·巴纳德(Henry Barnard)及其他改革者以不同的方式做出了回应。有人认为，由于他们反映出了强烈的公共精神，因而相对来说，他们的意识较不“温和”。他们可能由于这一点而否认即将到来的黑暗。面对感知到的“不充分”，他们呼吁教育负起重任，力求压制社会体制表现出的骇人倾向，并控制人类被社会体制激发出的多种能力。赌博、野心、“毫无节操地追名逐利”……的确，应对这些现象可能不得不依靠学校，同时依靠将责任观注入年轻人的思维模式中。他们认为，没有必要改变外部安排，也没有必要对许多人都涉入其中的“现金交易”提出质疑。更没有任何激发批判性反思的理由，以免产生针对当前形势的危险问题。问题的解决方案在于“教育性”：以人们能够适应的方式教育他们，甚至在他们学习应对竞争、谋取生计和创造财富(如果他们足够幸运的话)的技能时也是如此。人们理所当然地认为，如果以适当方式培养和同化的个人到达一定数量，国家凝聚力与社会和平便应运而生。人们最终将克服不公平现象；困扰欧文的“分裂”也会变得微不足道；自愿服从将替代法律的效用；繁荣将得以永续，自由将得到保证。公立学校将及时修复那些在所有人看来都十分明显的“匮乏”。显然，美国将变成传统的“社区”，依靠汽船、“花园中的火车头”[25]、工业和机器来维持运转并赋予权力。

我关注的是现实的构建，而非公共空间中普遍存在的这样或那样 119
的选择。如果减少管理学校承担的责任，社会会不会变得不一样？我们可以暂时将这个问题保留起来而不加讨论。如果用批判性思维审视入侵现存社会的力量，个人的无力感是否能得到缓和？我们甚至对这个问题也可以暂时阙疑。然而，在创造历史并试图从周围发生(或应该发生)的事件中发现意义的过程中，我们再也不能仅仅以单一视角看待问题。我们无法假定，学校在现在或过去具备改革者定义的功能。这不一定牵涉到激进的修正主义观点。修正主义者认为，统治注定冷酷无情，是工业进步的必然结果、资本主义发展的必然要求。这也不一定涉及关于文化濡化(enculturation)[26]和社会主义化的人类学观点。上述观点或许能够很好地揭示此前从未显露出来的，关于学校和社会的结构性问题；或许能够加深我们对文化机构、经济机构、法典、语言、仪式等影响的理解。但是，我们必须牢记，从某种意义上说，上面这些图式都是临时性质的。当我们投身到自己过去的非正式语言当中时，需要自觉而刻意地构建过去的意义。在这个过程中，在对此前被视为毋庸置疑的现象提出质疑时，我们需要思考的是如何超越、如何改变不充分和丧失人性的现象。梅洛-庞蒂曾指出，我们需要把过去揭露的事件组合成一种“易于理解的序列”。这些事件在我们身上沉积着意义，“不仅作为残存和渣滓，还作为对序曲的邀约和未来的必然性”。[27]

120 我们试图通过这种方式获得意义，并识别那些在我们身上沉积意义的事件，与此同时我们也会采取文学或其他艺术形式提供的视角。部分原因在于，投身想象性形式可以促使我们重新获得关于文字的真实视角，而投身其他任何一种形式都无法达成这一点。我们可能由此发现，在积累的知识当中，哪些能够真正地邀请未来，哪些不能。毕竟，在阅读《哈克贝利·芬恩历险记》、《红字》(*The Scarlet Letter*)或《了不起的盖茨比》时，我们只能调整个人经验，使其与各个作品的需求一致。我们只有使哈克、海斯特(Hester)和尼克·盖茨比带有“我们生活的味道”[28]，才能进入文学的幻想世界。书中虚构的现实首先反映了作者的感知，或基于作者对社会现实的洞察而创作，作者本身构成社会现实的一部分。因此，不管我们多么投入地阅读一本书，都没有直接面对他人的内心世界；我们面对的只是作者对某一历史时期某个时刻的意识(或理解)。但是，我们可以通过自己的意识和想象行动来直面虚构的现实，或者实现缺席，即作者原著秩序的缺失。

比如，在遇到纳撒尼尔·霍桑(Nathaniel Hawthorne)笔下的埃森·布兰德(Ethan Brand)时，我们会发现自己置身于19世纪早期伯克希尔山(Berkshire mountain)的烧石灰工人当中。主人公是一名普通的劳动者，因为渴望获得自己不具备的智慧而出走。他完全出于人道主义的原因，刻苦求学并竭力揭露他所说的“不可饶恕的罪恶”。多年之后，他回到伯克希尔山时，已经变得形容枯槁、备受打击。他在自己身上发现了那种“不可饶恕的罪恶”；他不再是烧石灰工人的“同胞”。那么，他变成什么样子呢？他成了一个只会“冷眼旁观的人，一个将人类看成实验对象的人”。[29]不仅仅是故事本身让我们意识到，自己也有可能疏远他人、物化他人。如果不能直接面对自己，我们就不能理解所阅读的作品。只有直面自己，我们才可能以更为深刻和及时的方式来思考剥削和操控的后果。

此外，我们还从某些层面上意识到，霍桑对所处时代的变态之处和潜在可能做出了具体的回应。有一点非常有趣，他和贺拉斯·曼是同一个时代的人；实际上，霍桑是贺拉斯的妹夫。埃森·布兰德与贺拉斯·曼一样，充满了行善的欲望。他在“神圣同理心”(holy sympathy)的驱使下离开了原本生活的地方，去追求自己的理想。但是，他却用获得的知识剥削他人。因为，正如霍桑所说，他的智慧和进步的增长速度超越了“道德本质”(moral nature)。这意味着，回归之后，他已经不再觉得自己是“同胞”中的一员。他在到达顶峰之后，被永远地异化了——永远地和自我与他人隔离开来。一旦机会成熟，他就会代替“同胞们”做决定；同时，他表现得无法从他人的视角看待问题。当然，我们可以把他看成美国的浮士德——在美国经验和开放世界中表现得不自量力的人。[30]

这种“不安分守己”的心态能够起到与被认为是理所当然的现象切 121
断关系的作用。同时，正如霍桑所说，我们需要具备面向未来的心智。我们可以从多个角度理解这种心智；尽管如此，在个人对艺术的探索当中，我们可以立即感受到这种心智。我们只需思考一下赫尔曼·梅尔维尔的《录事巴多拜》(*Bartleby the Scrivener*)便可感受到这一点。这是一个关于19世纪的华尔街(Wall Street)的故事，讲述了处在自我围困中的人们，描述了经过解读和组建而形成的世界。故事的叙述者是一名律师，控制着他那间模范办公室里的生活以及在其中工作的员工。不管员工有什么样的弱点和优点，他都依据员工对生意的贡献来评价他们。他不管和员工说什么，得到的回答都是"好的，先生!"员工天生带有一种"对立即服从的期待"；没有人使用"宁愿"或"选择"等词语。新来的年轻录事，皮肤白皙的巴多拜入职后，对律师的"正常分配"这样回答道(虽然表面看上去毫无道理)，"我宁愿不要这样"。巴多拜消极、苍白和否定的态度影响了那个审慎的人，让他体验到了从未有过的悲剧性意识。最后，巴多拜死在坟墓中的时候，他感受到了一种奇怪的"兄弟般的犹豫"。他大声喊道，"啊，巴多拜！啊，人性呐!"[31]

我们可能站在自身在场的视角上，也可能站在社会上按照获得物质利益的多寡来进行分类的视角上，提炼"宁愿不要"的意义。陌生人宁愿不做某事的认知可能动摇我们长期以来确信的事情。

在官方版本之外，许多虚构现实的文学作品探讨了进步对国家的意义，学校的所能和所不能。在威廉·福克纳(William Faulkner)的小说《熊》(*The Bear*)中，我们可以看到一个在旷野中大声咀嚼的"吓人的东西"；在斯科特·菲茨杰拉德的《了不起的盖茨比》中，我们看到了灰烬之谷和恶浊之尘；约翰·斯坦贝克(John Steinbeck)在《愤怒的葡萄》(*The Grapes of Wrath*)描述了能用车搬运的大平原沙尘暴；拉尔夫·埃里森(Ralph Ellison)在《看不见的人》中描写了混乱的街道和地下室；在多克托罗的《褴褛时代》中，我们听见了摩根图书馆的枪声。从一方面看，这些作品表达了激情的爆发和初期的混乱；从另一方面看，它们反映了非人性化的权力、习俗和控制。长远来看，所有这一切都值得考验；看起来人们似乎能够容忍这一切。毕竟，这就是曾经的梦想；我们是上帝的子民——像盖茨比一样，深感自己将继承父辈的事业。以盖茨比为例，我们慢慢地意识到自己在为“宏大、粗野、华丽而庸俗的美丽”效力。这会带来怎样的未来？我们应该怎样进行教育？

这并不表示，虚构文学能够产生更为崇高和更加可靠的真理；从 122
某种意义上说，也不能保证虚构文学揭示的东西都是“正确”的。读者采取具有想象性意识的视角，借此获得主观性，跟随这种视角与日常事务和世俗生活切断联系。这种凌驾于日常阐释之上的优势视角引发了其他可能的意识，使得读者远离日常例行公事。没有任何一种视角能够使实证性描述变得无效，或者能够纠正实证性描述。揭露和其他可选的开口的确存在；但即便在最黑暗的视野中，我们的规则和民主理想都没有被彻底消灭。我这么说的意思是，如果我们能从多个视角看待问题，便会更加明白，自由、平等、友爱和礼貌都不是“提前赠予”给我们的。比如，民主必须被持续颁布、实施和维持。想要实现民主，远不仅仅要求校内和校外亮起灯笼的微光，对木筏船工进行教育，当然也不能只依赖支配和控制。

我们必须用批判性的眼光理解后工业时代社会。管理后工业时代社会的是“致力于实现功能理性和技术统治模式”的技术男女。[32]个人必须具备反思我们提供的知识结构的能力，识别相关信息的能力，以及识破神秘主义的能力。他们必须同时具备对社会中侵蚀社区的现象进行反思的能力。“社区，从标准化的意义上看，”肯尼斯·贝恩(Kenneth Benne)写道，“是一种由人组成的联盟，人们之间相互吸引或排斥，彼此照料，对自己的行为将给人类带来怎样的影响保持着共同的意识……并致力于对这些影响做出回应。然而，我们的正式教育机构和社会所缺少的却正是这样的社区，这是一种很危险的现象。”[33]人们很少彼此“同在”，甚至在学校里也是这样；他们只是彼此站在一起，并认为这样理所当然。我们似乎更倾向于这样回应哈克贝利·费恩孩童般的宿命论调：“它们根本没有把木筏子上的工人放在眼里。”而我们却从未深入思考，询问“它们”到底代表什么。

123 那么，关于民主，又是如何呢？杜威写道，“当自由社会的探究与充分而动人的交流艺术牢不可破地结合在一起时，我们将实现民主”。[34]今天，自由社会的探究远不止意味着使用社会科学技术和协议。它促使我们针对自己所处的生活环境和现实进行批判性反思。被称作“实践”的了解成为必需，这种了解的过程在尚未认知的领域打开了一个通道。“飞跃和向前的跨越，”萨特写道，“和拒绝与实现同时发生……”[35]我们必须揭露即将超越的现实；之所以需要超越这样的现实，是因为它的不充分、不完整和非人性折磨着人们。我们必须拒绝这样的现实，同时积蓄力量，力图实现转变。

我们必须时刻牢记，问题中的现实是人们建构出来的。人们只有开始懂得，没有必要非得认同他人界定和命名的世界，他们才会承认，事情有可能发生改变。认识到这一点之后，他们将能够自由地指出学校改革家做得还不够的地方；而其他人很容易忽略这些不足。承认事情有可能发生变化之后，他们才可能自由地投入重构现存世界所需的对话模式当中。“充分而动人的交流艺术”便在这里发挥作用。我所说的这种交流必须能使每一位参与者在认同普世价值观和共同理想的过程中发现独一无二的真我。共同存在并致力于实现全体共享的善举的每一位男女老少都能够获得构建民主的权利。

当然，这些不可能只发生在学校中，仅凭学校之力也不可能促使它们发生。我们在起居室、运动场、工厂车间、工作室和等候室里都可以发现有待利用的开放空间；我们需要创建社区。想要实现上述假设，我们必须拒绝统治；想要催生对话、质询和批判，我们必须拒绝操控。个体不断迁入和迁出某个区域，从街区移动到教室，从教室移动到周围的世界，从周围的世界再移动到聚居地。期间，个体必须抓住交流和关注的机会，将各种社会结构和知识结构设定为学习目标，如汽船、福利院、流水线、电视节目和学术科目等。在个体学习概念性技能的同时，我们必须帮助他们向全面觉醒迈进。他们需要学会如何提出质询、如何相互帮助彼此看清事物的本质。

如果我们尝试“分析她的优点”，提出问题并试图以严肃的方式理 124
解她，“轰隆作响”的汽船上便不会存在所谓的“宿命”。个体携起手来，民主仍有望实现。拒绝机械和非人性的前提之后，他们仍然能够确立自己的统治和优越性。他们共同努力、反思和建立社区，便可能超越差强人意的现实，世界也许会因此而改变。

参考文献

1. Mark Twain, *The Adventures of Huckleberry Finn* (New York: New American Library, 1959), p. 98.

2. 美国亚当：厄普代克(John Updike, 1932—2009)在“兔子系列小说”五部曲中创造的小说人物“兔子”被称作“美国亚当”。

3. R. W. B. *Lewis*, *The American Adam* (Chicago: University of Chicago Press, 1959), p. 5.

4. John Dewey, *The Public and 1is Problems* (Chicago: Swallow Press, 1954), p. 98.

5. Ibid., pp. 96-97.

6. Horace Mann, "The Necessity of Education in a Republican Government," in *Ideology and Power in the Age of Jackson*. ed. Edwin C. Rozwenc (Garden City, N. Y.: Anchor Books, 1964), p. 150.

7. Charles Silberman, *Crisis in the Classroom* (New York: Random House, 1970), p. 323.

8. Dewey, *Democracy and Education* (New York: Macmillan Company, 1916), p. 101.

9. Ibid.

10. Robert Heibroner, *An Inquiry into the Human Prospect* (New York: W. W. Norton, 1974), p. 21.

11. See Peter L. Berger and Thomas Luckmann, *The Social Construction of Reality* (Garden City: Anchor Books, 1967).

12. 主体间性即人对他人意图的推测与判定。

13. Alfred Schutz, *Studies in Social Theory*, Collected Papers Ⅱ, ed. Arvid Brodersen (The Hague: Martinus Nijhoff, 1964), p. 9.

14. 美莱村屠杀：越南战争期间美军老虎部队由于怀疑村民掩护越共逃亡，于1968年3月16日在越南广南省的美莱村进行屠杀。

15. 水门事件：指美国共和党政府在1972年总统竞选运动中的非法活动

暴露后的政治丑闻。为了取得民主党内部竞选策略的情报，1972 年 6 月 17 日，5 人闯入位于华盛顿水门大厦的民主党全国委员会办公室，在安装窃听器并偷拍有关文件时，当场被捕。由于此事，尼克松被迫辞去总统职务。

16. Horace Mann, "Twelfth Annual Report (1848)" in *The Republic and the SchooL: Horace Mann on The Education of Free Men*, ed. Lawrence A. Cremin (New York: Teachers College Press, 1957), p. 87.

17. See Dewey, *Democracy and Education*, *op. cit*, pp. 20-21.

18. Mann, *op. cit.*, pp. 111-112.

19. 经院学者：经院哲学是产生于 11～14 世纪查理曼帝国的宫廷学校及欧洲基督教的大修道院和附属学校中的教会学院的一种哲学思潮。它是运用理性形式，通过抽象的、烦琐的辩证方法论证基督教信仰、为宗教神学服务的思辨哲学。其教师和学者被称为经院学者。

20. J. Bronowski, *The Ascent of Man* (Boston: Little, Brown, 1973), pp. 19-20.

21. 据美国全国教堂纵火案特别工作小组调查报告，自 1995 年 1 月至 1998 年 5 月底，美国全国有 162 座黑人教堂被焚毁；许多焚烧黑人教堂的事件都是由白人制造的。

22. Michel Chevalier, *Society, Manners and Politics in the United States*, ed. John W. Ward (Garden City, N. Y.: Doubleday, 1961), pp. 371-381.

23. Robert Owen, "Rational Education for the New Moral World" in *Utopianism and Education: Robert Owen and the Owenites*, ed. John F. C. Harrison (New York: Teachers Collego Press, 1968), p. 122.

24. Ralph Waldo Emerson, "New England Reformers," in *The Prose Works of Ralph Waldo Emerson* (Boston: Houghton, Mifflin, 1870), Vol. Ⅰ, p. 550.

25. See Leo Marx, *The Machine in the Garden* (New York: Oxford University Press, 1967).

26. 文化濡化：指将采借过来的文化元素放在本土文化中进行磨合，乃至改造，使之与本土文化协调起来，融为一体的过程。

27. Maurice Merleau-Ponty, *Themes from the Lectures at the College de France, 1952-1960* (Evanston: Northwestern University Press, 1970), pp. 40-41.

28. See Jean-Paul Sartre, *Literature and Existentialism* (New York: Citadel Press, 1965), pp. 50-51.

29. Nathaniel Hawthorne, "Ethan Brand," *Selected Short Stories of Nathaniel Hawthorne*. ed. Alfred Kazin (Greenwich, Conn.: Fawcett Publications, 1966), p. 233.

30. Hawthorne, *The House of Seven Gables. The Complete Novels and Selected Tales* (New York: Modern Library, 1939), p. 428.

31. Herman Melville, "Bartleby the Scrivener," *Billy Budd, Sailor and Other Stories* (Baltimore: Penguin Books, 1967), pp. 59-99.

32. Daniel Bell, *The Coming of Post-Industrial Society* (New York: Basic Books, 1973), p. 214.

33. Kenneth D. Benne, "Technology and Community: Conflicting Bases of Educational Authority," in *Work, Technology, and Education*, ed. Walter Feinberg and Henry Rosemont, Jr. (Urbana: University of Illinois Press, 1975), p. 156.

34. Dewey, *The Public and Its Problems*, *op. cit.*, p. 184.

35. Sartre, *Search for a Method* (New York: Alfred A. Knopf, 1963), p. 92.

/ 9. 平等和不可侵犯性：补偿性公正的实现途径/

美国社会是多元化的社会；美国公民也不可避免地表现出多元性。 126
在不同团体和类别中，包括各个种族和不同性别，我们的气质、天赋和能力都表现出巨大的多样性。我们根据自己特有的生活背景，依据随着时间的推移而积累起来的经验，在世界中生活。我们透过由特定的兴趣、职业、承诺、欲求构成的视角来解读面前的现实。

我们当中的每个人都属于许多不同的社会团体，发挥着多种多样的社会作用；这种投入影响了我们用怎样的方式使用“手边的常备知识”①从社会场景中获得意义。我们能够接触到的常备知识、纪律和图像不仅赋予了我们对文化的认同，还促使我们参与到共享的意义结构中，和其他人一起生活在世界上。然而，我们即便这样做，仍是通过个人视角看待世界并对共享的事物做出个性化的解读。因此，即便联系和交流对于共同生活来说必不可少，我们每一个人和承担的每一项事业都是与众不同的，我们采取的每一个视角也都是独一无二的。

我将上述内容作为本章的开篇，是因为我关心的并不仅仅是个体和他们的生活空间，还有社会体制的平等。对平等和正义，我怀有与对个人解放一样浓厚的兴趣。与此同时，我也充分意识到，传统意义上的自由依赖于基于个人权利的道德观，因此获得平等机会的个体数量并不多。尤其是女性和少数族裔，他们仍然继续处在不应有的不利地位上。我希望能够建立一种基于个体不可侵犯和批判性自我意识的平等与正义观。这种平等与正义观考虑到了不平等和排他性在个体抵抗世界对他们的定义中产生的实际影响。我希望找到一种方法，能够允许我在社会体制的客观安排和人们从原有或提供的机会中获得的体验之间来回穿梭。

127 例如，我们需要记住这一点，“我们通过客观感受定义的个体经验，包括机会和自我实现的可能，符合他的选择，是考虑到团体中他对个体处境的定义而赋予他的实现目标的机会和可能”[2]。除了这一点外，我们还需要记住，平等对受到歧视的人和想要达到某种目标的局外人有着全然不同的意义。还有一点也很重要，当个体被贴上团体成员的标签，甚至在他/她确信只有与团体联盟才能克服不平等的时候，意识将出现裂痕。

当然，我们面对的关键性问题之一是团体权利问题，以及与强调团体权利的多元自由主义切断联系。另一个问题在于优先待遇以及优先待遇和社会正义之间的关系。此外，我们还需要处理团体的集体补偿问题以及以何种方式把这种补偿分配给团体中的个体成员的问题。“肯定性行动计划”(affirmative action)[3]是否会像某位批评家相信的那样，意味着“对法律原则的侵蚀”?[4]我们能否依据从正义的角度看非常重要的原则来施行“反向歧视”(reverse discrimination)⑤呢？正义和公平将牵扯出怎样的后果？

我们无法在没有清楚理解“权利”“平等”“正义”和“补偿”等概念的前提下应对上述问题。在我看来，除非我们参考现在流行的阿尔佛雷德·舒茨的“关联系统论”(systems of relevance)，否则我们可能无法清楚地解释其中任何一个概念。关联系统论与精英统治相关，近年来已经赢得了我们文化中的大部分社会支持。我们对这个系统如此熟悉，将它视为理所当然，以至于我们可能忘了精英统治像其他社会现实一样也是构建而成的。⑥将精英统治思维合法化的相关解释代表了一种阐释经济社会关系的模式。这种模式在传统社会中备受推崇，甚至已经被神圣化了，以至于我们甚至会把它与客观现实混为一谈。在这样的建构中，我们应该基于个人美德来评价人类，这一点至关重要。成就感而非归属感决定了人类的成功。我们假定，社会和政治安排的目的在于保证具有多样性的个体能通过竞争获得向具备所需能力和野心的人开放的职位。精英统治体系认为，这种做法满足了效率优先的要求。因而人们认为，出生和财富将不会成为阻碍个人发展的障碍，机会均等理所当然地可以得到实现。众所周知，在近10年中，人们在尽可能地帮助某些群体克服特定的缺乏，从而实现对之前被视作劣势的条件进行补偿。人们假定，一旦克服了特定的缺乏，每个人便都能获得平等地发挥各自潜能并满足各自需求的机会。因为每个人都能获得相同的机会，体制也被认为是公正的，所以每个人的自然权利(生存权、自由权和追求幸福的权利)都将得到保证。

128 历史事件和最近公开的事件都清楚地表明，对于许多人，甚至是那些享受了补偿性政策的人来说，精英统治并不会为所有人提供均等的机会，也不可能维护每个人的自然权利。许多人开始意识到，在任何情况下都不可能实现真正的机会均等。彼得斯(R. S. Peters)直言不讳地指出：

> 描述性地来说，机会均等并不存在，也永远不可能实现，这是显而易见的事实。除非平等主义已经做好了控制早期教育、家庭规模和人类繁育等多个方面。如若不然，人与人之间从差异将永远无法被消除，进而影响任何一种体制在实践中发挥作用。假如人类之间不存在这样的差异，平等的原则将变得毫无意义。[7]

对平等原则的关注就是关注平等本身，即讨论如何平等地具备不同技术、能力和才干的人。当有必要进行区别对待时，彼得斯十分关注分配上的正义。“正义的基础概念在于，”他写道，“如果存在相关差异，就应该区别对待；如果不存在相关差异，或者存在不相关的差异，则不应该区别对待。”[8]确定相关和不相关的标准是个非常有趣的问题。例如，对效率的考虑是否比对自我发展的考虑更为重要？我们是否应该把获得利益和尊重个人看得同样重要？成就是否比自尊更加重要？在招聘人才时不考虑性别和种族的差异说起来容易，做到却很难。决定相关性的因素是什么？保证能够进行区别对待的因素是什么？

约翰·罗尔斯(John Rawls)在《正义论》(*A Theory of Justice*)中设 129
计了一个正规体系，将他认为具有相关性的差异都囊括了进来：在社会中受到优待和不受优待的人之间的区别 。他的方法向精英主义观点提出了明确的挑战；平等和自尊是他考虑的首要因素。他相信，精英统治是公平的，因为在精英统治的安排下，机会平等表示更加幸运的人拥有将较不幸运的人甩在身后的平等机会。他说，成为较不幸运的人是一种偶然性事件。由出生、天赋等因素而造成的劣势、缺乏和不平等是不应得的，因而需要得到纠正。显然，他的观点从根本上与被我们的文化视为理所当然的东西断绝了关系。人们常常将精英统治阶梯中的成功与个人价值等同起来；毫无疑问，在这种文化下，自尊发挥着取得成功的作用。人们认为，个人应该对自己的成功和失败负责。在平等的机会面前，那些没有“取得成功”的人被认为具有较低的个人价值——同时也没有机会获得自尊。如果一个人的考试成绩低得惊人，那么人们可能会把他/她假定成一个纪律涣散、攻击性强或者对学习和阅读不感兴趣的人，也可能把他/她假定成一个缺乏教养或者不爱卫生的人。罗尔斯认为，这一切都是不应有的缺陷。

罗尔斯出于正义的原因，在自己提出的社会理念中优先考虑的平等。他写道，正义是社会机构的首要美德，提供了衡量在特定社会中“慷慨”是否得到了公平分配的标准。他认为，大多数人都会接受这种观点：社会和经济的不平等需要得到恰当的安排，以便维护社会中相对处于劣势阶层的人的利益。[9]我们不仅需要消灭剥削，还需要依据“差异性原则”(difference principle)来配置资源，以便从长远角度提高不受优待人群的福利。[10]与之相关的是，“所有人都必须拥有接近权威位置和掌权办公室的途径”；一般来说，不平等必须附在向每个人开放的办公室上，以一种能够使每个人都获益的方式存在。

然而，位于控制不平等的原则之前的是自由原则。罗尔斯坚持认为，基于“所有其他人的福利也不容践踏”的正义，每位社会成员都具有一种不可侵犯性。他相信，任何一种正义和公平的概念都无法用“另一些人将分享到更多的福利”而使得“一些人自由的丧失”变得合理。[11]罗尔斯并不是平等主义者。他并没有要求清楚一切障碍，也没有否认个体取得成就的自由。他的意思是，使得较大的成就和优势变得合理的因素并不是个人产生满意度(也不是满意度的净余额)，而是个人对最为弱势的群体做出的贡献。

130 在保证不可侵犯性和自由不受损害的前提下，我们能够期待人们关注那些处在较为不利的社会地位和出身于较为弱势的群体中的人吗？那些出生高贵的优势群体有什么理由关心弱势群体的前景和期望呢？罗尔斯探讨了人们在理性和规则统治下的社会中，实现互利互惠和尊重地对待他人的能力。维护自尊并是社会合作能够更加有效地进行的原则在于“每个人在平等的基础自由最广泛的总体系下能够享受与全体自由权一致的个人平等权利”，同时不平等的安排应该是的那些最缺乏保护的群体获得利益。平等的机会不再被主要用来解放追求财富和权力的欲望。被赋予更高期待的才华出众、处境更好的公民被仅仅认为“如果他们能够作为图式的一部分，致力于提高社会最弱势群体成员的期望就好了”。[12]

自尊是现行体制的首要优点；的确，获得自尊是人们的主要动机。罗尔斯认为，自尊是个体对自己价值的理性意识，以及他/她确信自己制订的生活计划值得实施的理性意识。此外，自尊还包括认为自己有能力实现各种意图的自信。罗尔斯说，正义维护者这种自尊；如果我们能得到受人尊敬的他者的欣赏，生活将展现出更大的价值。因此，社会弱势群体也必须具备追求个人价值的意识。实际上，教育对丰富个人和社会生活的意义甚至比提高生产力还要重要。

而在丹尼尔·贝尔看来，上述观点都属于极端激进主义。他认为罗尔斯的理论实际上是一种“社会主义道德规范”。然而，必须指出的是，马克思主义者似乎在每个方面都与罗尔斯持有不同的观点。从一方面来看，大多数马克思主义者相信，如果想要有效地减少不平等现象，阶级斗争是必需。重要的原因在于，处在社会最优势地位的群体强烈地渴求获得财富和权力，而较不关心如何基于差异性原则安排社会合作。[13]马克思主义者将强烈反对罗尔斯对阶级利益的忽视；他们认为，在假定的自由竞争社会中考量自尊是毫无意义的。贝尔指控罗尔斯是社会主义者的主要原因在于他使得弱势群体在群体层面上变得可以识别。据此，贝尔认为，罗尔斯的言论使“强调成就和普世主义的群体利益与个人主义原则正式形成对立”。[14]他提出这样的问题，“为什么不为那些能够促进社会总支出增长并扩大‘社会馅饼’(social pie)的人提供更大的激励呢？这样所有社会成员便能够实现有差异的互利互惠”。[15]

少数人仍将社会视为“以互利为目的的合作冒险”(cooperative ven- 131
ture)，罗尔斯构想的理想社会是不可能实现的。鉴于这两点，我很难理解贝尔所说的“正义的精英统治”将怎样处理我们今天面对的不平等问题。贝尔认为，我们做的一切事情的目的在于充分实现机会均等的传统理想；他坚信，不平等问题与精英统治毫无关联，只有在精英统治下，“那些赢得威信的人”才能处于统治地位。[16]但是，女性和黑人相对弱势的地位难道是因为他们无权赢得成功和权威吗？

我在考虑与女性和黑人就业环境相关的实证性现实时，感到比被告知等待“正义的精英统治”(just meritocracy)带来更加不满。再次读到“我们必须坚持基础的社会公平，一个人无论有着怎样的肤色、性取向或其他个人特质，都应该被尊重地对待，免受羞辱”时，我觉得无比沮丧。贝尔希望建立的社会平等并不会为生活的各个层面带来民主。他坚信，我们必须关注个体的权威性、重要成就和个人被同辈认同的地位。只有这样的信念才能使社会平等有机会实现。然而，问题在于，这种考量是否会将那些因为歧视或意外、偏见、无心和忽视而无法发展自我和实现个人价值的人排斥在外。

美国教育考试服务中心(The Educational Testing Service)分别在1950年、1960年和1968年对哲学博士和教育学博士的获得者进行了调研。研究结果显示，“女性常把家庭责任置于职业发展之前，更加愿意一直从事工资和声望较低的工作，就业机会也相对较少”。近几年来，这种现象几乎毫无改变。研究报告还指出，随着工作经验的增加，同样具有博士学位的男性和女性之间的收入差距会逐渐扩大。许多女性由于婚姻和生育而被迫转而从事兼职工作。“从事全职工作的男性能够获得奖金、发表论文和晋升的机会。”[17]这是正义的精英统治的要求吗？从任何一个角度来看，这种现象公平吗？

尽管回顾细节可能没那么必要，但我还是必须强调，20 世纪 70 132
年代，在高等教育机构中，18％的工作人员是女性。[18]从 20 世纪 20 年代开始，尽管女性劳动力数量总体呈上升趋势，女性教授的比例却开始下降。众所周知，第二次世界大战之后劳动力的特点开始发生变化，在所有拥有 6～17 岁孩子的女性当中，51％受到了雇用；同时，中产阶级女性和工人阶级女性同样可能参加工作。这种现实导致各个阶级的女性对传统家庭角色愈发产生矛盾和质疑。随着获得高等教育的渠道快速增多，她们的矛盾心理，没错，还带着焦躁不安，导致美国职业和专业生活中潜在女性参与者的数量增长。

文化对女性的成功存在一种恐惧，这种恐惧与上述现象起到了相反的作用。[19]这种文化恐惧的作用虽然正在减小，但仍不可小觑。上述现象也与现行教育体制相反，当今教育体制反映的社会价值观，对女性和男性施加了完全不同的社会期待。小女孩一开始就从教科书、玩具和教师那里学到，自己在一些方面要比男同学弱一些。[20]有些人试图改变女孩玩的玩具和使用的教科书，希望借此将她们从男权世界的期待中解放出来，帮助她们提高自尊心；但是，无论是有意为之还是无意而为，非正义仍然存在。毋庸赘言，黑人女性，特别是黑人女性专业人才，在地位和工资上受到了更为严重的区别对待。黑人女副院长和招生处处长的零星存在并不能掩盖这一现实。1973 年，在 1764 所 2 年制和 4 年制高校中，只有 1073 名黑人女性被雇用为教师和行政人员——平均起来甚至不到每所学校 1 个。数据显示，黑人女性教职员工也仅仅零星地分布在较低层次的学校当中。[21]

133 毫无疑问，黑人的普遍状况更加糟糕。多年的排斥、羞辱、贫困、迫害和不充分的教育给他们留下了可怕的伤痕。尽管经过了10年的发展，就业歧视现象仍然大量存在(黑人男性的失业率是白人男性的2倍)。少数群体的许多成员依然被当成“看不见的人”或“不存在的人”(nobodyness)，他们为此备受困扰，因为自尊心的增强源自发现自我时体会到的骄傲。黑人所处的劣势地位与阻碍女性完成自我实现并获得价值的制度不同。源自反歧视立法的“色盲取向”(color blindness)起到的作用远不及改革者期望的那样大。[22]

我们仍然需要面对许多问题，包括不良资质、人们愈发高涨的期待和期待落空后的苦涩心理。一些批评家接受了亚里士多德的古典命题观，认为由于白人社会对黑人进行了长期的奴役和剥削，并因此变得更加繁荣，那么出于正义，受害者应该得到补偿。他们声称这是唯一的“交换正义”(commutative just)[23]，是唯一正确的。我们被告知，需要建立一个种族和眼睛的颜色同样不重要的社会，在这个社会中，评价少数族裔的唯一标准是他们的个人价值。然而，想要建立这样一个社会，我们还有很长的路要走。历史遗留问题使得他们在教育、经济和心理上处于弱势地位，除非他们享受优先雇用的特殊待遇，否则他们和他们的孩子会遭到我们“色盲”社会的谴责，并永远被剥夺享受周围富足环境的权利。[24]

我们还可以收集到更多证据来阐明在从根本上看就不平等的社会中实施公平就业政策所牵涉的各种问题。肯定性行动计划的实施很大程度上是迫于女性组织的压力，被认为是反歧视行政命令缺乏执行力的结果。美国卫生、教育和福利部人权办公室一旦开始为高等院校负责，人们便会对团体权利和优先雇用的问题争执不休。时任人权办公室主任的约翰·斯坦利·波廷杰(John Stanley Pottinger)在制定规则时说，行政命令从未打算将专业资质排斥在雇用的首要衡量标准之外。他“永远无法理解学术自由能够因为种族或性别而拒绝雇用或提拔一个资质合格的人，或者因为种族和性别的差异而对从事同一份工作的人支付不同的报酬”[25]，我们也很难找到支持这种区别对待的理由。

问题在于行政命令使用语言的模糊性。许多人都认为行政命令不 134
仅呼吁实施“配额制”(quota)，还倡导实行“优先雇用”(preferential hiring)政策。这种现象的原因之一在于，人们不仅要求高校公开反对歧视，还必须提前制定好时间进度表，采取积极行动弥补不公平造成的危害。高校还被要求评估时间表在未来可能产生的后果。按照要求，学校必须通过目标声明来明确表达预测结果，以便今后评估学校的努力是否有效。一位作家写道，“这些目标声明——以及相关时间表——可以被看作一种为……高等学校和管理机构更加有效地监测和评估推进就业机会的平等在实践中取得的进步而建立的信息管理设备”。[26]然而，还有一些人认为，学校极力证明自己拥有“良好意图”，进而导致它们企图采用数字清楚地表达自己的目标。弗吉尼亚·布莱克(Virginia Black)发现，从逻辑上说，我们不可能证明特殊对待法令的效率。她坚持认为，肯定性行动计划一定会对不同的人采取不同的对待方式。她指出，未来证明一个机构具有屈从性，我们有必要进行列举，而这不可避免地暗示着一种配额体制。[27]

我认为，即便设定的目标有利于维护少数群体的利益，也不会造成天花板效应[28]，但是任何一个完全数字化的要求必然会成为其他人的“数字天花板”。尽管我还没有发现有人从严格的意义上为“配额制”辩护，但是许多反对肯定性行动计划的人都假定，行政命令的要求使得“配额”不可避免。弗农·乔丹(Vernon Jordan)在回答中写道，配额是“一个虚伪的问题，它是一面小红旗，通过被错误归类的理性数字目标和像死板的数学公式意义的宏观目标把人们的注意力从真正的歧视上转移开来。即便如此，假如我们没有设定数理化的目标和时间表，正如一位评论家所说，‘未来和现在将没有区别’”。[29]

我将关注点转向其他地方，悉尼·胡克(Sidney Hook)等人这样回应，他们坚信肯定性行动计划将迫使机构雇用享受优先待遇的不合格群体成员，这对大多数资质合格的成员构成歧视。”[30]丹尼尔·贝尔将“目标”数字化的背景视作配额的等价物，认为这意味着“歪曲和破坏标准”。[31]最近，现任人权办公室主任发布了一份高校雇用政策备忘录(尽管可能不是最终的决定)，明确要求高等学校雇佣资质合格的员工，同时声称性别和种族在雇用中将丝毫不产生任何影响。肯定性行动方案关注的不仅是少数群体和女性身上的限制……还要求一视同仁地对待所有应聘者，避免人种、肤色、性别和种族差异对雇用造成影响……[32]

135 支持肯定性行动的人首先希望采取措施限制对白种男性的优待，允许各个群体在个人价值的基础上与其他群体展开公平竞争。我们都明白，一旦对特殊采取特别待遇，新的不平等便有可能产生，不平等问题并没有因此得到解决。人们普遍认为，不论在任何条件下，不具备合格资质的人都不应该被雇用。任何形式的优先待遇都意味着不根据个人价值的大小进行选择。

基于这种考虑，有人认为，人类的才能是“自然”分布的，自由而不受阻碍的竞争有可能成为现实。我们据此对任何一个社会中人才分布的“钟形曲线”(bell-shaped curve)进行干预并不武断。认为这条曲线是客观存在的假设中存在很多问题。这种假设与维持和贝尔所说的“后工业时代社会”(post-industrial society)合理化的知识结构结合在一起，但我们需要明白的是，后工业时代社会长期以来都是为特定人群[33]，而非全体人类的利益服务。才能分配的不平等几乎总会导致才能的单一化，即只认可对维护社会体制最有用处的能力。我们变得极易忽视“人类能力的范围和变化：智力、体力、灵敏性和优美度、心理洞察能力和忍受艰苦的能力——甚至是道德能力、敏感度和同理心”。[34]

鉴于当今高等院校的用人政策仍然只关注一系列挑选出来的能力，我必须还要强调，所谓的美德依然与传统而不容置疑的“给定”概念紧密相连。人们常常认为，高等学校在雇用教职工时设定的要求与所谓的才能分布规律吻合。这些要求被赋予了客观地位，使得我们常常忽略它们也是人类长期在利益的驱动下创造出来的。

正如我之前所说的那样，我的兴趣在于创立一种建立在不可侵犯 136
性和批判意识之上的平等理念。这种平等理念要求我们在与被盲目地认为理所当然的公平、美德和效用切断联系的同时，杜绝“非此即彼”的态度。它还要求我们尊重社会不同成员的自尊和生活规划，记住每个人都有权利按照根据自己的选择行动和质疑，并成为自己希望成为的人。如果每个人都有权利得到平等的考虑，那么我相信，受到伤害的群体对补偿的诉求便不会损害白人男性要求按照自己的生活规划采取行动的权利。

从正义的视角看，我找不到任何可以用来制止武断的歧视并支持歧视受害者的原则；同时，如果优先雇用的原则限制了多数团体成员获得应有的机会，我认为这也是不合理的。此外，我还关注因为性别和人种之外的原因而遭受不良对待的非优先群体。某些观点认为，年轻白人男性应该对施加在黑人和女性身上的伤害负责，甚至处在某个群体中的个体即便没有造成事实上的侵害，也没有因剥削而获利，都应该对不平等的现象负责。[35]我对这一点非常关注。正如约翰·罗尔斯所说，我不认为应该以正义的名义来限制处境更好的白人男性。他们至少可以采取行动，利用自己的优势造福那些处境不佳的人。正如我之前清楚表述的那样，在任何情况下，我们都应该重点讨论补偿性正义。我关注的主要是如何使个体不受歧视和统治的干扰，共同行动，创建一个更加平等的世界。

然而，可怕的是，不公正仍是当今社会的主要特征。此外，我们没有对男性和女性施以相同的注意力，甚至在为受害群体制订补偿计划时，也极少关注女性的尊严和自尊。坦白地说，一些人已经认识到了应该采取补救措施来弥补长期存在的不公正的歧视，遭受不平等对待的受害者理应获得补偿。思考一下埃德蒙·卡恩(Edmond Cahn)所说的“不公正意识”(sense of injustice)，这种意识指人们对真实或想象的不公平情境做出的反应。卡恩认为，所有人都可能将他人遭受的不公正视为对自己的侵犯。然而，是否能够产生这种意识取决于他们能否通过想象对受压迫的人产生认同。如果无法产生认同，他们将受到制约，意识变得迟钝，只能远远地旁观他人遭受侵害。因此，“不公正意识”包含了理性和同理心。[36]我相信，人们只有牢牢记住自己的行动能够促进平等，保护他人的权利不受侵犯，尊重他人的观点，并提升自尊感，才能建立起“不公正意识”。

卡恩认为，一个人的决定违背某些正义的辩证模式或分析概念时，其 137
他人并不会暴怒。人们只有感到自己，或被自己视为同类的人，遭到不公正的对待时，才会愤怒。我非常同意他的观点，的确，自从哲学家黑格尔指出这一点之后[37]，西方哲学便认识到了人类需要批判施加于经验之上的制约，并对不必要的统治进行反抗。在人权运动高涨之时，马丁·路德·金(Martin Luther King)等伟大领导者将黑人进行的斗争呈现给民众，促使民众对黑人产生同理心，进而能够将那些受到残酷对待、监禁、贬低和压迫的黑人视为同类。民众变得能够阅读黑人文学，小说、诗歌使得他们越来越难以对其他人遭受的限制和歧视冷眼旁观。

对于女性，同样的过程也发生了，尽管其中的矛盾更多，进展也更为缓慢。一些男性可能曾经读过女诗人黛莉斯·莱恩(Dilys Laing)或缪里尔·鲁凯泽(Muriel Rukeyser)的诗：“女性承受了/ 男性的辱骂/ 忍辱负重……”[38]，以及“赞美破坏者，/ 赞美未受到赞美的无名者”[39]。人们能够将被贬低为打字员的潜在女性编辑视为同类，将得不到银行贷款或因为某天将怀孕生子而被拒绝入职的女性视为同类。某些男性甚至认识到了家务、传统习俗和规约对女性的统治。他们通过与受压迫者建立想象性的纽带而树立了一种“不公正意识”，从而愿意做出某种补偿。

最近，人们的注意力从“不公正意识”上转移到了“优先雇用”上。有人传言，年轻的男大学生找不到工作，甚至连面试的机会都没有。传言认为，他们的机会被女性和黑人挤掉了；而我们常常听说，这些女性和黑人的资质远达不到要求。高等教育机构为了完成联邦契约，通过制定固定的数量化目标，并主要依据这些目标来雇用员工，以此证明它们的“良好信念”。结果产生了新型受害者，公众对此感到愤怒。现在，引起人们不公正意识的不是黑人和女性的困境，而是年轻白人男性的困境——(和其他人相比，他们更多被假定)因为自身的优越性而应该得到公正的对待。这种意识在一定程度上造成了人们对巴克案[40]的激动情绪。然而，越来越多的观察者发现，白人男性既没有被有效地排斥在教职员工之外，更没有被从中剔除。黑人和女性教职员工所占比例的上升幅度并不足以证明歧视的影响已经得到了消除。

138 但是，我们应该把事实搞清楚。与此同时，我们应该承认，根据文化的假设和建构，数字化的措施并不能平衡非正义造成的影响，对某些群体有限的补偿也无法消除不公正的影响。平等雇用的代价无论多大，都应该由比被粗鲁地划归为不受优待的群体人数多得多的群体来承担。一些人表示，资深教授和终身教授都应该提早退休或自愿减薪，以此为雇用成本的降低做出贡献。他们认为，这样做不但能够减轻“无知的旁观者”的负担，即白人男性的负担[41]；从某种意义上说，还能把馅饼做大。换句话说，这样做能够提供更多机会和财政资源，使更多享受优先待遇的群体成员获利(尽管不是享受优先待遇的全体成员)。然而，这种做法究竟会如何帮助那些没有受到雇用的成员，或者将如何帮助整个群体？这仍是个悬而未决的问题。这种做法会对作为群体成员之一的受雇佣者的意识和自尊将产生怎样的影响？这个问题也没有得到解决，并且一直困扰着我们，即便受雇用者具有完全合格的资质。最后，这样做的问题还关系到资深教授的生活规划，关系到他们在职业发展成熟期能够做出的贡献，以及他们的尊严和自尊等重要的问题。

上面提到的这些补偿性措施没有一项是公平的，其中每一项措施 139
都损害了其他一些人的自由，或者干预了其他一些人的生活选择。但是，我这么说并不表示我不相信我们能够回到“色盲”状态，不相信我们可以去除长期形成的使不平等问题永远存在的性别问题。从某些方面来说，高等院校应该为此负责。招聘人员的确不得不刻意努力从社会各个群体中选择面试和进行评估的候选人，甚至在他们力图维持设定的标准之时也应该这样做。我们必须精心组织调查委员会等招聘委员会，以免他们受到长期被视为理所当然的观念影响，而无法识别出需要的潜能和品质。我们必须精心设置面试的问题，以便那些没有“人脉”的成员，甚至是非统治阶级的成员，能够获得公平的机会，表达他们是谁，能够完成怎样的工作。如果可能的话，我们应该让应聘者在课堂上进行实际教学，以免基于单一的证书或外表进行评判。所有这一切都表明，人们的自我意识正在增强，他们思考自己正在做什么的能力也在增强；他们具备更充分的能力来做出决定和更好地完成工作。

我不认为联邦机构的间接施压滋养了这种意识，也不赞同联邦机构干涉学术生活。弗吉尼亚·布莱克强烈反对施加反向歧视，她警告大家避免通过“强制性的短期政策来纠正所观察到的不平衡，社会变革是逐渐产生的”。她说：“人们只会自发地遵守那些具有经济灵活性和道德容忍度的法律。”[42]我并不像布莱克那样担心源自优先雇用的固定课堂结构。人们具有遵守法律的自觉性给我留下了深刻的印象，这表明如果想要实现正义，人们需要具备提到的意识和态度。当非正义意识产生之时，人们“自发地做好了准备”。他们能够自由地认同与自己不同的人，并且给予他们需要的尊重，而不需要任何强制性措施迫使他们服从。鉴于这点，人们只有承认他人的价值，才会拒绝对他人妄加评判，进而拒绝无根据的统治。一些人可能会在追求自我实现和自尊的过程中选择平等和社会正义。

但是，我们首先必须改变看待问题的视角，同时与被视为理所当然的观念切断联系。我指的并不仅仅是价值、层级和钟形曲线等传统观念；我还认为，我们必须重新思考这样的问题——我们需要对差异性做出经济上的补偿。《平等待遇和补偿性歧视》(*Equal Treatment and Compensatory*)的作者汤玛斯·内格尔(Thomas Nagel)这样写道，对要求任职者具有较高智力水平的职位给出较高的薪水待遇可能是不公平的。“这只不过是在市场经济下技术主宰的社会中事情运行的方式，并不表示比起愚蠢的人，社会理所当然地应该支付给较为聪明的人更高的薪水。”他接着写道：

> 正义或许要求我们解除物质优势、文化机会和机构权威 140
> 之间的自然联系。但是，如果有可能的话，这种改变只可能通过社会体制、税收体制和收入结构的大幅度调整而实现。调整高等院校的招生条件和雇佣政策并不会带来任何改变……[43]

和内格尔博士一样，我也意识到，在我们这样的竞争性社会中，实现这种改变几乎是不可能的。尽管如此，人们还是需要重新审视他们对金钱和价值之间关系的假设是否正确，这一点非常重要。个人是否真的应该由于他们的所作所为而得到经济上的回报呢？一项工作的交换价值是否总是与其固有的价值相匹配呢？工作是不是不包含其他交换价值了呢？比如，对提高其他人幸福感的贡献。

我认为，我们应该把经济正义和就业机会的分配不平等问题区分开了。实际上，如果实现这一点的话，我们就可能以相关性为标准进行思考，而相关性则与平等有关。资质相对不高的人也可能对高校生活做出一系列未经证实的贡献。重要的不仅仅是教学能力，严肃艺术领域的经验也很重要。那些观点和视角长期遭到忽视的人或许能够通过与众不同的方式带领学生获得艺术经验。他们可以和学生分享一些社会学观点，向学生传授一些为人处世的能力。我认为，如果破除将成就与金钱联系在一起的传统观念，许多职业便有了存在的可能。如果报酬具有更大的一致性，那么这些工作将显现出比现在更大的价值，我们将能够创造更多机会来定义自我、实现自尊。

我讨论的对象并不是体制下的二等公民，我并不认为少数群体的合格成员不应该与其他群体的合格成员一同竞争高校的职位。我的意思是，在更为宽泛的价值和竞争视野下，机会变得多样化了，即提供报酬的形式变得更加多样了。从理论上讲，社会无法限制各类服务，也无法限制获得服务的需求。失足少年、老年妇女、社区领导者、讲述古老故事的蓝调歌手、无线电操作员和摩托车修理工等，在能从他们提供的服务中获利的人看来，他们都是具有价值的。在当前社会中，如果我们能够为目前最不受优待的人创造机会，能够使得他们有可能获得自尊，那么我们也许可以在建立正义的体制上迈出一大步。

141 我意识到，即便我们成功推进了工作报酬的平等化，形势对我们仍然将提出更多的要求。我清楚地认识到，高等院校还需要做出前所未有的努力来克服现存的偏见。然而，我相信，只要活的个体能够为以一种最适合于每个人的方式对社会人才的储备做出贡献，立法补偿便可能实现。但是，正像我说的那样，只有当我们与精英统治的传统切断联系，并为自我发展设立一套相关性标准，这一切才可能发生。只有当教育和工作经验能够改变我们文化中的意识时，这一切才可能发生。与此同时，人们才能够选择多样性，选择结束统治和制约。

鉴于高等院校对雇用资质合格的女性员工十分关注，我认为优先雇用和反向歧视都将带来不良影响。机构的确应该在这方面定义自己的目标，有时也的确应该设定数字化的目标；但是，女性的生活重点不仅仅在于职业，资质合格的女性还面临着更大的问题。《代达罗斯》(*Daedalus*)的作者吉尔·康威(Jill Conway)谈到了男性和女性工作报酬之间的差距正在日益增长，越来越多的女性接受了高等教育，但这并没有对女性的工作格局产生实质性的影响。她说，女性面对的主要问题是在创造和传播西方文化的学术机构中找到合适的位置。

> 从一方面看，为了在这种文化中处于统领地位，女性必须掌握那些传统意义上被定义为非女性化并在女性教育中常被忽视的数学等“硬科学(hard sciences)知识”。从另一方面看，如果想要依靠内在的创造性将这些抽象理性能力运用到实践中，女性必须通过不损害她们女性身份自我认同的方式获得这些知识。教育经验可以实现这一点，比如我们可以对男性控制的文化提出批评，将女性视为典范而非思维生活的例外。而树立这种智慧观的前提是所有女性同事形成一致的意识。[44]

吉尔·康威博士指出，我们有必要在进行女性研究的同时，致力 142
于改变男性在学术上的传统定位。实际上，只有当男性教职员工开始将女性视为能够参与机构重塑的潜在领导者时，女性才一定能够参与到机构的决策中来。康威博士在政府努力在高等院校中推广的肯定性行动计划中看到了一种潜在的危险。强制服从将导致纯粹的正规行动，如让女性在级别较低的机构中工作。更为严重的是，强制服从并不会使人们对女性的态度发生像对少数群体成员那样巨大的转变。康威博士写道："在政治化和冲突化的背景之下…… 为任何一种性别建立一套更为全面的教学计划和更加活泼的智力体验都极为困难。"[45]

这再一次牵涉到意识问题，我不得不再次强调，我们需要与惯例和被视为理所当然的事情切断联系。学者要求我们从根本上改变针对女性的补偿性正义，不仅在态度、机构和课程上，还在社会生活的格局上。这点看起来非常明显。众所周知，女性的发展被家庭责任抑制了，她们的职业发展被不可避免地延迟了。由于需要平衡女性在家庭中遭受的性别歧视，我们将某种补偿性责任放在了她们的丈夫身上。这既是不充分的，也不是完全公平的。如果女性学者会因为选择养育子女而在学术界处于不利地位，那么正义要求在学术界相对自由的白人男性将专业知识应用在针对年轻人创造的新型社会化模式之上，以此证明他们理应获得那些优势。我们不仅应该在高等院校的校园中设立优质的日托中心，还应该为女性提供家庭生活之外的其他选择。当代家庭生活要求知识丰富的智慧女性选择在年轻时养育多个孩子。我们不应该仅仅把这样的负担放在女性身上。她们十分清楚自己的男性同事正在努力攀登学术的阶梯，而她们自己却很难挤出空闲时间研究学术问题。女性常常将时间用在安排自己的事情上，人们理所当然地认为这样的现实证明了现行机会分配的合理性。这是由于人们很少质疑现行的不利条件，以至于认为设定数量化的定额十分必要。现实是令人沮丧的，在设置了定额的机构当中，那些从未考虑过雇用女性的委员会开始雇用女性员工。

143 优先雇用似乎只有在最受限制的实证性基础之上才能变得合理。

优先雇用的作用在于为弱势群体的某些成员创造福利。如果不实施优先雇用的话，这些弱势群体成员将不得不等待正义的精英统治出现。即便白人男性无法给出他们因此被剥夺了部分就业机会的例证，我也无法基于任何哲学基础来说明这种行动的正确性。无论从正义原则还是从关注个性化的视角来看，我都无法为定额制辩驳。但是，正如迈克尔·沃尔泽(Michael Walzer)曾指出的那样，我明白，“只有那些对阶级结构现状完全满意的人，对现行商品和服务的分配完全满意的人才可能坚持反对意见，同时不产生任何负疚感和担忧”。他接着写道：

> 对于我们这些不满意的来说，焦虑是不可避免的。我们明白，定额制是错误的，但我们也知道，现行的财富分配不带有任何道德意义，收入曲线的统治地位破坏了合理的分配原则；与此同时，定额制只是一种修正形式，并不比原来的现实更加理性；正是由于存在原来的世界，修正形式才有用武之地。然而，在平等主义社会中，定额制是不被需要且不被容忍的。[46]

上述论断考虑到了个体浸没于群体中时发生的情况，考虑到了高等院校应该维持怎样的用人标准，还考虑到了平等和体面，反映了哲学家关注的两难境地。哲学家正面临着这样一种两难的境地：一方面，他们对盛行的精英主义价值观感到不安；另一方面，正如克兰·布林顿(Crane Brinton)指出的那样，从平等原则中推导出的逻辑性结论不同于精英统治和放任自流。正如布林顿所言，我们需要采取集体行动，建立一种平等而有意义的社会。但是，他同时指出，在相信平等的人当中“少有逻辑学家”。[47]

我的全部希望在于唤起人们对长期被视为理所当然的不公平现象进行批判性反思。当然，为了达到这一目标，我们不得不采取一系列短期举措，如让更多女性和黑人参与到招聘委员会中，落实可行的责任范式，拓展课程安排，对当前人们一致认为正确的相关性标准发起挑战并进行评判。一种观点认为，每个人都应该被视为一个目标而非一种手段，如果人人都能像他们声明的那样严肃地对待这种观点，那么我们都会重新开始思考价值观多元化和能力多样化。如果想要对“服务型社会”(service society)的出现做出深入的思考，我们不得不想一想人类能够在怎样的范围内提供服务，同时也需要肯定那些尚未被包含在我们层级体制中的个体的价值。

144 我们最需要做的也许是一起思考如何构建约翰·杜威所说的“大社区”(the Great Community)。杜威十分了解是什么力量阻碍了我们对被视为理所当然的事情提出有效的质询。[48]他明白交流和参与都很重要，人们虽然会受社团推动而与他人建立联系，但并不会被掩埋在社团之中。我们也许不得不重新思考，将任何一个大型社区中的人团结起来的力量是什么。将他们团结起来的是人们共同享有的不可侵犯的平等性和人类的操守。如果我们公正地看待他人，同时公正地采取肯定性行动，便一定会从追求正义的个体身上发现值得珍视的价值。杜威写道，沃尔特·惠特曼(Walt Whitman)的诗预示了即将到来的民主。惠特曼这样写道：

> 我发誓，我开始看清了这些东西的意义，
> 不在于地球，也不在于如此伟大的美利坚，
> 而在于伟大或将变得伟大的我。在于站在那儿的你，或者其他任何人。
> 在于迅速徒步超越文明、政府和理论，
> 超越诗歌、盛会、表演，形成个体。
>
> 个体，位于一切之下，
> 我发誓，现在对我来说，忽视个体的没有一个好东西……㊾

不。忽视被特定个体视为“自我实现的可能”的个人视角和机会的“没有一个好东西”。黑人、女性或年轻白人男性都享有进行选择、追求自我实现并努力达成有意义目标的权利。忽视受社会政策影响的个体需要进行批判性反思，也不考虑他们需要对自己的处境进行理解和反思将不会带来任何好处。在特定群体和一般性社会体制当中都是如此。肯定性行动必须演变成解放性行动，同时男性和女性都必须能够自由地采取行动，共同拒绝非理性和不公平的制约，对不公平的世界进行重塑。

参考文献

1. Alfred Schutz, "Phenomenology and the Social Sciences,"in *The Problem of Social Reality*, Collected Papers I, ed. Maurice Natanson (The Hague: Martinus Nijhoff, 1967), p. 136.

2. Schutz, "Equality and the Social Meaning Structure. "in *Studies in Socia, Theory. Collected* Papers Ⅱ. ed. Arvid Brodersen (The Hague: Martinus Nijhoff, 1964). pp. 271-272.

3. 肯定性行动计划：美国联邦政府自 19 世纪 60 年代起开始推行的旨在消除对少数民族和妇女等弱势群体在就业、教育等领域中的歧视的各种政策和措施。

4. Virginia Black. "The Erosion of Legal Principles in the Creation of Legal Policies,"*Ethics*, Vol. 84, No. 2, January 1974, pp. 93-115.

5. 反向歧视：为了保护少数族裔或弱势群体而对优势群体造成的歧视。

6. See Peter L. Berger and Thomas Luckmann. *The Social Construction of Reality* (Garden City, N. Y.: Anchor Books, 1967).

7. R. S. Peters, *Ethics and Education* (Glenview, I11.: Scott, Foresman, 1967), pp. 87-88.

8. Ibid., p. 51.

9. John Rawls, *A Theory of Justice* (Cambridge: Harvard University Press, 1972), p. 83.

10. Ibid., pp. 75-78, p. 101.

11. Ibid., p. 28.

12. Ibid., p. 95.

13. Richard Miller, "Rawls and Marxism," *Philosophy and Public Aflairs. Vol. 3, No. 2, Winter 1974.* pp. 188-189.

14. Daniel Bell, *The Coming of Post-Industria, Society* (New York: Basic Books. 1973), p. 445.

15. Ibid., p. 450.

16. Ibid. , p. 453.

17. *The New York Times*, January 6, 1975, p. 16.

18. Patricia A. Graham. "Women in Academe," *Science*, Vol. 169, September 25. 1970, p. 1284.

19. See Alice Rossi. "Barriers to the Career Choice of Engineering, Medicine, or Science Among American Women," in *Women and the Scientific Professions: The M. I. T. Symposium on Women and the Scientific Professions* (Cambridge: The M. I. T. Press, 1965); Rossi, "Women in Science: Why So Few?" Science。Vol. 148, May 28, 1965, p. 1196; Matina Horner, "The Motive to Avoid Success and Changing Aspirations of College Women," in *Readings on the Psychology of Women*, ed. Judith Bardwick(New York: Harper & Row. 1972).

20. See Judith Stacey, Susan Bereaud, and Joan Daniels, eds. , *And Jill Came Tumbling After: Sexism in American Education* (New York: Dell, Laurel Books. 1974).

21. William Moore. Jr. , and Lonnie H. Wagstaff, *Black Educators in White Colleges*(San Francisco: Jossey-Bass, 1974), pp. 162-165.

22. Kaplan, "Equal Justice in an Unequal World: Equality for the Negro—the Problem of Special Treatment," in Paul M. Dodyk, gen. ed. , *Cases and Materials on Law and Poverty*(St. Paul: West Publishing Co. , 1969), p. 482 et seq.

23. 交换正义：亚里士多德曾把正义分为分配正义和交换正义，分配正义表现在城邦对荣誉、财富和其他有价值的东西的分配上；交换正义则是人们进行交易的行为准则。不得损人利己是交换正义的基础原则。

24. Kaplan, *op. cit.* , p. 482 et seq.

25. Quoted in John H. Bunzel, "The Politics of Quotas," *Change*, October 1972. p. 25.

26. Jinnv M. Goldstein, "Affirmative Action: Equal Employment Rights for Women in Academia," *Teachers College Record*, Vol. 74, No. 3, Febru ary 1973, p. 415.

27. Black. *op. cit.* , p. 96.

28. 天花板效应：指的是设置一种无形的、人为的困难，以阻碍某些有资格的人(特别是女性)在组织中上升到一定的职位。

29. Vernon E. Jordan, Jr. , "Blacks and Higher Education—Some Reflections. "*Daedalus*: American Higher Education: Toward an Uncertain Future, Vol. II, Winter 1975, p. 161.

30. Sidney Hook, *New York Times*, November 5, 1971, p. 43.

31. Bell. *op. cit.* , p. 418.

32. Peter E. Holmes, quoted by Albert Shanker in"Strong Voices Against Ethnic Hiring. " Where We Stand, *The New York times*, January 12, 1975. p. 9.

33. See Jurgen Habermas, *Knowledge and Human Interests*(Boston: Beacon Press. 1971).

34. Michael Walzer, "In Defense of Equality,"*Dissent*, Autumn 1973, p. 400.

35. Robert Simon, "Preferential Hiring: A Reply to Judith Jarvis Thomson," *Philosophy and Public Affairs*, Vol. 3, No. 3, Spring 1974, pp. 317-318.

36. Edmond N. Cahn, *The Sense of Injustice*(New York: New York University Press, 1949), pp. 24-27.

37. See G. W. F. Hegel, "Independence and Dependence of Self-consciousness: Lordship and Bondage,"in *The Phenomenology of Mind*, tr. J. B. Baillie (New York: Harper & Row, 1967), pp. 228-240.

38. Dilys Laing, "Veteraas,"in *By a Woman Writt*, ed. Joan Goulianos(Indianapolis: Bobbs-Merrill, 1973), p. 328.

39. Muriel Rukeyser, "Ann Burlak,"Goulianos, ed. , *op. cit.* , p. 366.

40. 在 1978 年美国著名的巴克案中，美国联邦最高法院大法官鲍威尔在其判决意见书中指出公立学校考虑录取少数种族裔来促进学生团体的多样化本身是合法的，但为此目的而明确保留少数种族裔的特别录取计划则构成对非少数种族裔学生的明显歧视，因而是违宪的。

41. Simon, *op. cit.* , p. 318.

42. Black. *op. cit.* , p. 105.

43. Thomasr Nagel, "Equal Treatment and Compensatory Discrimination," *Philosophy and Public Affairs*. Vol. 2, No. 4, Summer 1973, p. 348.

44. Jill K. Conway, "Coeducation and Women's Studies: Two Approaches to the Question of Woman's Plage in the Contemporary University,"*Daedalus*:

American Higher Education: Toward an Uncertain Future, Vol. I, Fall 1974, p. 241.

45. Ibid., p. 245.

46. Walzer. *op. cit.*, p. 408.

47. Crane Brinton, "Equality," in *Encyclopedia of the Social Sciences*, Vol. 3, 1937. pp. 579-580.

48. John Dewey, *The Public and Its Problems* (Chicago: Swallow Press, 1954), p. 170.

49. warlt Whitman. "By Blue Ontario's Shore," *Leaves of Grass* (New York: Aventine Press, 1931), p. 360.

/ 10. 新自由主义和道德生活/

147 阿尔贝·加缪在小说《局外人》(*The Stranger*)[1]中描写了一位居住在法国的阿尔及利亚青年，他冷漠地在生活中游荡，不做判断也不做选择。主人公名叫莫尔索(Meursault)，做着一份毫无意义的工作。一次，他获得了一个去巴黎工作的机会。但他由于毫无志向，认为“那种生活和其他生活并没有什么不同”而拒绝了这份工作。从许多方面来看，他似乎生活得不错——充满活力和阳光，周末可以去游泳、看电影和踢足球，晚上还可以和姑娘们鬼混。他在母亲去世时，并没有感到特别难过。葬礼的第二天，他就带着女朋友游泳去了，甚至在当天晚上去看了一部动漫电影。他最喜欢说的话是“为什么不呢”或者“我不关心用哪种方法”。在玛丽说要嫁给他的时候，他只是回答，“如果你愿意，我们可以结婚，但这对我并不意味着什么”。

一个充满魅力的年轻男子以那样的方式生活得无拘无束；他可能既快乐又不快乐。他在沙滩上莫名其妙地杀死了一个阿拉伯人，除了天空中炽热的太阳，我们找不到任何杀人动机——显然，在此之前，他是一个自由的人，孤独地生活着，没有人能够阻止他想做的一切事情，也没有人能够评判他的行为。当然，他在杀死那个阿拉伯人之后，不得不面对社会的审判——他被判处死刑，原因并不是他杀死了一个阿拉伯人，而是他没有在法庭上假装为母亲去世而悲伤，也没有在母亲的葬礼上哭泣。他只是拒绝说出自己期望的东西。法官对此深感震惊。其中一个法官说，他像一个局外人一样，比弑母者还要可怕。

监狱的牧师过来让他忏悔，莫尔索愤怒了。他坚信自己的生活方式是正确的，在吹散他未来的死亡之风中，没有任何东西或任何方式是有意义的。回顾往事，他感叹道，"消除人们试图强加在我身上的所有想法…… 能给我带来怎样的改变呢？其他人的死亡，我的母亲，或者上帝……没有什么能带来什么不同"。[②]他活过一遭，曾经是自由的。

接下来，我将用加缪塑造的其他小说人物与莫尔索做比较。《鼠 148
疫》中的希厄遭遇了奥兰镇上的一场可怕的传染病，这种传染病无药可医。大多数小镇居民都陷入了绝望、否认和沮丧之中。只有很少一部分人，包括希厄医生和他的朋友塔拉在内，相信尽职尽责是他们的使命。他们一起组织了一支抗击疫情的卫生队。叙述者写道：

> 在那些天里，许多毫无经验的伦理学家在我们镇上转悠，他们宣称我们对目前的状况束手无策，只能向必然性屈服。但是，塔拉、希厄和他们的朋友可能给出这样或那样的解释，但是结论都是相同的，他们确信必须进行一场斗争，无论通过怎样的方式，都不能屈服。最重要的是如何避免众人走向死亡和永无止境的分离。想要实现这个目标只有一种方法：

> 抗击瘟疫。他们认为，这种态度没有什么值得被赞扬的地方，这只不过是符合逻辑的做法。③

一段时间过后，有人问希厄医生，他为什么能够在很少有其他人支持的情况下如此拼命地抗击瘟疫，希厄医生回答，“这不过是一种起码的礼仪。”尽管没有人觉得他很奇怪，但他并没有说，“我不关心用什么方法”。他和他的朋友并非被迫在做这些事情，从多个方面来看，从是否受到约束的意义上看，他们和莫尔索一样自由。小镇大部分居民相信自己对瘟疫束手无策，甚至连公共意见也不支持成立卫生队。因此，希厄医生和莫尔索一样了解大众的冷漠。他明白，如果一直存在暴发瘟疫的危险，那么幸福一直都得不到保证，一直都会处在威胁之下。尽管如此，他和他的朋友还是自由选择发挥个人的作用，自愿加入抗击瘟疫的斗争中。希厄医生在抗击瘟疫中学到了一些东西，他说，“人身上存在的值得称赞的地方要多于应该被唾弃的地方”。

莫尔索和希厄医生的态度形成鲜明的反差。我将一种不加反思，有时甚至显得仁慈而漂泊不定的生活和我妄称的“新自由”(new freedom)联系在一起。需要强调的事实是，像莫尔索或与他某些方面类似的人物其实并不邪恶。他们并没有刻意去伤害任何人；此外，他是一个百分之百诚实的人——诚实到不屑于用传统的谎言来挽救自己的生命。他只是完全自发性地说出了他想到的东西，并按照自己的感受行事。因此，从传统意义上说，他不是一个坏人——至少在他杀死那个阿拉伯人之前(众所周知，他是无意的)。

我还想强调这样一个现实，希厄医生并没有遵守任何绝对价值准则；比如，我们甚至从他的话中找不到希波克拉底誓言(Hippocratic Oath)④的只言片语。正如他自己所说，他并不觉得自己做的事情有什么值得赞扬的地方；那只是一种逻辑——就像1+1=2一样清楚。我认为，他是自觉按照自由行动，创造了生活的价值。 149

在20世纪60年代，人们谈论“新自由”变得越来越正常起来。那时发生的许多反叛都打着自由的旗号：不受约束的自由——不受非人性化的官僚主义压迫的自由(稍加回忆，我们就会想到“IBM卡片”⑤这个典型的例子)不受政府和所谓的权力精英操纵的自由。越南战争以及约翰逊和尼克松政府的执政为所谓的新自由在公共视野中的偶然出现创造了契机，人们将新自由视为道德生活的标准。换句话说，也就是向维护不平等现象和让人类持续遭受折磨的体制发起挑战，揭露以物质成功为导向而对世界工于算计的虚伪。我们只需要回想一下琼·贝兹(Joan Baez)和鲍勃·迪伦(Bob Dylan)等歌手的歌曲，便可以理解这一点。他们用自己习惯的语言歌唱年轻人如何打破陈旧的权威，如何抗击到处蔓延的疫情，无论瘟疫发生在亚拉巴马州还是越南，发生在郊区还是起居室。

当然，其他人则将注意力集中在了逃避所谓的“疯狂竞争、日常琐事和对他们的无心期待”之上；无论是否在嬉皮士外表的掩盖之下，他们都对避世或突进的呼吁做出了回应。一些读者可能会想到查尔斯·赖克(Charles Reich)在《绿化美国》(*The Greening of America*)⑥一书中提出的“第三类意识”(Consciousness Ⅲ)的概念——一种抛弃伪善和约束，仅包含仁慈、自发和欣喜的意识。显然，从过去 10 年的大部分呼吁中，我们可以发现获得个人自由的要求是和爱与关怀等其他多种明确的需求交织在一起的。但在许多情况下，这仅仅是一种对良好意愿的总体表达，并不代表他们会采取实际行动。但是，这些表达不时地会引发一些行动，其中最著名的是反战和民权运动。这些运动安静且投入，其作用在过去无序的 10 年中不应被抹杀。

150 现在的情况又是怎样的呢？战争的硝烟已经散去，再也没有出现激烈的人权运动，水门事件和其中的邪恶现象已经成为过去。现在的许多年轻人像 20 世纪 50 年代英国的“愤怒一代”一样，不再相信有任何事业。犬儒主义和无力之感取代了曾经盛行的理想主义。我们被告知，经济危机使得生存和安全再一次成为人们的首要目标。然而，事实却清楚地显示，我们无法回复到那时相对稳定的状态。

我们可以在每个“对成功的关注”中发现新的不安，甚至能够发现我们文化中的极端主义，不仅限于东北部或西海岸的城市。我们仍然难以忘记对电视和电影暴力的愤怒(我相信，观众如果不喜欢看的话，不会出现如此多的暴力电视电影)；色情电影和色情媒体也愈发流行起来；吸毒体验变得非常具有吸引力。实际上，人们已经把药物滥用视为理所当然。此外，所谓的性革命使得两性关系中出现了新的诚实和坦率，但也导致了此前社会从未有过的堕落和实验性。我几乎不必对离婚率的飙升做出任何评论。在许多地方，性别角色发生了令人惊讶的改变，家庭生活出现了异化；更不用说犯罪率的上升，监狱中不服管束的现象猛增，反常现象导致了一系列问题，人们开始对医院、精神病院、教堂和公立学校等传统机构发起挑战。

我并不是在哀叹时代的堕落，也不是在宣布索多玛(Sodom)和蛾摩拉(Gomorrah)[7]的再次到来。我想要再次强调这一点，在今天的社会中，个人生活可以自由选择的范围日益拓展，随着约束的减少，个体获得了做任何事情的机会，他们可以采用任何方式来追求感官刺激、冒险、自我沉醉，或者以任何方式取悦其他人。随着偏见的逐渐减少，我敢说人们在选择以前被视为非传统、不道德并无疑是错误的事情时，所体验到的罪恶感要小得多。人们从未对机会的开放感到遗憾，我当然不建议重新树立起陈旧的藩篱，或者重新实施宵禁制度，严格审查制度，关闭酒吧等。我关注的不是可能性的减少，而是个体对待可能性的方式，他们依据获得的自由采取行动的方式，以及他们给世界带来价值的方式。

我认为，我们目睹的“新自由”似乎和一种可怕的异化联系在一起， 151
即所谓的“社会失范”(anomie)。许许多多的人正在走向局外人的生活。从某种意义上说，莫尔索就是一个局外人。这些局外人拒绝进行反思、选择或判断；从某种意义上说，他们没有什么自己的想法。

比如，一些人这样评论媒体暴力，对刺激和兴奋的追求实际上是一种对“温和态度”的补偿。那些愉快地浪迹天涯的人最了解这种需求。《落日黄沙》(*The Wild Bunch*)、《出租车司机》(*Taxi Driver*)和甚至《教父》(*The Godfather*)等电影的导演试图利用传统上不涉及暴力和解构主义的银幕向观众传达杀戮的真正含义，告诉人们枪击和肉搏对人类的血肉之躯究竟意味着什么，以此使得自己的作品变得合理起来。他们表示并不期待观众做出热情的反应，也不期待他们从残暴的刺激中获得纯粹的愉悦，更不期待他们因为体验到想象性的疼痛而满意地叫喊。上述反应暗示了许多人生活得非常空虚。他们能够有效地与银幕疏离开来，这说明他们缺少一种投入感和有意义的关注。追求这种暴力场景的刺激从某种层面说意味着屈从于外部力量的控制。这种力量可以操纵他们的精神，让观众感到战栗发抖，感觉被榨干了一样，甚至需要被送到医院；但是，至少这样他们还能体验到自己是活着的。

在所谓的“新利己主义”(new privatism)或“新自恋主义”中，我们也能观察到同样的绝望之感。许多人的作品都提到了当代人越来越关注自我的发展。其中不仅涉及身体的新发展(通过慢跑、肚皮舞、健身操等运动)，人们还持续投入各种敏感性训练当中：接触各种学说，热衷于福音教派体验和神秘主义学科。这些现象本身并不带有固有性的危害；然而，其中大多数活动都旨在满足人们即刻的需求，而很少致力于加强基于个体在独立生活中基于主体间性的面对面交流。他们对现存社会性世界中的挫折频繁做出回应。有时，比如在马拉松比赛和某些神秘主义当中，人们投身于克己之中，甚至热衷于进行某种牺牲。但是，人们在感情上的投入似乎越来越少。人们醉心于自我完善，开始不关心甚至不愿意全身心地投入私人空间之外的领域当中。我们通常称之为“新自由主义”，基本上指的是莫尔索一类局外人的自由(无论他们穿着怎样的服装，也无论他们向怎样的事物发起挑战)。

152 与之相伴的是一种非人性化。尽管纪律常显得如钢铁般坚固，消极被动还是能够压倒一切。我并不想说教，也不想自以为是地谴责任何人。喜欢长跑的人、禅宗(Zen)的实践者和夜晚的冥想家仍然是社会的一员，在人类世界中扮演着自己的角色。当他们把个人激情视为替代成员身份的一种选择时，问题便产生了。我是说从某种层面上看，他们可以因此选择了“反道德”生活。

道德生活不一定是否认自我的生活，也不一定是善良的生活。道德生活不一定要求我们完成他人的期待，也不要求我们完成他人坚持要我们做的事情。用反思和关注来定义这种生活的特点最合适不过了，这是一种与充分关注生活和生活的需求相关的全面觉醒。[8]我说的是对生活多个时期的主动注意，不是被动地盯着一个坐在那里的人，也不是只关注面前的轨迹、遥远的灯光或者扣在一起的双手。在主动注意当中，人们总是努力地实现一个计划；责任在他人存在的空间中并不意味着超越一个人自己原有的速度或每天生活的空间。

一个人并不只是简单地存在于空间的某个位置，他/她与共享的世界联系在一起，这个世界将任务摆在每个能刻意发挥作用的人面前。在这个人类期待和反应的领域中，个体发现他们获得了可被识别的标记，所做的事情能够带来一些他人可以看到的改变。因此，他们追踪公共领域中与自己相关的某些维度：音乐、绘画、机器修理、养育孩子、拥护非洲人民运动(或者智利人民、以色列人民和人权运动)、遏制环境污染或修缮水坝。个人会在“相关性之光”的照耀下采取行动，审视自我和自身潜能。这一切不一定必须通过一般意义上的雇用来实现，而应该以某种方式超越利己主义、自我完善和“新自恋主义”(尽管我们不需要将克己完全排斥在当代背景之外)。

然而，工作或其他与世界联系在一起的模式意味深长。在提到“白领”或“蓝领”工作时，我们应该联想到更多东西。将项目落到实处的体验与长大承认相关，还与表达一种观点和定义一项承诺有关，即与追求某种意义上的自由和尊严有关。

153 有一点非常清楚，我们必须通过某种刻意的行动将全面觉醒的自由表现出来。那些四处游荡，相信除了自我保护之外没有什么事情是有意义的人几乎不能被认定为是自由的。当然，仅仅被正式认定是自由的，仅仅明白个体受法律保护而不容践踏仍然不够。我们需要以行动实现自由的可能；我们不是彼此的模仿者，而是自己本人，自由的可能性便根植于此，因此需要得到不断实现。在真空状态下，这一切都不可能发生。允许个人能力释放的环境必须存在或被创造，只有这样个体才能认同自我。从某种意义上说，认同自我就是理解自己的偏好，根据一系列标准、价值观和准则进行自我反思。从其他有利视角看，四处游荡、无力选择的个体是无法获得自由的。那些晒着日光浴而丝毫没有意识与他人分享世界的人只意识到了自己的偏好，他们只是些无关紧要的人，像加缪笔下的莫尔索一样冷漠，一样不关心他人。他们处在我常说的道德的对立面上。如果个体明白自己处在一个与他人共享的空间当中，那么他/她不得不以主动和反思性的态度对待他人，并且至少在一段时间里关心他人。

人们还需要具备批判性意识，才能克服一切将他们推向冷漠和懒惰的力量。这股力量与我们所处的非人性化社会相关。我们必须明白自己居住的是一个被阐释而成的现实，我们需要小心提防踏入被官方定义、解读和命名的世界当中。我们极少对自己理解官僚主义意义的方式发起挑战，也很少批判性地思考联邦政府、闹钟、电影院线、大礼堂或者男性和女性角色的意义。我们很少思考自己是以怎样的方式来了解周围的各类事物，也很少思考我们是否拥有按照自己的意愿去理解事物意义的权利。我们常常没有意识到已经被自己接受的不仅是对闹钟、总统和教堂钟声的传统性描述，还有各种各样的模式，包括那些似乎使我们的生活固化了的模式，即便它们实际上并没有起到固化生活的作用，比如受压迫的农民、被抛弃的女性和富二代。我们不应该低估周围大量存在的控制模式所起到的作用，此外我们必须清楚，如果我们知道如何识别活的环境中的开口并能够实现自己的偏好，那么选择的机会将会成倍增加。

从一个极端看，现实生活中的确存在像虚构人物玛丽·哈特曼一 154
样的人，他们或多或少都成功适应了一些奇怪的方式和与终极现实混淆在一起的商品和服务的风景。从另一个极端看，现实生活中还存在数百万遭到排斥和羞辱的人，他们将自己的想法内化为无用感和无力感。这些人认为自己生活在被一股遥远而强大的力量永远统治着的世界中，而这个世界似乎对任何意义的改变都无动于衷。“你能拿它怎么办呢?”他们用各自的语言发问，“这就是世界存在的方式呀。”另一些人可能是仁慈而慷慨的，他们甚至在有机会吝啬和说话的时候，对彼此也非常大方。他们当中的许多人(当然指的是那些居住在美国的人)倾向于认为自己是自由的。尽管他们，包括“玛丽·哈特曼们”在内，过得也不一定是不道德生活，但他们过得也不是我所说的道德生活。他们只不过按照自己的喜好来生活，依据刺激做出反应(或者不做出反应)，或者选择绝望地等待。在我看来，如果想要解决教育和政治中最亟待解决的问题，我们必须促使人类主动结成同盟，同时主动投身于世界当中。

文学作品中不断上演着这样的觉醒——一个处于生命半衰期的人突然对世界采取了行动。举一个极端的例子来说明“不作为”(inaction)和“要求做出改变”各意味着什么。这个例子来自一本书的插图，描绘了一个人制造出了一个名叫查尔斯的机器人，他自信满满地教导这个机器人：

> 我把他称为朋友，也把他当成朋友…… 他端坐在那儿，是多么完美。他每天吃吃喝喝、睡着又醒来，却没有对世界造成一丝一毫的改变。我看着他，对自己说：“瞧，确实有人能够生活在世界上而不改变世界。”他每天阅读报纸、收看电视，还听着夜晚窗户下面发出的尖叫声(感谢上帝，叫声不是从我们这个街角传出来的)，却没有做任何事情。如果不是查尔斯，如果不是看到他的例子，如果没有效仿他的平静，我就会冒险采取行动，去承担风险。我就一定会参与其中，离开房间，走出去。⑨

155 我们可以通过主动关心，在其他人身边行走，并且承担责任来实现自己想要的生活。我们甚至需要去做更多的事情，才能要求我们的自由得到正式的尊重，才能保护自己不受侵蚀。无论通过怎样的方式，人们必须意识到，自己能够完成一些事情，一些不同于现在正在做的事情，在许多时刻他们甚至能够引导自己生活的方向。以这种方式采取行动很大程度上取决于和自主性相关的主人翁意识，还取决于和预先定义周围世界的理念切断联系的能力。我们应该有可能学会如何定义个体可以在其中移动的“裂缝、开口和空间”。我们在许多环境下，应该有可能学会如何定义可供选择的其他方案。

具有自主性的人是那些能够主动注意周围的世界，同时在面对多种不同的情境且拥有多种选择方案的情况下清楚地认识到自己究竟选择了什么的人。他们有可能被原则指导——并且和牵涉到的其他人一起依据这一原则自由地选择生活。这些原则包括对公平的关注、尊重他人和对人类完整性的考虑。许多人的生活方式是这样的——他们不必在各个情境中决定自己应该怎样行动。这是由于他们选择在一些时间和存在层面上遵守自己的诺言，倾听他人的意见，回应他人的要求，并尽可能体面地从事自己的工作。

促使希厄医生组建卫生队的原因如果不是“起码的礼貌”(common decency)原则，还能是什么呢？他的选择是处于人类的礼貌，还是出于帮助人类减少痛苦的动机呢？京吉索，安德烈·马尔罗《人类的命运》的主人公，一位中产阶级学者，放弃了相对舒适的生活，投身到革命当中——为了缓解人类的痛苦。“他的生活拥有一种意义,”某一刻他说，“他知道意义何在：给每一位忍受饥饿的人……正在被诸如慢性瘟疫杀死的人带去尊严。”⑩他也想到了自己的意识，甚至在根据自己的偏好进行个人选择和采取个人行动的时候。

显然，选择发生的环境具有社会性。的确，我们无法想象如何在社会生活领域之外做出道德选择。通常，我们会在两个都正确或者两个都美好的事物之间做出选择。(京吉索不需要决定是否应该夺走一个饥饿农民的食物，但他却不得不在学术成就带来的好处和为即将到来的革命做好武装暴动的准备之间做出选择)

156 此外，我们最终选定的方向必须不与人们曾经选择的生活原则相互排斥。他/她是否应该参加一场非正义战争，或者是否应该成为一名战争抵抗者呢？他/她是应该补贴家用，还是应该接受奖学金去英国留学一年呢？一位怀才不遇的女士是否应该舍弃丈夫和未成年的孩子，全身心地投入雕刻作品的创作中呢？大学招生处办公人员在面对资质几乎相同的男性和女性候选人的时候，是否应该选择资质稍差的女性进入法学系学习，只是为了补偿女性过去曾经受到过的不公正对待呢？年轻的制片人为了实践自己的美学(或道德)理念，是否应该同意在自己的电影中加入更多的暴力元素，而承担丢掉工作的风险呢？上述所有情况都不止涉及一个人，个体的参与、判断和选择的过程很大程度上受他/她与其他人融入程度的影响，即世界中“我们之间关系”的密切程度。我需要再次指出，关心和考虑同等重要，这两者都可以使个体对他人在场——这才是道德生活的基础。

当然，精神上和社会经济学上的决定因素还有许多，每种环境当中都或多或少地包含着制约个人的因素。但是，全面觉醒的个体至少能够自由地从所处环境中获得意义，并识别出存在的其他选择。由于道德情绪上的标签并不像此前可供选择的方案上的标签那样严格，因而个体能够在道德情境中自在地生活。众所周知，如果个体想要采取道德行动，那么他/她必须具有评估环境和识别开口的能力。如果个体将环境视为一种完结状态，认为环境就像一块不透明的大理石，那么他/她在预先解读的世界中将处于被动、默许和浸没的状态。

最后，让我再一次回想《鼠疫》中瘟疫肆虐的环境——在“羽翼未丰的伦理学家”看来，处在这个环境中的所有人都没有自由从事任何事情。而小镇居民则看不到道德考量存在的必要性。但是，希厄医生和塔拉却从所处环境中看到了其他可供选择的方案。环境中的严重匮乏强烈地冲击着他们。没有人性的不仅仅是随意袭击周围人的瘟疫本身，也不仅仅是居民对瘟疫的纵容。真正没有人性的事情在于，没有人的声音能够被大家听到，没有人进行干预。从某种意义上说，这一点既是人类身上值得赞扬的优点，又是遭到鄙视的地方。因此，小镇居民在无人照料中死去，好像畜生一样，他们的死亡好像无关紧要似的。

如果希厄医生和塔拉不觉得这样的情况难以承受，如果他们没有 157
选择采取行动应对瘟疫，那么它们便不会意识到自己处在怎样的环境中。他们决心要遏制瘟疫的传染，而非人性化倾向已经对他们构成阻碍。如果他们不是如此深刻地关心人类的处境的话，便不会意识到这一点。塔拉在解释自己为何如此关心人类的处境时提到，许多体面的人认为，内心平静要比生命更加重要。他告诉大家，他决定消除这样的言论和行动，“因为这是让我走上正确轨道的唯一方法。这就是为什么我说存在瘟疫和瘟疫的受害者，不仅如此…… 这就是为什么我在每种困境中都决定站在受害者的一边，以便降低伤害……”[11]他解释道，他正试图通过同理心这一唯一的途径创造和平。正如希厄医生一样，他的选择也点亮了环境，他对建立在环境之上的整个行动表明了立场。

在我看来，这才是自由应该彰显的东西。自由释放了人类的潜能，赋予了人类反思和选择的力量。如果教育家能够以这种方式向非人性化现象发起挑战，向默默忍受痛苦和缺乏关心的人们发起挑战，同时能够采取行动的话，我们便可以重新创造出一个新的空间。当这个空间里的人愿意承担风险并开始选择道德生活的时候，意义便能够对他们呈现。

参考文献

1. Albert Camus，*The Stranger*(New York：Vintage Books，1946).

2. Ibid.，p. 152.

3. Camus，*The Plague*(New York：Alfred A. Knopf，1948)，p. 122.

4. 希波克拉底誓言：医生保证遵守医生职业道德的誓言。

5. IBM 卡片：IBM 公司生产的简单的打孔卡，是信息时代最早的标准。在近半个世纪内，IBM 卡片存储着全世界几乎所有的已知信息。

6. Charles A. Reich，*The Greening of America* (New York：Random House，1970)，Chapter IX，pp. 217-263.

7. 索多玛和蛾摩拉：《圣经》中因罪孽而毁灭的两座城市，象征神对罪恶的愤怒和惩罚。

8. Alfred Schutz，“On Multiple Realities，”in *The Problems of Social Reality*，CoIlected Papers Ⅰ，ed. Maurice Natanson (The Hague：Martinus Nijhoif，1967)，p. 113.

9. Donald Barthelme, "Subpoena," *Sadness* (New York: Farrar, Straus and Giroux, 1972), p. 116.

10. Andre Malraux, *Man's Fate* (New York: Modern Library, 1936), p. 70.

11. Camus. *The Plague*, *op. cit.*, p. 230.

第三编

艺术—审美的考量

Artistic-Aesthetic Considerations

/ 11. 论全面觉醒：教育中的艺术和人性之争/

索伦·克尔凯郭尔这样描述自己“如何成了一名作家”，其中颇有些讽刺意味。一个星期天的下午，他坐在腓烈特堡花园(Frederiksberg Garden)里，向自己提出了一个问题：“我应该如何度过一生?”他认为，无论自己将目光投向何处，都会看到人们在实用性的驱动下一心一意地想让人类生活变得更加简单。那些所谓的“时代恩人”(benefactors of the age)懂得如何让世界变得更加美好。其中，“一些人通过修建铁路，一些人通过制造公共汽车和汽船，一些人通过发明电报，而另一些人则通过用更加简短而容易理解的概括性语句来描述值得了解的事物，来使得生活变得愈发容易；最后，时代真正的恩人…… 使人类的精神存在系统地愈发简单起来……” 最后，他决定“怀着和他人一样的人道主义热情”，让世界变得更加复杂，“在世界各地制造困难”。①

这篇文章写于 1846 年，克尔凯郭尔在当时就预见了当代思想家所说的“文明的痼疾”。这种痼疾反映在“对用物质进步来满足人类精神的文明怀有一种无力感——追求更高的收入、更营养的食物、特效药物、应用物理和化学的胜利等”。[2]他眼见个体浸没于“公共”(the Public)等抽象概念之中，迷失在“群体”(the Crowd)的匿名性之下。他与对工业时代和随之而来的技术时代做出回应的人一样，关注去人性化、自动化和将生活变得越来越无聊的程式化。对他来说，人类的现实——活的现实——只能被理解为一种困难，确切地说是一种可怕的自由。让事情对所有人来说变得更加困难意味着唤醒他们的自由意识，还意味着以一种能让他们意识到“存在的个体模式”[3]以及在不断变化和充满问题的世界中个人肩负着的责任的方式与他们进行交流。

162 1846 年，亨利·戴维·梭罗居住在瓦尔登湖畔。他以第一人称的口吻记述了那段经历，告诉人们那里的生活是如何将人们从昏睡和安逸中唤醒。瓦尔登湖还让生活变得更加困难起来，促使人们发现活着的意义。在这本书的前半部分，梭罗热情洋溢地讲述了如何摆脱昏昏欲睡的状态。他认为，很少有人能足够清醒地过上“诗意而神圣的生活”。他坚持认为，“只有清醒的人才能算得上活着”。[4]他以雄辩的口才从个人视角讨论了促使他坚持道德生活的真正理由。但是，他从未指定何为道德生活，也从未把自己的道德观点强加给任何人。他的作品不仅描述了生活在树林里的特殊体验，还能够督促他人“有意识地付出努力”，以期提升他们的生活标准；同时，他的作品还能够促使他人发现——从各自的视角——“刻意地生活”究竟意味着什么。

随着技术的发展和碎片化知识的增加，越来越多的人意识到自己被无法理解的力量侵犯。近几年里，这个问题变得愈发严重起来。随着时间的推移，许多作家和艺术家明确有力地表达了他们遭受限制和制约的体验。因此，与科学和实证主义思维的发展处在同一时代的是早已形成的传统，这种传统由被动视角、默许和梭罗笔下的“平静的沮丧”构成。现在，这种传统可能被冠以了“人道主义”的名号，它总是把人类理解为在充满问题的生活中寻找自我并做出选择的生物。人们刻意制造出了一些与历史、哲学和心理学相关的文学和艺术作品，来激发人们的批判性意识，促使人们有意识地投入世界当中。这些作品客观上起到了道德代理人的作用。在我看来，它们在“艺术和人性”的名义下，在现在教授的任何课程中都起到了中心作用。

正如我之前所说的那样，我的观点与全面觉醒有关，而非针对耀眼的抽象概念，比如真、善、美。欧内斯特·海明威借《永别了，武器》(*Farewell to Arms*)中的尼克·亨利(Nick Henry)之口说出了“荣耀、勇气或神圣”[5]等抽象的词汇，这令我觉得尴尬。正如哲学家阿尔佛雷德·舒茨所说，全面觉醒是具体的，它与世界的存在联系在一起：

> “全面觉醒”指的是对生活及其要求充分关注的态度中最强 163
> 烈的意识层面。自由处在执行，尤其是工作中的自我才会对生活完全感兴趣，进而实现全面觉醒。全面觉醒在于行动，人们的注意力被完全导向了执行任务和完成计划之上。这种注意力是主动而非被动的，因为被动注意与全面觉醒是完全对立的。
>
> 说到教育，全面觉醒已经超越了一般的“相关性”概念。舒茨指出，高涨的意识和反思只有被用在人类项目和事业之上，而非用在从主体间性的世界中抽离之上才有意义。他还

> 指出，人们是通过他们从事的项目和全面觉醒对创造自我做出的贡献来定义自己。事实确实是这样的，至少我相信是这样：有艺术和人性相关的东西具有激发反思能力的潜质，而我们需要做的事情是将它们与所有教育机构传授的知识层面融为一体；我们需要有意识地去这样做，同时清楚地认识到使得人们能够付出注意力，从自己的独特视角"全面关注生活"究竟意味着什么。⑥

从一种层面上看，至少下面这一点是显而易见的。如描绘了一幅哈德逊河风景画的《白鲸》、查理·艾夫斯(Charles Ives)的《康科德奏鸣曲》(*Concord Sonata*)等艺术品必须直接作用于处在特定环境中的个体，同时能够保证他们关注艺术品本身展现出的特质，只有这样才能促使他们从生活空间中获得意义。显然，艺术品是人类的成就，从各个方面展现了人类意识对现实的入侵。我们可以从表现模式、使用媒介和探索的特质从将一种艺术形式与另一种艺术形式区分开来。但是所有艺术形式只是一种成就，只有当个体想象性地投入其中之后，艺术品才能被赋予有意义的生命。

在艺术的所有特点当中，有一点与某些历史相同。比如，我记得，爱德华·H. 卡尔(Edward H. Carr)将历史视为一种对话的概念。卡尔提到，历史学家会对临时选定的事实做出临时性的解读，同时还谈到了在阐释的"交互行动"(reciprocal action)和对事实进行排序的过程中发生的微妙变化。

> 由于历史学家属于现在，而事件却发生在过去，因此这种 164
> “交互行动”还涉及现在与过去之间的相互作用。历史学家和历史事件之间是一种相互需要的关系。如果没有历史事件，那么历史学家就会变成无根之木、无本之源；如果没有历史学家，那么历史事件就是死的和没有意义的。因此，关于“什么是历史”，我的第一个答案是，历史是历史学家和历史事件之间持续互动的过程，是一种过去和未来之间从未终结的对话。[7]

其中，最引人注目的是对选择、形塑、解读和按照特定的规则为原始材料排序的强调。这个过程的本身并不像创造艺术品那样，其中最主要的不同在于，历史学家是从某种能够证明的层面上追求真理，而艺术家追求的则是连贯性、清晰性、夸大感和紧张感。

更为重要的一点在于，在审美体验中，世俗世界和实证性世界被加上了括号，或者从某种意义上说被疏远了，因此读者、听众或者旁观者才能进入艺术品存在的审美空间当中。我们无法找出证据来证明船长阿哈布真的疯狂地寻找过白鲸，但是作品的可信性和影响力与实证性真理的关系并不大。可能从许多方面上看，托马斯·科尔(Thomas Cole)在《牛轭湖》(*The Ox-Bow*)中画的湖泊更像是一条河流。然而，如果没有戏剧化的色彩、后撤的水平面和神奇的光线的交互作用，我们不会将它当作一幅艺术品来体验。而历史作用，比如修西得底斯(Thucydides)的《伯罗奔尼撒战争》(*The Peloponnesian War*)、约翰·B. 伯里(John B. Bury)的《进步的观念》(*The Idea of Progress*)或《改革时代》(*The Age of Reform*)指的是超越自己所在的时间在过去发生的事件，人类持续前进的经验中不断变化的环境，以及任何被称作“事实”的东西。

然而，最重要的是，这些故事，比如卡尔自己的故事，能够将读者引入对话当中。在阅读任何一个这样的故事时，读者或学生都不可能不意识到询问背后的个体。他们无法不意识到，一个活生生的个体正在不同的时刻从自己或其他历史学家的视角提出问题。学生也可能因此理解雅各布·布朗劳斯基(Jacob Burckhardt)为何把历史描述为“因意识的觉醒而与自然切断联系”⑧。他们可能开始从自己的视角来审视过去时刻的意义，同时逐渐摧毁意义世界的地平线，拓展经验的范围。谈及这种意味着什么，莫里斯·梅洛-庞蒂这样写道，“我的生活一定存在一种不是由我构建起来的意义，我必须严肃地提到一种主体间性……”⑨个体投入我所描述的历史中，将自身置于主体间性的现实当中，把时间向前或向后延伸。

165 我认为一些历史作品应该被包括在艺术和人性项目当中，原因在于这些作品能够促进人们的全面觉醒，激发人们开始有意识地发现意义，这很大程度上影响了人们活在世界中的感受。而数学化和计算机化的历史应该被排除在这类项目在外，尽管不需要将它们从整个课程体系中排除。下面，我们以《十字架上的岁月》(*Time on the Cross*)为例。⑩

我将以相同的方式，从哲学、批判主义和心理学的角度来说明我的选择：那些促使人们对和自己从事的项目、生活环境有关的问题提出询问的作品。威廉·詹姆斯、约翰·杜威、乔治·贺伯特·米德、乔治·桑塔亚那、艾尔弗雷德·诺思·怀特海(Alfred North Whitehead)、让-保罗·萨特、莫里斯·梅洛-庞蒂等现代哲学家也许能够促进读者思考自己的想法，甘愿冒着风险去检验预先假定或被视为理所当然的事情，进而去诠释模糊、神秘化或令人费解的问题。人们可以用这种方式“践行”哲学，用以回应实际问题和真实的利益，同时也回应从令人困惑的世界中得出意义的要求。它还涉及对世界的匮乏与不充分的世界，涉及有意识地努力修复这些匮乏与不充分，以及选择成为怎样的人。人道主义或存在主义的心理可能起到类似的作用，也能够使学生投入到对话中来，思考生而为人；成长和存在究竟意味着什么。

如果人道主义者能够真正做到以全面觉醒为导向，并且在任何时刻都鼓励对话和接触的话，我们就有可能摆脱使得跨学科研究如此难以实现的人为制造的分离。如果学生(及其教师)能够提出与生活规划和他们在世界中的存在相关的问题，他们便可能自由地利用一系列学科知识来寻找答案。一旦上述现象发生了，新的视角将被打开——关于过去、累积起来的意义和未来可能性的视角。

对自由觉醒的个体有意识且具有批判性地追寻这些视角，同时从各自的有利视角来理解意义才是真正重要的事情。艺术在这个方面具有重要意义，因为敏锐地接触艺术品能够使得人类与自己建立联系。让-保罗·萨特写道，文学本身就指向读者的自由：

> 166 因为写作的人通过他们不辞辛苦写作的事实意识到了读者的自由，同时阅读的人通过打开书本这一事实意识到了作者的自由；无论你从哪个角度接触艺术品，都是对人类的自由抱有信心的举动。[11]

我们相信，从本质上说，这一点适用于所有艺术作品。它们将那些专注地来到身边的人解放出来，允许那些从个人的角度意识到艺术品的个体接触与“人群”分离开来的世界。

我希望看到某种艺术形式被用在教育背景中，因为审美体验能够为质疑提供基础，从而使得人们理解存在于世界之中意味着什么，并且从中获得意义。如果我们赋予艺术这样的中心地位，同时将包含人文科学置于教学课程安排的核心位置，所有的延展和突破都将成为可能。处在某种环境中的个体在意识到自己的自由之后便能够开始行动，进行各种实证性、分析性或量化研究。在这个基础之上，个体永远不会把抽象概念和具体概念混为一谈，也不会将形式化和图式化的现实与真实存在的“现实”混淆起来。个体在意识到视角的多样性和人类所追求的现实的不完整性之后，有可能达到“最强烈的意识水平”。困难将在世界各地被创造出来，同时艺术和人性也将出现。

参考文献

1. Soren Kierkegaard, “Concluding Unscientific Postscript to the ‘Philosophical Fragments,’ ”in *A Kierkegaard Anthology*, ed. Robert Bretall (Prince-

ton: Princeton University Press, 1947), p. 194.

2. Robert Heilbroner, *An Inquiry into The Human Prospect* (New York: W. W. Norton, 1974), p. 21.

3. Kierkegaard, *The Point of View for My Work as An Author*, ed. Benjamin Nelson (New York: Harper Torchbooks, 1962), pp. 44-53.

4. Henry David Thoreau, *The Variorum Walden* (New York: Washington Square Press, 1963), pp. 66-67.

5. Ernest Hemingway, *A Farewell to Arms* (London: Jonathan Cape, 1952), p. 186.

6. Alfred Schutz, *The Problem of Social Reality*, in Collected Papers I, ed. Maurice Natanson (The Hague: Martinus Nijhoff, 1967), p. 213.

7. Edward Hallett Carr, *What Is History*? (New York: Alfred A. Knopf. 1967), p. 35.

8. Jakob Burckhardt. *Reftections on History* (London: George Allen & Unwin. 1959). p. 31.

9. Maurice Merleau-Ponty, *Phenomenology of Perception* (London: Routledge & Kegan Paul, 1962), p. 448.

10. Robert William Fogel and Stanley L. Engerman, *Time on the Cross: The Economics of Negro Slavery* (Boston: Little, Brown, 1974).

11. Jean-Paul Sartre. *Literature and Existentialism* (New York: Citadel Press, 1965), p. 63.

神才做得到。但请告诉我
人怎能通过狭窄的竖琴跟他走?
他的感官是分裂的。在两条心路
的交叉处没有为阿波罗建庙。

正如你教导他，歌唱不是欲望，
不是争取一件终于会得到的东西;
歌唱就是存在。对于神倒是很容易。
但吾人何是存在? 而他何时又将

地球和星辰转向吾人的生息?
青年人，它可不是你的爱情，即令
歌声从你的嘴里喷发出来，——学习
忘记你歌唱过，它已流逝一空。
在真实中歌唱，是另一种气音。

一种有若无的气音。神身上一缕吹拂。一阵风。

莱纳·玛利亚·里尔克(Rainer Maria Rilke)

(摘自《致奥尔弗斯的十四行诗》(*Sonnets to Orpheus*))

现在，我想要谈一谈一种不同的“气音”(breathing)，而许多发出这种“气音”的歌声在现实中都成了“徒劳”。里尔克在诗中写道，“唱歌不是欲望，不是争取一件终于会得到的东西”。这句诗揭示了部分原因。当然，原因远不止这些。我关注的焦点在于，过去几十年中我们的社会发生了怎样的变化，即罗伯特·海尔布隆厄所说的存在于公众当中并与“善意的忽视”有关的“文明的痼疾”[1]对我们造成了怎样的压迫性和控制性的影响。[2]所有这一切都使我们将精力集中在探索应该以何种方式促进年轻人进行自我反思并提高批判性意识之上。这也许反映了人们对阿尔贝·加缪所说的“反叛”的关注。他曾说，“反叛意识，反映在人类身上，便是拒绝被当作物品对待，拒绝被概括为简单的历史词汇。反叛意识确认了所有人天然具有的共同点，逃避了世界的力量”。[3]接着，他说，在艺术活动中，我们能够发现对形式最纯粹的反叛，因为艺术性创造“以世界本身的名义，鉴于世界的匮乏而拒绝世界”。[4]

我在这里希望关注的是当代课程安排中可能发挥艺术—审美功用 169
的部分；这种意图大致和加缪的考量类似——为了重构世界而关注拒绝和娱乐。我这样做的动力不仅来自对于艺术本身固有价值的信任，对实现和完成所带来的益处的笃定，还源自对我们文化当中包括学校在内的多种机构所具有的麻醉特点的认识。这种麻醉作用源自压在人类身上，使他们变得被动的社会意识结构和解释性体制；它会使人类变成“旁观者”，而不是“观察者”；变成“听话的人”，而不是“倾听者”。在我看来，艺术和与艺术的感知性接触至少包含着一种潜能，这种潜能可以唤醒人们，使人们获得阿尔贝·加缪所说的“全面觉醒”——被定义为“源自对生活及其要求全面关注的态度中的高度紧张的意识层面”。[⑤]提出这样的问题、探索实现这些的接触(并且调查这样的接触究竟是什么)可能会引发一些新的观点，促进人们思考学习和看见意味着什么。人们进而才有可能超越单维度的观点、不证自明的事物以及“给定”的观点。我和莫里斯·梅洛-庞蒂一样关注思维模式的发现，这是一种创造意义的模式，“像巴尔扎克、普鲁斯特(Proust)、瓦雷里(Valery)或塞尚的作品一样耗费心力——需要付出同样的专注度，能够产生同样的错愕感，并要求投入同样的意识和意愿来在意义形成的过程中理解世界和历史的意义”。[⑥]对我来说，课程安排应该为向世界开放的人提供更多理解意义的机会，特别是在今天。

我对这种需求的紧迫感源自我做出的许多假设，这些假设都和“先进的工业化社会”的特点和影响有关。[⑦]学校便是典型的例子。尽管学校总是倾向于为任何处在统治地位的社会和经济机构服务，但今天学校所处的文化关系却不同于此前任何一个时代。这部分是由诸多社会化竞争模式，比如电视、摇滚音乐、同辈生活圈、培训项目，以及人们在街上、诊所、福利办公室和代理机构当中的经验造成的；另一部分原因在于人们对学校及其对儿童生活所起作用的期待不断发生着变化。保守和激进的批判腐蚀了人们对学校效用的信心，同时也改变了人们对学校的期待。

在多种观念的作用下，人们理所当然地相信了公共教育的“边缘化 170
地位”[8]；然而，随着支持的减退，人们认为学校的功能变得越来越狭窄。修正主义者[9]和现有的报告作者都呼吁学校将重点放在技术教学上，即关注“基础”，或者“能力”，而将其他学习任务留给工作场所、非正式的网络以及“象牙塔外面的世界”去做。这种转变可能产生这样的后果：随着学校将关注点集中在技术和行为上，所谓的“隐性课程”(hidden curriculum)将变得更加有效。因为构成隐性课程的规则和价值观将“已经被普遍接受的课堂话语”排斥在外。我们并不完全相信社会的首要兴趣在于这种变化对隐性课程带来的影响，但我能够确信的是，这些变化与丹尼尔·贝尔所说的“功能理性”[10]和技术控制的延伸有关。我确信，被贝尔描述为“经济化”(economizing)[11]的“规范模式”(regulative mode)维持了知识的不平等分配，同时可能使这种不平等变得合理化了。正如我所说的那样，罗伯特·诺齐克提出，建立“最小化国家”是基于所谓的“特权”(entitlement)[12]，它象征着使不平等永远存在的愿望。约翰·罗尔斯大义凛然地拒绝了正义的概念，我对此感到非常震惊，尤其是他断然否认了“最不受优待的群体”(the least favored)理应树立“对自我价值的自信心”。[13]

显然，无力感和无望感正在那些被排斥在外的穷人群体中逐渐累积；同样显而易见的是，一种“无聊感”，既萦绕在诸多现代生活体验周围的“无聊和空虚之感”[14]，日益对享有特权的年轻人造成影响。我认为，这是一种由当今社会中弥漫的信息唤起的情绪，这种情绪只能导致对未来的冷漠、怠惰和绝望。由于学校的技术导向和“效度”方法的影响，人们无法清晰地说明、直面或批判这些信息，而这些信息却常常被媒体执着地嵌入“积极意象”当中。这些信息比以前促使人们产生批判性思维的“社会痼疾”更加复杂、神秘和具有操纵性。在我看来，不加批判地接受这些信息将带来严重的后果，包括对退缩的默许，以及屈服于真假难辨的官方话语等。从某种意义上说，保罗·弗莱雷所说的“沉默文化”[15]正在学校中传播开来——也许通过忽视，也许通过构思。这就是我所指的我们必须看到的东西，也就是我认为“不同的气音”可以改变的东西。

171 约翰·杜威写道，审美经验的独特性在于“对被称作为‘哲学’的系统思维发起的挑战”[16]；我选择将它视为对诸多线性积极思维的挑战，以及对许多在教学过程中被视为理所当然的事情的挑战。你应该能够想起，杜威曾将审美经验称为“完整的经验……从阻碍和打乱其发展的力量中解放出来的经验”[17]。当然，从根本上说，他感兴趣的是艺术品集中和增强即时体验的方式，即促使人们为了建立联系和实现连贯性而在想象中对意义进行排序和再排序的方式。他以多种方式探讨了“在此时和此地之间的缺口间发生的直接交互作用，这种交互作用的结果构成我们理解和懂得现在正在发生着什么的意义”。他接着说，“由于这种缺口的存在，所有自觉的知觉都隐含着一种风险；它在将现在同化为过去的过程中，也对过去进行了一些重构，因而这个过程可以被看作是对未知世界的一次冒险”。[18]

考虑到排序和重构的重要性，杜威将审美经验视为一种范式。许多课程设计的理论家在希望纳入一些组织发展、连贯性和实现概念的时候，转向了艺术和审美。这丝毫不令人感到惊讶。当他们希望用杜威描述的知觉定性，即“规范相关性和关联性的潜在、定性的统一体和每种区别与关联的力量……”[19]，来丰富自己的认知概念时，转而向艺术—审美领域寻求帮助。毫无疑问，这一点仍然十分重要，尤其对于那些关注如何与机械而程式化的偶发现象以及目的与方式之间有趣的分裂切断联系的人来说。

我相信，我们今天仍然需要进一步探索。我们应该再次提出并探 172
索与艺术有关的问题，因而艺术—审美的独特性也应该得到再次重申。举让-保罗·萨特为例。他经常提到现实不断变化的本质以及固定性的危险。他在一篇文章的序言中写道：

> 艺术家们必须与结晶化的习惯彻底断绝关系，因为这些习惯使我们仍用现在时的眼光看待那些早已经成为过去时的机构和习俗。为了获得我们时代的真实面貌，他必须从创造出来的未来的顶点进行思考，因为“明天”决定着“现在的真理”。我一直认为，没有什么比试图决定个体或团体的精神水平更愚蠢的理论了。因为所谓的“精神水平”并不存在。一个孩子“正处在当时的年龄”意味着他同时既大于又小于自己的实际年龄。同理可用于我们的智力和感受习惯。马蒂斯(Matisse)曾经写过这样的话，“我们的感官会经历一个发展的年龄，这一年龄段并非来自即刻的外部环境，而是来自文明的

> 时刻”。没错，反过来说，艺术家们超越了这个时刻，充满困惑地察觉到了一大群明天将被看见的客体；他们从这个世界中发现了另外一个世界。但是，这并不是某些先验性天赋带来的结果：时代的矛盾和冲突激发他们赋予自己一种双重视野。因此，艺术品的确同时又是一种个人成就和社会现实。[20]

萨特和杜威都谈到了固定性问题，但根据所有事实，我们可以得出两者的观点存在显著区别。原因之一在于，萨特强调了艺术家和艺术品的独特功能，无论我们怎样理解，都不能将这一功能归为审美体验。原因之二在于，两者对现在及根据现在对过去进行重构的看法存在鲜明对比，萨特强调的是依据未来可能出现的情况对现在进行重构，而杜威强调的是“在现存环境的可能性之外”所构建的理念，以及那些“在重构的环境的操作中”获得内容的理念。[21]但是，众所周知，杜威关注的是过程、矛盾和解决方案之间的交替变换，以及开放式的成长。萨特在文章中提到的超越及透露出的信息则与对当前环境中匮乏的识别、实现超越的努力即对世界的转变有关。

173 我们可能不应该忽视其中任何一个人的观点；不论怎样，我的观点都和艺术—审美与课程安排之间在未来可能实现的相关性有关。在我看来，未来关系到我期望激发起来的批判性意识，正如未来与专注度和未来与莫里斯·梅洛-庞蒂所说的“理解世界意义的意愿”之间的关系一样。艺术家的“矛盾意识”(awareness of contradiction)激发起了一种“双重视觉”(double vision)，与艺术家具备的可能性一道，赋予了他们用作品揭露现实中的不充分和阐释他们希望表达的意识的力量。萨特在另外一处这样写道，处在浸没状态的个体从未能通过构想来了解失败和所处历史时期的不足。人们“只能基于不是什么”来承认环境的严酷性。接着他写道，“某一天我们会构想出事物的不同情状，一束新的光线将照亮我们的困难和痛苦，我们将决定这些都是不可承受的”。[22]我认为，接触艺术品能够缓解我们今天在周围看到的浸没现象，艺术品可能会打破人们平庸而自认为理所当然的眼界，使人们抛弃“不是什么”的视角。

我并不认为审美经验是打开批判性视角的唯一方式。就审美的意义与构成人类生活——世界的多样而统一的意义之间存在怎么的关系，我借鉴了阿尔佛雷德·舒茨“多重现实”(multiplies realities)的观点。舒茨认为“我们经验的意义……构成了现实”[23]，他进而讨论了与不同经验联系相关的多重意义领域。由于每个人关注事物的方式是与众不同的，因而这些领域和“世界”也各不相同。“一切世界——梦想的世界、想象的世界，特别是艺术的世界、宗教体验的世界、科学沉思的世界和儿童游戏的世界等，都属于无限的意义领域…… 仅仅一个‘跳跃’我们就能从一处移动到另外一处，正如克尔凯郭尔所说，在令人震惊的主观体验中表达自我。”他解释道，震惊使我们有可能从不同视角看待问题，激发我们对批判性意识产生关键性的“全面觉醒”，尤其在我们从世俗向想象移动的过程中。[24]

据我了解，课程安排可以被视为多种意义领域，而其中每一种意 174
义领域都与不同年龄阶段、不同生活背景和在社会中处于不同位置的年轻人联系在一起。我认为，教学应该关注的是如何使我们的学生能够了解和解读这些经验，能够解放学生，使他们能够反思认知风格的不同领域。艺术世界能够再次被当成一种意义的领域和一种年轻人能够投入其中的世界。

我们应该如何理解这个有限领域的独特性呢？我们又将如何理解审美性参与的本质呢？毫无疑问，我的艺术—审美观点以存在主义现象学为导向，深受我对存在的人和他/她的社会现实之间关系的理解影响。尽管如此，艺术理论可以充当提示，引导人们提出关键性问题；传统理论和现象学理论同时存在于我的大脑中。如果我们未能直面上述问题，就很容易将与形式、内容、知觉、易感性和带入感等概念视为理所当然，毋庸说乔伊斯笔下的斯蒂芬·迪达勒斯(Stephen Delalus)所说的“完整、和谐和辉煌”[25]，或者苏珊娜·兰格(Susanne Langer)所说的“虚拟现实”(virtual realities)[26]了。如果我们将所有一切都视为理所当然，讨论便会戛然而止，反思将变成不可能发生的事情，我们对“震惊之事”的反应也会变得迟钝。

莫里斯·韦兹(Morris Weitz)从不同的哲学视角探讨了一些在我看来似乎与上述层面相关的问题。他评论道，即便艺术理论无法定义艺术，审美理论也不会变得毫无价值：

> 的确，审美理论在我们的审美活动和理解艺术品的过程中和其他概念一样处于中心位置。审美理论教会了我们应该寻找什么，以及如何在艺术中寻找这些东西。在所有理论中

> 处于中心位置并必须被清楚地说明的是，审美理论探讨了艺术优越性的原因，关于情绪的深度、自然之美、精确程度、立意的创新程度和评估标准等——涵盖了创造出一件优秀的艺术品所涉及的长期问题。在我的理解中，审美理论的作用不在于定义——逻辑上注定失败的定义，它是一种严肃的推荐，即通过某种方式来使人们关注某种艺术的特点。[27]

我十分赞赏他的坚持，“艺术”的确应该被当成一种开放的概念。尽管我并不像韦兹那样执着于分析概念，但我还是针对他关于“艺术拓展性和冒险性特点”[28]的言论做出了回应。他基于个体的实际艺术体验，对自我理解的过程提出了多项建议。我将提到这些建议，并把他对“出席”的强调视为一种不断更新的阐释学(他从未提到过阐释学这个词)。结构和在历史各个时期生活的个体之间的关系存在一些问题，他的方法有助于我记住这些问题。在从特定的艺术品身上获得意义，并从存在和人类眼中的“世界”发现“意义之光”的过程中，他的观点能够使我记住批判性选择的位置。我认为，如果我们希望艺术能够帮助人们发现和增强批判性意识，希望我们的学生能够体验到“意识压力下的激进修正”，还希望他们能够看到之前看不到的东西(在我们使学生能够接触到多种艺术形式的过程中)，我们就必须让这些问题保持开放和鲜活的状态。

审美毕竟涉及如何促使人们能够对他们投入其中的艺术形式进行 175
自我反思。人们可能会对投入某种艺术品时体验到的愉悦感和痛苦感震惊不已，并对感受到的美好、恐惧与和谐以及阅读或观看所引发的特殊疑问感到惊奇。最急需解决的是，我们体验到接触艺术品的“荣宠时刻”(privileged moment)之后，还会遭遇其他问题。而这些问题的背景也可能源自理论。

莫里斯·艾布拉姆斯(Morris Abrams)提出的理论分类方式具有临时性。[29]但这种分类方法非常奏效，因为他将理论视为“视角的重叠”(overlappingperspective)，认为每个理论都揭露了艺术—审美的 1 个维度，而非定义了艺术—审美。他构想的图式具有 4 个维度：宇宙、艺术家、艺术品和观众。这种古典理论引起了人们关注工作和宇宙的关系。亚里士多德(Aristotle)[30]首创了这套理论模型，他将工作解释为一种模仿，一种对宇宙本质现象的表达。亚里士多德认为，《俄狄浦斯王》(*Oedipus Rex*)是一部伟大的作品，因为它表达了人类面对的困境。他这么说并不意味着悲剧是在“具有代表性的人”身上实际发生的事情的现实主义版本。这部戏剧通过呈现俄狄浦斯因为骄傲和算计而遭遇的不幸，揭露了人类共同面对的环境本质。这部戏剧在共享这种环境的人群中引发了“遗憾和恐惧”之感。[31]他们因从中获得了一些“基础”的东西而体会到了乐趣；人们从学习中获得的乐趣就像他们在“精神净化”(catharsis)或亚里士多德描述的类似过程中体会到的乐趣一样。

176 莎士比亚的《哈姆雷特》也有着类似的作用，其中还包含了一种模仿的观念。哈姆雷特将戏剧比作“一面朝向自然的镜子，不仅展示了美德本身的特点，嘲讽了她的形象，还展示了时间的年龄与躯体的形式和压力”。[32]最后，哈姆雷特还指导霍拉旭(Horatio)[33]如何痛苦地呼吸，并且“把故事告诉我”。这个只能作为“人类故事形式”的故事赋予了霍拉旭“说话的动因”。

为什么这能够使我们感动？较早的时候，哈姆雷特曾经说过，“这个勇敢的高悬着的苍天”没有展现给他任何东西，除了“肮脏而讨厌的蒸汽团”。在他看来，拥有“多么高贵的理性！多么伟大的力量！”的人只不过是“尘埃的精华”[34]。我们应该如何解释这种代入感(involvement)和幻象破灭的感觉呢？在《李尔王》(*King Lear*)中，格罗斯特(Gloucester)哭着呼喊：“我们之于神明，如同苍蝇之于顽童；他们以杀我们为消遣。”[35]究竟什么应该对人们体验到的惊骇之感负责呢？我们在接触到达·芬奇(da Vinci)的《最后的晚餐》(*The Last Supper*)、米开朗琪罗(Michelangelo)的《圣母哀子像》(*Pieta*)、贝多芬(Beethoven)的《第九交响曲》(*Ninth Symphony*)或梅尔维尔的《白鲸》之后，可能会发现自己体会到了强烈的悲伤、敬畏或者欣喜之感。与宇宙中一些“就在那儿”的东西取得联系是否应该归因于这种“代入感”呢？或者，我们是否曾经突然意识到了天底下对人类生存的环境起到基础性作用的东西？艺术的优越性在多大程度上能够依靠自身超越(self-transcedence)现存的可能形式？什么样的形式能够向我们展现荒原和旷野？《等待戈多》(*Waiting for Godot*)中被遗弃的主人公在向朋友袒露心声时说的“我们不缺少空虚”到底意味着什么？[36]

由对浪漫主义时期抒情性的关注发展而来的表现主义理论将焦点转向一种将艺术品视为艺术家个人表达方式的思维模式之上。华兹华斯的《丁登寺旁》(*Tintern Abbey*)、济慈的《西风颂》(*Ode to the West*

Wind)、康斯特布尔(Constable)的《斯图溪谷》(*Stour Valley*)或李斯特(Liszt)的钢琴协奏曲便被视作通过想象性的变形将感受转化为表达形式的典范。康斯特布尔曾说，艺术的起源在于人类表达激情的原始欲望，而非对伟大的代表性形式进行模仿。华兹华斯则将诗歌定义为“在平静中回忆起的激情”。[37]他在试图重获“诗人思维的成长”之中塑造了自己的记忆和知觉。[38]透纳(Turner)、柏辽兹(Berlioz)和维克多·雨果(Victor Hugo)都曾说过，他们的作品是一种与内心生活相关的象征性材料，通过由声音、色彩、轮廓和曲线等感官元素构成的组织将信息传递给他人。“我们通常都不记得那是什么，毕竟，讲话的总是第一个人,”梭罗这样写道，“假如存在其他任何一个像我一样了解我的人，我便不会和自己说这么多话。”[39]“现在到了自我解释的时候了,”惠特曼歌唱道，“——让我们起立吧。”[40]波德莱尔换了一种心情，带着关于“我”的高涨意识，向读者强调自我的重要性，并且试图让读者自己注意到他们的“愚蠢和谬误，贪婪和邪恶”。最后，他这样写道：

177 真是无聊！他吸了一口水烟袋，一边想象着绞刑架，一边抹着无法抑制的眼泪。你也了解这只精致的怪兽，它似乎是——伪善的读者！——你！——我的双胞胎弟弟！——我的弟弟啊！[41]

突然之间，我们成了撕裂自我的帮凶，这真是讽刺；我们也不得不抛弃不真诚和不良信念。不久之后，陀思妥耶夫斯基创造了一个与悖论和疑惑肉搏的“地下人”形象：

> 我会解释给你听：确切来说，我从自我堕落的耀眼现实中获得了愉悦感；因为我已经感到了碰壁；这让人害怕，除此之外别无其他的感觉；没有其他出路，我不可能将自己变成另外一个人；即便还剩下足够的时间和信心来改变，我也不想改变自己；甚至即便我想，也做不到。因为，实际上，我不需要变成任何样子。[42]

在我们所处的时代，大多数人似乎都将艺术看作一种感受、梦魇、禁忌和幻想的表达。[43]人们将艺术形式视为一种非概念化意识的交流，这些意识并不总是“文明的”，但都涉及了苏珊娜·兰格描述的“感受力”领域[44]，即一种无以言说的主观体验领域。但是，人们还模糊地意识到，只有当我们以某些特殊的形式对事件和物体进行模仿时，表现力才会产生。此时，形式和内容不再分离，语言和事件(在艺术中)相互渗透，色彩能够在绘画中创造出轮廓，我们不知通过怎样的方式发展出了理解象征的需求，而不是躲在象征的后面，或者超越象征本身。因此，工作本身的目的在于促进活的生物有意识地寻找表达自我和存在的方式，并且发现产生的新问题。

匪夷所思的是，人们开始发现创造出来的形式和表现出来的形式之间的不同。索尔兹伯里大教堂(Salisbury Cathedral)的照片和康斯特布尔创作的映衬着云霞的大教堂之间，表现处在烦恼中的妇女的新闻照片和蒙克所画的悲痛的妇女之间，以及1927年发生在上海的那场大革命和安德烈·马尔罗的《人类的命运》之间都存在不同。但是，我们怎样做才能了解蒙克(Munch)到底表达了什么，马勒(Mahler)在《地球之歌》(*Song of the Earth*)中说了什么，玛莎·格莱姆(Martha Graham)在《耶利米哀歌》(*Lamentations*)中具体表达了怎样的观点呢？我们如何才能认同他们传达的内容、意图和痛苦，甚至是以这种形式表达出的愉悦呢？我们应该如何评价一部用来表达人类内心世界的作品呢？是应该根据“真理”、真诚还是艺术作品的连贯性？我们怎样做才能把这样一部作品和那样一部独立的作品区分开来，比如极简主义(Minimalist)抽象艺术家的画作和序列音乐或抽象芭蕾呢？

178 许多现代艺术的创造者和解读者仍然十分关注自身的独立自主性，他们将艺术品视为一种“意义的形式”(significant form)。[45]这点非常有趣，甚至对我个人来说是令人着迷的。在这种视角下，艺术品与日常生活处在一个显著不同的领域。艺术本身施加了一种审美框架，将诗歌、奏鸣曲和雕塑的生命从常识生活中剔除。在这种审美框架的作用下，那些聆听、观看或阅读艺术品的人被要求关注作品的质量问题，并根据自己的实际情况来处理这些问题。占据支配地位的是审美功能，而非认知目的、道德意图或对情感、知觉和观点的表达。一些人则坚持认为，所有艺术品，无论它们宣称代表或表达了什么，都应该通过这种方式进行接触。这些人坚持认为，爱德华·阿尔比(Edward Albee)的《谁害怕弗吉尼亚·伍尔夫?》(*Who's afraid of Virginia Woolf?*)应该获得和《海景》(*Seascape*)一样的自治性；《地下室手记》(*Notes*

from Underground)和《一个青年艺术家的画像》(*A Portait of the Artist as a Young Man*)或威廉·巴特勒·济慈(William Butler Yeats)的《驶向拜占庭》(*Byzantium*)一样创造了一个独立而“不真实”的世界。我们在接触其中任何一部作品时，都会被要求将我们了解到的艺术家的个人传记置于一边，甚至将我们了解到的文化也置于一边，因为这些都是外在的东西，会分散欣赏艺术品需要具备的“超然物外般的”注意力。但是，一些人将艺术品视为带有目的性的客体。对他们来说，接触艺术品的体验是否能够完全“超然物外”呢？独立感知一部艺术品意味着什么？在理解艺术品的过程中，生活的历史在多大程度上能够被了解之后而弃之不用呢？“诗歌无法促使任何事情发生……”奥登(Auden)这样写道[46]；“诗歌并不意味着什么，它只是一种存在而已，”阿奇博尔德 · 麦克利什(Archibald MacLeis)写道，“这样的评论能够被推而广之吗？这种评论在我们对艺术形式的欣赏上表明了什么？”[47]

最后，还存在一种关注艺术反应的理论。该理论旨在阐释艺术品 179
及审美模式在人类生活中的重要作用。该理论和其他理论一样，也无法不将艺术-审美的其他方面考虑在内。因为不考虑掌控接触过程的事件和客体而空谈审美的“代入感”是毫无意义的，就好像不对世界的目的性进行预设而空谈“代入感”一样。比如，知觉在艺术品的存在中起到什么作用呢？认知能起到什么作用呢？超然的冥想又能起到什么作用呢？艺术家的传记将给艺术品的旁观者造成了怎样的影响？对艺术品的理解是即刻产生还是逐渐形成的呢？是否正如舒茨所说，与任何一部作品的接触都涉及分享另外一种“在内部时间经历的变迁……透过鲜活的共同表象……基于一种相互调谐的关系……？[48]还是像亨利·詹姆斯笔下的伊莎贝·亚契尔(Isabel Archer)一样承诺创造机会，让人们“感受自我灵魂的运动和躁动世界之间的连贯性”？[49]抑或，我们是否应该效仿福斯特(E. M. Forster)笔下的玛格丽特·施莱格(Margaret Schlegel)，像她一样激烈地反对给音乐贴上特定意义的标签，而要求把音乐当成音乐本身——同时把其他艺术也当成艺术本身？[50]

我并不是在折中原则的考虑下提出上述问题，我相信每一种观点都必须被单独对待和选择。这些理论再一次提供了一些处理意见；而其中没有任何一种理论能够解释和定义艺术的本质(用一种放之四海皆准的方法)。我也不认为，在每个课堂上我们都应该提出上述具体问题，同时寄希望于——如果年轻人被问及这些问题的话——能够对艺术在人类生活中显现出的意义和重要性建立起更加深刻的意识。然而，我的确认为课程论和教师应该自己构建出这样的问题，同时在艺术教学中我们应该经常提出开放性问题。据我所知，可供选择的替代性方案是将艺术概念具体化，用与活的经验不同的方式将它与意义的领域混淆在一起。例如，历史和科学在很大程度上依赖于解释性原则，进入这些领域需要掌握特定的协议，有时还需要掌握特定技术和质询的规则。的确，个人必须具备某种程度的认知性理解，才能看透或者领悟一件艺术品；比如，个人需要熟悉文学当中的隐喻性语言，了解舞蹈创造出来的与众不同的动态图像，懂得音乐中的音调结构和声音关系，还要理解绘画的可塑性及图像价值，才能看透和领悟这些艺术形式。然而，还存在这样的可能：一个人对隐喻或矛盾修辞法理解得非常透彻，甚至能够针对人物和符号写出一篇学术论文，却没有实现审美性参与。因此，具有知觉和认知意识对拓展理解的方式至关重要。知觉和认知意识对于充分投入艺术当中来说是一种必要非充分条件，而对于掌握一门社会科学来说则是充分必要条件。

如我所说，审美体验涉及作为存在的我们如何获得意义，它将我 180
们带入源自社会现实的历史学存在当中。因此，我们必须在自我理解和世界构成的背景下体验这种经历。理查德·E. 帕尔默(Richard·E. Palmer)在《阐释学宣言》(*Hermeneutical Manifesto*)中这样写道：

> 那么，艺术最终是通过感受力而非理解力来了解未知的世界。一个人接触一部伟大的艺术作品之后，他可能会发现世界的地平线，找到看待这个世界的方式，自我理解的能力也会得到拓展；他可以在“不同的灯光下”观察世界，有时甚至是第一次，但是总是通过一种更加“老练”的方式。[51]

帕尔默清楚地表示，在接触一件艺术品时，我们进入的世界无法不与自己先前的世界隔离开来，无论它们两者在时间和空间上相距多远。我认为，模仿理论使我们有可能将焦点集中在与世界及其地平线相关的问题之上——这关系每个人的世界；比如，我们有能力进入哈姆雷特的世界，这部分是由于我们能够感受到那个世界的地平线，部分则是由于我们打破和超越地平线的能力。我们在完成超越和辨伪之后，获得了一个新的视角。我们能够通过这个视角批判性地看待原先的世界。就算莎士比亚没有从未来的视角展示我们所处的现实社会，他确实透过自己的“双重视觉”向我们揭露了一个与我们的世界相邻的想象中的腐败国家。这个过程本身与戏剧的行动和变化的实践联系在一起，可能会使我们在构思或者至少在观察的过程中，体验到萨特所说的“我们时代的真实意象”。

181 由表现主义理论引发的问题可能演变为超越个人创造的问题。乔治·卢卡奇曾写道，“艺术作品中涌现出的具有创新性品质的人物并不简单地与他们平常的身份相一致”。他接着说：

> ……艺术家的创造要求他们具备一种概括能力，能够从特定的单一性向审美的独特性移动。我们现在已经见识到了重要作品的效果，其中最令人瞩目的是——当形成的内容在时空层面或国籍和阶层的层面上被异化了之后——传达出了一种拓展或深化的意义，同时超越了日常的个人特征。最重要的是，随着“我”的丰富，真正伟大的艺术提供了令人欣喜的体验。[52]

卢卡奇还指出，个体只有在投入一部作品当中，能够享受作品，朝着作品移动并发现其中展现的现实时，才能接近关于人类及其可能性的新概念。他还强调(这点对他来说极为重要)，我们在探讨如何丰富个性的时候，千万不要忘了人类个性当中的社会性特点。

这意味着，不管哪位艺术家，无论男女，可能是莎士比亚、西尔维娅·普拉斯(Sylvia Plath)、唐纳德·巴塞尔姆(Donald Barthelme)、哈罗德·品特(Harold Pinter)、弗吉尼亚·伍尔夫、塞尚和德·库宁(de Kooning)、玛莎·格莱姆等，都同时是社会性艺术家。他/她表达的对象是其所属群体的社会性意义体系。此外，个人存在的现实当中的诸多意义也都源自社会(也许其中大多数都是这样)。但这并不意味着，无论艺术家怀着怎样的意图，都必须表达一种“世界观点”。这甚至也不意味着，背景中的意义构成一个连贯的整体。但是，即便在弗吉尼亚·伍尔夫在《到灯塔去》(*To the Lighthouse*)中根据被解读的经验而创造出的明显独立存在世界中，赫布里底群岛(Hebrides)的家庭生活、学术和审美经历无不体现了被构建而成的社会现实的功能。这也表明，艺术能够激发人们对社会性世界提出问题，去质疑其中的匮乏、不足和可能性。在个体通过并借助自己的生活空间体验作品时，他们发现现实也可以为主体间性的世界，即与他人共享的世界，提供新的视角；“我”的丰富有可能帮助我们克服沉默并探索还没有到来的明天。

我再一次强调，当个人理解只有借助意识的想象性模式，与理所 182
当然的概念切断联系，并与普通和世俗的概念切断联系，上述一切才可能实现。那些关注艺术品的人提出的问题可能使我们卷入这样的认知误区当中，认为自然世界(以及自然观点)必须被弃之不用，我们才能进入与意识相通的意义领域。一定存在一种选择可以使普通的背景变得可疑起来。一定存在一种选择可以使我们将例行公事和烦琐的日常事务置于一边。比如，当我们进入《白鲸》或罗丹(Rodin)用双手雕塑而成的微观世界时，我们自己变成一种存在，在这个过程中，我们的想象力也获得了新的可能领域。我们能够回溯过去，进入另外一种意义领域，体验到我们应该感到“震惊”的事情；与此同时，学生也应该经历这一过程。这样，我们才可能实现杜威所说的经验的重构，在一种批判性的层面上发现自我，进而做好超越的准备。

最终的测验在于我们是否能够实现审美体验，是否能够使得学生生活在“荣宠时刻”中。我必须再次强调注意力、存在主义和对意识流的反思性转向——其中包含了我们的知觉，没错，还有我们的想法。显然，我们无法预设最后的观点，也无法提前定义意识的想象性模式。然而，我还是主张进行反思和新的揭露，正如我主张对停滞和固化的习惯进行反思一样。如果我们能够重申艺术—审美的独特性，将未来视为一种需要抗争的浸没，那么原先的“非此即彼”就有可能消失，多元性视角和多样性现实也将成为可能。我们才可能促使教育对象开始反叛。

参考文献

1. Robert Heibroner, *An Inquiry into the Human Prospect* (New York: W. W. Norton, 1974), p. 21.

2. Hannah Arendt, "Lying in Politics," in *Crises of the Republic* (New York: Harcourt Brace Jovanovich, 1972), pp. 3-47.

3. Albert Camus, *The Rebel* (New York: Alfred A. Knopf, 1954), p. 219.

4. Ibid., p. 222.

5. Alfred Schutz, "On Multiple Realities," in *The Problem of Social Reality* Collected Papers I, ed. Maurice Natanson (The Hague: Martinus Nijhoff, 1967), p. 213.

6. Maurice Merleau-Ponty, *Phenomenology of Perception* (London: Routledge & Kegan Paul, 1967), p. xxi.

7. See Daniel Bell, *The Coming of Post-Industrial Society* (New York:

Basic Books, 1973) and Jurgen Habermas, *Towarda Rational Society* (Boston. Beacon Press, 1971).

8. See Christopher Jencks et al., *Inequality* (New York: Basic Books, 1972.)

9. Michael B. Katz, *Class, Bureaucracy, and Schools* (New York; Praeger Publishers, 1971).

10. Bell, *op. cit.*, pp. 214-215.

11. Bell, *The Cultural Contradictions of Capitalism* (New York: Basic Books, 1976), p. 11.

12. Robert Nozick, *Anarchy, State, and Utopia* (New York: Basic Books, 1974), pp. 149-182.

13. John Rawls, *A Theory ofJustice* (Cambridge: Harvard University Press, 1971), p. 107.

14. George Steiner, "The Great Ennui," in *In Bluebeard's Castle* (New Haven: Yale University Press, 1971), pp. 6 ff.

15. Paulo Freire, *Cultural Action for Freedom* (Baltimore: Penguin Books, 1972).

16. John Dewey, *Art as Experience* (New York: Minton, Balch & Co., 1934), p. 274.

17. Ibid.

18. Ibid., p. 172.

19. Dewey, "Qualitative Thought," in *Philosophy and Civilization* (New York: Minton, Balch & Co., 1931), p. 99.

20. Jean-Paul Sartre, "The Artist and His Conscience." Preface to *L'Artiste et sa Conscience*, by Rene Leibowitz. Reprinted in *Marxism and Art*, eds. Berel Lang and Forrest Williams (New York: David McKay, 1972), p. 222.

21. Dewey, *Individualism Old and New* (New York: Capricorn Books, 1962), p. 169.

22. Sartre, *Being and Nothingness* (New York: Citadel Press, 1969), p. 411.

23. Schutz, "On Multiple Realities," *op. cit.*, p. 210.

24. Ibid., p. 232.

25. James Joyce, *A Portrait of the Artist as a Young Man* (New York: Vi-

king Press, 1957), p. 213.

26. Susanne Langer, *Problems of Art* (New York: Charles Scribner's Sons, 1957), pp. 6-7.

27. Morris Weitz, "The Role of Theory in Aesthetics." in *Problems in Aesthetics*, ed. Morris Weitz(New York: Macmillan, 1959), p. 155.

28. Morris Weitz, "The Role of Theory in Aesthetics." in *Problems in Aesthetics*, ed. Morris Weitz(New York: Macmillan, 1959), p. 152.

29. Morris H. Abrams, *The Mirror and the Lamp*(New York: W. W. Norton, 1958), pp. 3-8.

30. Aristotle, *Poetics*, *in A Theory of Poetry and Fine Art*. ed. C. H. Butcher (New York: Dover Books, 1951), XIV 1453b, p. 49.

31. Aristotle, *Poetics*, *in A Theory of Poetry and Fine Art*. ed. C. H. Butcher (New York: Dover Books, 1951), IX 1452a, p. 39.

32. William Shakespeare, *The Tragedy of Hamlet Prince of Denmark* (New Haven: Yale University Press, 1954), Act III, Sc. 2, p. 87.

33. 霍拉旭(Horatio)：哈姆雷特大学时代的好友。他没有直接卷入王室之间的阴谋，成为哈姆雷特的传声筒。

34. William Shakespeare, *op. cit.*, p. 65.

35. Shakespeare, *The Tragedy of King Lear*(New Haven: Yale University Press. 1956), Act IV, Sc. 1, p. 103.

36. Samuel Beckett, *Waiting for Godot* (New York: Grove Press, 1954), p. 42.

37. William Wordsworth. "Preface to the Lyrical Ballads," *in The Prelude: Selected Poems and Sonnets*, ed. Carlos Baker(New York: Holt, Rinehart and Winston, 1962), p. 25.

38. Wordsworth. "The Prelude," *op. cit.*, p. 203.

39. Henry David Thoreau, *Walden*, ed. Walter Harding (New York: Washington Square Press, 1963), p. 1.

40. Walt Whitman. "Song of Myself," *in Leaves of Grass* (New York: Auentine Press, 1931).

41. Charles Baudelaire, "To the Reader," in *Flowers of Evil* (New York: New Directions Press, 1955), p. 5.

42. Fyodor Dostoevsky, *Notes from Underground* (New York: Signet Books, 1961), p. 94.

43. See. e. g., Richard Kostelanetz, "Introduction: On the New Arts in America." in *The New American Arts*, ed. Richard Kostelanetz (New York: Coilier Books, 1969), pp. 11-30.

44. Langer, *op. cit.*, pp. 45-46.

45. Clive Bell, *Art*(New York: Charles Scribner'S Sons, 1914).

46. W. H. Auden. "In Memory of W. B. Yeats," in. *Selected Poetry of W. H. Auden*(New York: Vintage Books, 1971), p. 53.

47. Archibald MacLeish, "Ars Poetica," in *Modern American Poetry*, ed. Louis Untermeyer(New York: Harcourt, Brace, and Company, 1932), p. 657.

48. Alfred Schutz, "Making Music Together," in *Studies in Social Theory* Collected Papers II, ed. Arvid Brodersen (The Hague: Martinus Nijhoff, 1964). p. 173.

49. Henry James. *The Portrait of a Lady*(New York: Dell Books, 1961), p. 40.

50. E. M. Forster, *Howard'S End*(New York: Vintage Books, 1956), p. 39.

51. Richard E. Palmer, *Hermeneutics*(Evanston: Northwestern University Press. 1969), p. 239.

52. Gyorgy Lukacs, "Art as Self-Consciousness in Man's Development," reprinted in *Marxism and Art*, *op. cit.*, p. 234.

/ 13. 想象力与唯美主义文学/

185 弗吉尼亚·伍尔夫在《存在的瞬间》(*Moments of Being*)中，用一个段落描述了那些并不存在的事物，所有东西看上去都似乎“陷入了一团理不清的棉花絮当中”。①作者指出，“我们每天在大部分时间里都不是有意识地活着”；没有什么东西能给我们留下任何印象；世界似乎被隔绝开来，显得苍白无味而模糊不清。然而，也偶有例外，我们可能会对“意识的震惊”做出回应。比如，一个人突然察觉到柳树在“蓝天下显现出毛茸茸的绿色和紫色”，或者突然将苹果树和某人的自杀联系在一起，将孩子的争吵与地球的黑暗联系在一起。在这些时刻，个体可能会将“若干部分联系起来”，从而从周围的一切中品味出秩序和意义。弗吉尼亚·伍尔夫相信，“接受震惊的能力”使她成了一名作家；在她看来，震惊和打击都是某种体验背后真实存在的感受，“我通过把它们转变为文字而使之成为现实”。②

当然，从事实物而非文字工作的艺术家也可能表达出类似的想法。例如，画家利用图像来具体表达他们感知到的东西，从而将自己的知觉变为现实。保罗·塞尚在谈到如何利用明暗对比和空间关系向“有心人”传达意义时说的“用绘画”思考也就是这个意思。[3]我希望所有投身于艺术事业的人在试图将“若干部分”联合起来并将他们自己的生活空间统一在一起时，都能够公开且敏锐地说出类似的话语。

我关注的是如何促使各色人群打破日常生活的“棉花絮”，开启有 186
意识的生活。在我看来，对艺术的投入能使“存在的时刻”成为可能，即弗吉尼亚·伍尔夫所说的“独特的时刻”。我这么说的意思是，那些能够注意并理解某种特定艺术形式的人，比起不具备这种能力的人，更加可能在自己的经验中实现这种连接。随着意识的增强，他们更可能感知到事物的形状，注意到常被陈规旧俗弄得面目模糊的品质和外形。我相信，如果教师自己能够重新发现，并且帮助学生重新发现绘画、诗歌、雕塑和电影中可以接近的想象性意识模式，那么他们就能够释放人类的能力，使人类能够察觉出上述现象。我认为，这便是我们可以在教室里开展的培养创造性的活动，以及能够利用艺术品实现的创造性接触。假如我们的工作丧失了目的性，假如我们没有建立起清晰的意识，也没有深入思考审美性知觉和审美性客体究竟意味着什么，那么我们可能会剥夺学生的可能性。这不但可能让学生继续处在“棉花絮”的包裹之中，还可能使他们在碎片化的客观世界的铁锤击打下变得消极和被动。

年轻人一有机会便会表达克服自身被动性和惰性的愿望。他们暗中摸索着在主观性和自身之外的事物之间架起一座桥梁，努力在异化的世界中寻找自我认同的方法。华莱士·史蒂文斯(Wallace Stevens)在题为《隐喻的动机》(*The Motive for Metaphor*)的诗中描述了其中一些现象。他说，在诗歌的进程中：

隐喻的动机，是种退缩，
从正午的重力，
从生命的ABC，
从血色淬火，从红蓝色锤子，
从刺耳难听的声响——
钢抗拒着亲密——强烈的闪光，
从生机勃勃、傲慢、致命、占优势的X。④

"正午的重力""生命的ABC"和"占优势的X"似乎指的是被转化为抽象、离散和金属质感的现实。现实是完全客体化和非人性化的，如果想要使个体呈现出意义，就必须进行一种人为的转化。华兹华斯曾经说过，缓和"不调和的元素"需要使用"黑暗而看不见的手艺"。在这里，"不调和的元素"⑤指的是粗糙的颜色、钢铁的重击、闪光和X。"手艺"指的是一种想象性的技巧——感知到相符的事物，分辨出类似性，从而"将若干部分联合起来"。当然，艺术—审美领域当中独一无二的是——在这个领域当中——实现"联合"的方式是通过特定媒介进行表达，这些媒介包括绘画、语言、肢体动作、音乐、陶艺和电影等。

187 在我看来，这似乎就是我们希望看到学生在利用为他们提供的熟悉的质地时表现出的洞察力。这些质地包括富于变化的线条、颜色、地域和空间。理解意味着探索一种媒介，与媒介一同发挥作用，并试图表达自己的所见所闻和所思所想。从某种层面上说，当理解被转化为永恒的现实并以易于理解的形式表达出来的时候，它便成为真实的见解。这并不意味着，年轻人的探索一定会在充分意识到的象征或甚至在以易于理解的形式呈现出来的客体中达到顶峰。我们所要做的重点是定义一种视角，并完整地将它表达出来。理解奋斗，进入内部，哪怕只是一瞬间，都会滋养艺术家创造特权现实的意识。了解如何关注这样的现实便是以开放性的姿态看待全新的视角和无可置疑的实验性可能；是从不同的出发点，基于自己活过的生活的材料，通过将现实世界的碎片进行想象性的变形(基于最新的出发点)，而亲自投入观察的过程中。

对于华莱士·史蒂文斯来说，想象力是人类和他所说的"组织化社会"(organized society)之间冲突的一个方面。他在散文集《必要的天使》(*The Necessary Angel*)中这样描述想象力：

> 想象力是我们安全感的一部分，它使我们能够生活在自己的世界里。我们需要想象力是因为没有想象力我们便无法拥有足够的东西。这一点可能并不适用于每一个人，因为对一些人来说，拥有现实和理性便足够了；对于民族来说，也足够了。⑥

如果从当代视角考量史蒂文斯所说的"组织化社会"，我们便不得不像埃里希·卡勒尔(Erich Kahler)描述的那样想象：

> 集体化的多种形式——科学化、专业化、功能化、标准化、匿名化、商业化——所有一切都源自理性化和技术化；它们割裂了个体，将个体分割成对集体有用的部分和对个体本身有用的部分。集体的部分持续延展，而个体部分则持续萎缩。⑦

188 显然，卡勒尔并非提出了一种非此即彼的方式。他不是在说人们不能仅仅通过将自己与社会分割开来而成为个体。他的意思是，由官员、不动脑筋机械行事的人、听命于他人的人和被动接受的人组成的集团并不能被认为是真正的人类社区。只有当他说到的分裂被克服之后，只有当"个体和人类的部分"充分参与到成员当中，约翰·杜威口中的"伟大的社区"才可能出现。杜威在谈到这样的社区时，还谈及了艺术，这毫不奇怪。他说，艺术的功能"总是在于打破传统化和程式化的意识外壳"。⑧

如果我们的处境和卡勒尔描述的一样，那么"隐喻的动机"可能向我们表达了一种压抑的欲望，即一种打破集体和群体的桎梏，发现自己想法的欲望。如果我们成功地将艺术—审美设立为教育事业的中心，那么我们的工作重点便将变成如何使我们所教的学生身上"个性和人性的部分"得到扩展。在学习如何培养意识的想象性模式和塑型与看见的力量时，我们将投身于个体整合的新模式和整体的新格局中。

鉴于整体的融合和打破割裂认知与情绪的观点，将理性与感情区分开来非常重要。在通常情况下，如果我们把艺术—审美当成抽象和技术的必要替代品，我们的注意力便会集中在非认知性、情绪性和单纯的表现性上，进而将认知视为异化世界的一部分。现在，大脑的知觉和创造性部分，即罗伯特·奥恩斯坦(Robert Ornstein)所说的“右半脑”[9]，也遭到了文化的忽视，尤其像卡勒尔所言，“如果集体部分继续拓展下去的话”。但是，我们不能据此得出，知觉和创造性部分应该得到优待，当然更不能以牺牲其他能力为代价。

值得注意的是，莫里斯·梅洛因中风而瘫痪之后，他的艺术敏感性似乎并未丧失，这可能是由于他的大脑右半球并未受到波及。但是，由于左半脑的损坏，梅洛无法识别乐谱，结果导致无法继续进行创作。失语症对文学艺术家的影响也颇有争议，即便如此，种种迹象表明，患有失语症的作家保留了原有的创造力。但是，失语症却妨碍了他们从文法上识别句子和文本，因而无法表达出自己的想法。[10]

我的意思是，我们抵抗实证主义的努力和我们文化当中高涨的理 189
性不应该驱使我们进入一个单向度的领域，也不应该阻碍我们回忆起认知和感受的不可分割性，在审美和其他领域都是如此。从一方面看，我们可能歪曲艺术创作的过程，而我们希望学生透入的正是这个过程。从另一方面看，我们可能忽略有可能促使人类获得审美体验的意识和敏感性，确切地说，是将它们置于一边。

和许多艺术家一样，亨利·戴维·艾肯(Henry David Aiken)曾经写道，我们总在被察觉到的事物中，尤其在作品本身当中发现审美体验的基础。[11]比如，我们可以回顾一下伦勃朗(Rembrandt)的《杜尔博士的解剖学课》(*The Anatomy Lesson*)、莎士比亚的《罗密欧与朱丽叶》、梅尔维尔的《比利·巴德》(*Billy Budd*)、弗吉尼亚·伍尔夫的《到灯塔去》和伯格曼(Bergman)的电影《面对面》(*Face to Face*)。无论它们引发的感情是怎样的，都是对感知到的环境的回应，而非愉悦、惊奇、兴奋和敬畏的单纯宣泄。

让我们一起回顾《罗密欧与朱丽叶》。我们只有从一定程度上理解作品想要表达的东西，或者至少“部分理解该作品以戏剧化的形式展现了行动，其中激发的情绪是表现性的对应面”[12]，才能意识到戏剧的表现性价值，比如诗的隐喻性、阳台的灯光和刀戟的寒光、人群的低语、天鹅绒般的光彩以及女孩在坟墓的阴影下苍白的脸。从某种意义上说，我们不得不激情澎湃地超然物外；如果我们希望将戏剧视为一种艺术品，那么我们不得不按要求采取一些立场。我们必须有能力将作品和日常生活分离开来。在功用主义和实证主义盛行的现实世界中，我们无法想象延续了几朝几代的深仇大恨。年青一代之间很少存在世仇，即便有的话，也能被轻易化解。换句话说，我们需要具备一种“疏远”的能力，将体验与实际利益或普遍发生的事情疏离开来，将体验置于审美空间当中。杜威曾经说，具备审美性认知，就是能从单纯的自我认知中获得满足[13]，而不求获得其他任何东西。

鉴于上述一切，如果不具备现实意识，刚刚观赏到戏剧的人可能会将舞台上发生的事情和实际生活中的恋爱混淆起来。他们可能把这部戏剧看成关于两个文艺复兴时期的年轻人在维罗纳(Verona)生活的纪录片。而在另一种极端情况下，观赏者会感动得泪流满面，但是他们体验到情绪可能是毫无根基的。正如艾肯所说，这种情绪可能是偶发的和私人的，只是一种“主观的着色”，而与戏剧审美无关。我也十分清楚地意识到，比起通过想象循序渐进地对此类戏剧做出回应，我在前文中描述的模糊而无根据的表现很难引起“意识的震惊”。

如果个体无法把《杜尔博士的解剖学课》视为一种创造性作品，不 190
能对这幅画做出回应，那么同样的情况也会发生。人们在观看这幅画时，可能由于其中呈现的图景而感到惊恐或敬畏。但人们也可能仅仅惊讶于杜尔博士解剖课的翔实记录；他们会因联想到真实的尸体而惊恐不已，或者因为想到这样专注的表情真的在历史上的医生或医学生脸上出现而心生敬畏。画作的品质和表达性价值将无法激发起这些情绪。绘画将变得透明，成为我们观察过去医学领域的一扇窗户。画作也很难唤起情绪，或者只能唤起稀薄、自我放纵且完全个性化的情绪，与伦勃朗本人毫无关系。

我认为，在艺术领域，我们完全无法将希望培养出来的敏感性与概念性意识分离开来。至少要等到孩子足够年长，等到他们明白绘画、戏剧和卡通都是人们创造出来的产物，都是可以被制造出来的东西之后，我们才能将所谓的“审美素养”的最小单位传授给他们。但是，我想要强调的事实在于，如果教师没有对感知到的现实和审美空间建立起清楚的认知，同时也无法兴奋且富有激情地吸收稍加留心便可以感知到的事物的话，教学可能会变得软弱无力，甚至变得啰唆而过分抽象。只有这样的教师才会在要求年轻人以开放的姿态对待艺术品的过程中制造风险。只有达到上述要求的教师才能决定，提供多少信息能使学生“注意”，确切地说是向年轻人传授他们需要了解的东西，比如为了理解绘画的空间、色彩、线条和轮廓，而将感知到的元素视为背景。

我们必须处在一种准备就绪的状态，必须从某种层面上认识到审美客体离不开感知、阅读和参与的人，比如《罗密欧与朱丽叶》《比利·巴德》和塞尚的《玩纸牌的人》(*The Cardplayers*)。许多人并不理解，印刷出来的文字、音符和画布上的笔触本身并不是艺术。这些人没有意识到，只有在人们留心和注意作品并参与其中的时候，艺术品才会产生。他们也没有意识到，人与作品的接触使作品成为艺术(如果人们处在全面觉醒的状态且足够专注的话)。

191 我们以塞尚《玩纸牌的人》为例。不知为何，此类作品的表达性也被人们同样定义。毕竟，塞尚呈现的不是关于两个男人的脸和身体的照片，他也没有特地创造出一幅空间和棱角的幻象。我们在接触他的画作时，通过某种方式能够意识到呈现在我们面前的是由颜料塑造而成的形式和在画板上竞相争艳的体积与深度，它们有序地排列组合在一起。画作的表现性在于突出的壁板、双手和桌子，而非超越画面本身的其他地方，比如普罗旺斯小镇的社会环境、玩纸牌的人的道德观或是观赏者的主体性。莫里斯·梅洛-庞蒂曾这样写道，“塞尚将世界呈现给他的意义原原本本地表现在画中的物体和面部上。塞尚仅仅释放出了这个意思：是他看见的物体和面部本身要求被描绘，而他只是表达了自己想说的东西而已。”[14]

其中清楚地传达出了这样的含义：理解绘画意义，即允许绘画在我们自己的经验中发展，只有一种方法——关注它们的属性和品质，确切地说是从特定的视角关注审美空间中存在的熟悉与品质。换句话说，人们只有了解如何处理颜色、色块和共现关系(compresence)，才能将画布上的笔触视为一种审美客体。如果所有条件都具备的话，观赏者便能够根据自己的成长经历和所见所思来感知塞尚的画作，从画家的视角欣赏画作，从而不会体验到与正在感知和即将感知的东西之间的“断裂感”；同时，在某个时刻，他们还会对这些物体和面部“想要表达的东西”做出回应，并与之产生共鸣。

这样的留心和注意与“存在的时刻”(moments of being)和高涨的意识之间存在怎样的联系呢？将绘画视为绘画本身对维护世界秩序有何影响呢？如果与艺术品接触的乐趣主要来自对其品质的理解，这将如何延伸到“个体和人类的部分”，又将如何帮助个体在世界中获得家一般的温暖呢？这一切与教师将要在艺术课堂上做的事情之间有什么联系呢？与课堂上将发生的探索有什么联系？与表现性工作和我们所说的“儿童艺术”又有什么联系呢？

我认为，除非活着的人在自己的现实中亲身接触艺术品，否则艺 192
术品永远也不可能存在。这意味着，如果艺术品希望发挥本身具有的作用，比如绘画、戏剧、电影和音乐等，它们必须被个人有意识而富于想象力地理解。没有接触艺术品的人不可能通过他人的描述、总结和解读而了解这件艺术品。个体必须直接接触艺术品本身。我们必须等待一段时间，才能看到艺术品有机会占据个体的意识。[15]在艺术品占据个体意识的过程中，被视为艺术品性质的质量和形式才能逐渐在经验中初步成形。那时，旁观者(读者和听众)将能够从周围环境中感知到此前从未被感知到的事物。不过，我再一次强调，他/她必须了解如何“阅读”存在疑问的艺术品，知道如何挑选、参与和解码。最近，乔治·斯坦纳(George Steiner)写道，“一个人患上色盲或近视之后，他/她感知到的风景也会出现相应变化。但是，正常的视角还来自于教育和选择”。[16]我们讨论的是教育和选择问题：将促使人们能够主动选择对艺术品持开放心态的教育模式。

“眼睛从不是裸露在外的，”斯坦纳这样写道。我们的视觉受到文化和经验的影响，当然也受到我们学到的知识影响。一直以来，我们对艺术的理解都带来了激进的结果。他接着写道：

> 从字面上理解，艺术家改变了我们看到的事物和观察事物的方式。伦勃朗改变了西方艺术圈对阴影空间和暗色重量的认知。从凡·高开始，我们开始注意到白杨树上燃烧的火焰。在毕加索之前，没有人能够意识到尖头马鞍、自行车把手和公牛头之间的相似之处，而我们现在却可以明显看出这一点。在保罗·克利(Paul Klee)给桥墩穿上鞋子之后，高架桥便不再矗立在那儿了。[17]

描述火焰和白杨，把手和牛头之间相似之处的词语唤起了隐喻的概念，引发了“将若干部分组合起来”的想法，让我们意识到对世界排序和促进世界变得更加人性化是多么重要。这要求我们学会在从整体上留心、注意和解码一件艺术品之后，进而思考我们从感知到的现实中发现了什么。

作家所说的旁观者的“世界”和艺术品的“世界”之间存在往复的循 193
环运动。旁观者在那里欣赏作品，进而通过自己的意识将作品具体化，将自己的生活引入作品当中。在题为《意识的想象性模式》(*The Imaginative Mode of Awareness*)的文章中，梅尔文·雷德(Melvin Rader)在评论“全神贯注”和“详细阐述”的想象性意识模式时提到了类似的运动和张力。我讨论的是“全神贯注”阶段，感知的方式允许我们，借雷德的话说，“用丰富的定性和想象来解读客体”。“详细阐述”阶段则更加活跃。在这个阶段，我们“通过想象性的视角来改变客体”。我们只要集中注意力就可以“根据事物和质量本身来体验直接经验中的趣味，并从中获得满足。”接着，雷德写道：

> 我们慢慢悠悠地赏味和享受，然后详细阐述从这种“宁静安详”和“全神贯注”中获得的体验。这种“详细阐述”为丰富物体固有的认知价值提供了情绪化和想象性的模式。⑱

正如他在其他地方所说，“冥想的舒张期在审美丰富的舒张期之前发生”。这种“丰富”为我们提供了“存在的时刻”，允许我们改变所处的世界。

这与我们通常所说的艺术教育又有什么关系呢？我宁愿相信，艺术教育者关注的东西与我类似：增强定性研究意识，释放想象力，促使人们自由地观察、塑形和转变。我希望课程安排能够在现实与注意之间留出简单而契合的过渡地带，这将有助于消除“非此即彼”的观点。

在我看来，创造性作品、艺术欣赏和唯美主义文学之间存在一种连贯性；我不希望其中任何一方从属于另一方。人们普通同意这样的观点，创造性活动是一种儿时游戏的延续；我们应该鼓励进行游戏，尤其是戏剧表演游戏。孩子可以通过各种各样的行动将想象力具体化。鲁宾·阿尔维斯(Ruben Alves)写道，“戏剧通过想象创造了一种秩序，因此也是从自由中创造出来的秩序。在戏剧中，想象力好像带有魔法一样，能够变出血肉之躯，让不可能的事情变得好像真的能够发生一样”。他接着写道：

194 在戏剧中，儿童不会允许真实世界的规则来控制他们的活动。他们将空间和时间概念置于一旁，随心所欲地组织活动。因此，我们可以看到社会现实和社区应运而生，它们存在于成人世界当中，对成人世界发起抗议。戏剧的存在表明了儿童对成人建立的组织存在抗议。儿童无意识地借魔法师之口说出：“有什么不能成为真的呢!”同时，他们从快乐的目的出发，建立了另一个世界。他们按照无限的想象力采取行动，因此也会根据个人意愿建立一个快乐的世界。只有外显的产品才能使行动合理化的假设给想象力贴上了魔咒。孩子们的戏剧表演可以被看作对成人企图驯化想象力的活生生的控诉。[19]

这是“隐喻性动机”的另一种表达，也是随之而来的艺术品体验不可缺少的基础。这也解释了我为什么希望以玩耍的名义来探索媒介，如绘画、陶艺、语言和声音。

我们也可以将想象性戏剧和媒介的探索与定性的冒险联系在一起——那种能使年轻人偶然关注事物的外在经历。我所指的包括自然物体，也包括人造的客体和艺术品。其中包括草坪上叶片、岩石遍布的山丘、向日葵、牛仔裤、锥子、凿子和桌布，还包括光线、声音、运动、颜色的细微变化、反射、振动和空间，无论它们是开放的，还是闭合的。我们参与的大多数活动都是有效的。我们可以利用这些活动来达成可以预见的目标，并依据它们的用途来理解它们。比如，牛仔裤是用来穿的；桌布是用来吃饭的；锥子和凿子是用一种工具。大量事物和事件(如草叶、树枝、遛狗的人、牵着手的孩子和呼啸而过的火车)都存在于意识的外围。我们与它们擦身而过，穿越它们，却毫不留意。它们为我们提供了标识、信号、指针和线索，并要求得到阐释和解读；它们涉及一些超越自身的东西。比如，地平线上的一朵乌云、石油危机、教室门后的一阵声响、摩托车发动机的轰鸣声，或者伊曼努尔·康德的哲学观。

我们必须着手开始工作和解决问题。然而，事物的表象依然存在， 195
但很少有人知道应该如何去看待它们。我们可以通过新的方式审视向日葵、牛仔裤，甚至凿子，将它们与日常生活的背景分离开来，好像它们第一次出现在世界上一样。人们可以按照要求在或明或暗的灯光下，甚至在一片漆黑中，注视向日葵花瓣上闪现的光辉；人们还可以根据要求对牛仔裤上某种特殊的蓝色进行冥想，然后将这种颜色与午后的天空联系在一起；人们甚至可以应邀审视凿子的外部轮廓，观察用它敲击木头时发出的光芒。更恰当地说，人们可以按照要求来详细阐述一些偶然的非凡体验：雨中的番红花，棒球比赛中的啦啦队表演，女性头发在灯光映衬下闪现的光辉，夜晚街道上温和的窸窣声……教师常常通过媒介来表现这样的印象和视觉。但需要强调的是，详细阐述它们代表了什么也同样重要——当个体突然看见花朵或烟雾的尘埃时，当个体发现自己在平凡的事物周围看到一股灵气时，当世界的某个部分开始更新时。

我认为，年轻人基于此类体验，很容易将艺术品理解为拥有特殊地位的客体，认为创造艺术品的目的是引发上述体验。就像一些人说的那样，审美体验是一种非同寻常的知觉性事件，常常发生在与学校中的年轻人极为接近的意义领域。但十分清楚的是，包括十分年幼的孩子在内的所有儿童都能对艺术品做出反应。实际上，人们现在已经愈发意识到早期艺术体验的重要性，也发现了早期艺术体验对审美能力的后续发展起到了基础性的作用。[20]虽然儿童有时会误解艺术品真正想要表达的意义，但正如加德纳及其同事所言，这是审美敏感性发展的必经阶段。同时，那些具有破坏性的认知方式也应该在此时得到纠正。“比如，如果个体完全主观地看待事物，那么他/她无法敏锐地识别艺术的风格。如果个体固执地忠诚于‘真实世界’，他/她便无法理解抽象艺术作品…… 如果没有在儿童期采取措施揭露虚假的观点，以便培养更加真实和人性的艺术观点，他们成为青少年或成人之后便可能与艺术发生异化。我们今天的社会上便存在大量例子，那些人和艺术领域的距离就像和星星一样遥远。”[21]

如果教师希望促使学生对艺术持开放的姿态，克服虚伪的观点，从“人性视角”看待问题的话，就必须甘愿冒险。此外，教师本身也要对事物的品质保持敏感，因为他们必须亲自了解“接受艺术”意味着什么。只有这样，教师才能促使年轻人注意到更多东西，更为细致地参与其中，表达自己的观点并进行自主选择。而这在很大程度上取决于教师自己如何选择——他们是否发自肺腑地对获得艺术体验感到高兴，是否真正了解清晰地阐释艺术将拓展人类的可能性。

艺术教育和审美教育一样，能够为视角和意识领域创造出新的可 196
能。艺术教育能够增强人们拓展生活意义的意识，还可以创造更多明晰和欢愉的时刻。在我们朝着“存在的时刻”和“意识的震惊”迈进的同时，必须共同努力创造新的连贯性，打开新的通道。我们的周围还存在厚厚的“棉花絮”，还有一些人在等待和观望，希望从中突破。弗吉尼亚·伍尔夫谈到她曾经体验过的一种本能意识——“我们的知觉就像密封的容器，漂浮在可以被方便地成为现实的水面之上；而某些时刻，容器被打破了，现实淹没了知觉……”[22]她在《一间自己的房间》(*A Room of One's Own*)的结尾呼吁读者和听众“无论是否能够产生影响，我们都应该生活在现实和活跃的生活当中”。[23]我们坚信，随着教师促使越来越多的人进入想象性意识模式当中，赋予他们将自己的想法变成现实的自由，我们能够通过从事的工作使这一切成为可能。

参考文献

1. Virginia Woolf. “A Sketch of the Past,” in *Moments of Being*: *Unpub-*

lished Autobiographical Writings, ed. Jeanne Schulkind (New York: Harcourt Brace Jovanovich, 1976), p. 70.

2. Ibid., p. 72.

3. Maurice Merleau-Ponty, "Cezanne's Doubt," in *Sense and Non-Sense* (Evanston: Northwestern University Press, 1964), p. 17.

4. Wallace Stevens, "The Motive for Metaphor," *Poems* (New York: Vintage Books, 1959), p. 109.

5. William Wordsworth, "The Prelude," in *The Prelude: Selected Poems and Sonnets*, ed. Carlos Baker (New York: Holt, Rinehart and Winston, 1962), p. 213.

6. Stevens, "Imagination as Value," in *The Necessary Angel* (New York: Vintage Books, 1965), p. 150.

7. Erich Kahler, *The Tower and the Abyss* (New York: George Braziller, 1957), p. 45.

8. John Dewey, *The Public and Its Problems* (Chicago: Swallow Press, 1954), p. 183.

9. Robert E. Ornstein, *The Psychology of Consciousness* (New York: Viking Press, 1973).

10. Joseph E. Bogen, "The Other Side of the Brain: An Appositional Mind," in *The Nature of Human Consciousness: A Book of Readings*, ed. Robert E. Ornstein (New York: Viking Press, 1974), p. 106.

11. Henry David Aiken, "Some Notes Concerning the Aesthetic and the Cognitive," in *Aesthetics Today*, ed. Morris Philipson (New York: Meridian Books, 1961), p. 271.

12. Ibid., p. 270.

13. Dewey, *Art as Experience* (New York: Minton, Balch & Company, 1934), p. 254.

14. Merleau-Ponty, *op. cit.*, p. 21.

15. Diane Collinson, "Aesthetic Education," in *New Essays in the Philosophy of Education*, ed. Glenn Langford and D. J. O'Connor (London: Routledge & Kegan Paul, 1973), p. 199.

16. George Steiner, "The Kingdom of Appearances," *The New Yorker*, A-

pril 4, 1977, p. 132.

17. Ibid.

18. Melvin Rader, "The Imaginative Mode of Awareness," *The Journal of Aesthetics and Art Criticism*, Winter 1974, p. 136.

19. Ruben Alves, *Tomorrow's Child* (New York: Harper & Row, 1972), p. 94.

20. Michael J. Parsons, "A Suggestion Concerning the Development of Aesthetic Experience in Children," *The Journal of Aesthetics and Art Criticism*, Spring 1976, pp. 305-314.

21. Howard Gardner, Ellen Winner, and Mary Kircher, "Children's Conceptions of the Arts," *The Journal of Aesthetic Education*, July 1975, p. 76.

22. Woolf, *op. cir.*, p. 122.

23. Woolf, *A Room of One's Own* (New York: Harcourt, Brace & World, 1957), p. 114.

/ 14. 重要的风景：在相互关系中研究艺术的方法/

198 理性主义者，戴着方帽，
在方形房间里，思索，
盯着地板，
盯着顶棚。
将自己局限于
直角三角形。
倘若他们尝试菱形，
锥体、波浪线、椭圆——
比如，半月的椭圆——
他们会戴上宽边帽。

这首诗摘自华莱士·史蒂文斯的《六帧意蕴风景画》(*Six Significant Landscapes*)。[1]尽管我并不考虑非理性领域的审美问题，但我还是选择了这些线条，因为我相信，艺术、音乐和舞蹈的标志性特点之一与菱形、圆锥形、曲线和椭圆形有关——当然也和星月形的椭圆脱不了干系。曲线在绘画中是一种现象，在奏鸣曲中是另一种现象，到了舞蹈当中又成了其他的现象。新月形在不同的艺术当中呈现出不同的象征形式，但是仍有一些东西能够将它们汇聚起来，使它们以某种方式相互联系在一起。这一切可能都与轮廓的勾勒有关。它们都打破了原有的世俗和刻板印象。在人们真诚的接触下，它们都能够恢复本来的面目。

这一点在我看来非常重要。今天，我们当中的许多人把自己禁锢在所谓的正确视角之上，只涉足于最狭隘的专业领域，过着单向度的生活。我们自己轻易适应了科技社会的要求——时间安排、日程表、计划项目、技术规格——而与意识流和体内时间丧失了接触；对身体的节奏和感受也变得麻木起来；我们对世界呈现在我们眼前的表象视而不见，好像变得浸没在了现实之中，或者变成索伦·克尔凯郭尔所说的“芸芸众生”② 中的一员。作为“芸芸众生”的一部分，个体是匿名的，责任感被弱化，自发性也受到了侵蚀。在这样的状态中，我们很难为了获得经验并从世界获得意义而投入感受和认知的活动当中，也无法构建出促使人类寻找意义、追求自我和开始学习的重要问题框架。

只有那些呈现出独特个人背景和自身生活世界的人才可能参与到 199
艺术活动中，并用艺术感染其他接触者。紧接下来，教育他人参与到艺术活动中的过程包括解放他们，使他们能够自由地带上“宽边帽”，将视角延伸到现实之外，追求自我。当然，艺术教育还涉及是教育人们学会接触和理解审美性客体，将其转化为艺术品。但是，这并没有将亲自出场排斥在外，也不意味着我们不需要邂逅艺术。我们必须付出大量想象性活动，进入我们自己的意识流和内部时间当中，才能全身心地投入一幅画、一场芭蕾舞表或一部音乐作品当中。甚至在我们努力将客体视为艺术品的时候，也必须培养一种“对意识的意识”。

约翰·杜威写道：

> 艺术撕掉了掩盖我们体验过的事物的表现性的保护膜；它催促我们挣脱日常的懈怠，使我们忘我地在多变的品质和形式中寻找体验周遭世界的乐趣。艺术诠释了在客体身上发现的每一种表现性，并在新的生活体验中对其进行排序。[③]

想要“体验愉悦”，我们需要与世界进行交易，并且也需要持续与“品质和形式”进行交易。我们可以把这种“交易”看成一种意识行动，也即我们抓住“给定”的东西并被猛地推入世界中的一系列时刻。意识到这样的时刻就是对我们创造它们的方式保持敏感，同时意识到这样的事实——我们是事情发生的动因，我们应该成为对自己负责的主体。

200 这再次意味着我们应该与内部时间保持联系。内部时间与闹钟记录的时间之间存在鲜明的对比。阿尔佛雷德·舒茨在题为《集体创作》(*Making Music Together*)的文章中就内部时间进行了阐释。他认为，音乐作品专注的倾听者一定会在他/她的内部时间中复制出构成音乐作品的“音调流”，这样倾听者就会在时间维度上与创作者合二为一，就像“真实处在一种面对面的关系中”一样。[④]这不仅会使倾听者体验到一种新的声音，还会促使他们在自己的意识流中重新演奏这部作品，从而对此前从未怀疑的方面提出疑问。他们甚至可以成功地与艺术家进行交流，并通过交流在他/她的世界中发现新的表达特质。有一种意识就像舒茨描述的那样，能够对可能发生的审美投入起到示范作用。我们所关注的不同艺术形式的代表性作品可能就是在培养此类体验的过程中找到了最基础的共同动因。

然而，需要特别强调的是，由观察者和倾听者完成或重新表现的艺术品并不完全是被预先定义好的。无论如何，我们也不能依赖教师为特定的个人构建审美意识或艺术体验，从来也没有人能够保证或担保教师可以做到这一点。其中涉及隐性意识(tacit awareness)：总是存在超越教师所说和所了解的东西。部分考虑到这一原因，我们永远也无法将艺术领域的教学活动简化为培养一系列预先确定的能力。特定的行为最终无法定义我们期望实现的接触和体验。充满问题的维度总是存在；无论艺术品是一首诗、一幅水彩画还是一部交响乐，其中引发的问题总涉及个人生活的基础主题，触及他/她正在追求和学习的东西。

以我们都非常熟悉的名画《格尔尼卡》(*Guernica*)为例。人们很容易将它视为对实际爆炸情况的表达，或对西班牙内战的抗议。然而，这样认为实际上是在损害这幅画，并剥夺了它的神秘感。我们应该从图像、形状和明暗等角度来欣赏这幅画。女人尖叫的嘴巴和男人张开的双手反映了痛苦[5]；线条的突然僵硬和令人毛骨悚然的尖利图案传达了暴力。连旁观者也根据他们之前对画作背景知识的了解而做出了应有的反应，他们发现自己处在疑问当中，甚至开始反抗画面传达出的毁灭和悲剧氛围。他们发现，立体空间以某种方式传递出的无尽痛苦和非人道行为让他们感到不堪重负。

201 但是，能够引发人们提问的不仅是《格尔尼卡》，我们还可以以塞尚的其他画作为例，如《圣维克多山》(*Mt. St. Victoire*)。莫里斯·梅洛-庞蒂曾经这样写道，塞尚可以用炭笔绘出地质学场景，同时描绘出画作的其他部分。

> 绘画始于丰满和浓烈，接着在结构和平衡上有所发展，最后一下子成熟起来。“风景在我身上思考它自己，”他说，“我是它的意识。”没有什么比这种直觉科学更远离自然主义。艺术既不是模仿，也不是根据直觉的愿望或良好的品位创造出的东西。艺术是一种表达的过程……塞尚用自己的语言，“用画表达出了从未被画出来的含义，并将这些含义永远转变成图画”。⑥

莫里斯·梅洛-庞蒂评价了这种情况下的陌生感，这是一种由“存在感的不断重生”激发出来的情绪。在这里，我们也注意到了颜色、外形和显现出来的结构，剩下的只是触及生活基础的问题，关于我们在世界上存在方式的问题。

在音乐作品中也发生着大体类似的情况。我们常以情绪和直觉来定义音乐。我们被期待首先关注它们传达出来的声音；我们假定思想和形式是同一种东西。但是，伦纳德·B. 迈尔(Leonard B. Meyer)提道，音乐使我们不可避免地意识到一种“最终不确定性”。我们将这种意识归因为形态关系和音乐的联想之间的互动(在迈尔看来，我们不可能将这种联想排斥在外或弃而不用)。这种互动“引发了对存在神秘性的深层次惊奇——柔和却令人敬畏”。[7]加布里埃尔·马塞尔(Gabriel Marcel)曾经说过，音乐作品激发出的情绪将我们带回存在的意识当中；他写道，情绪实际上是发现了“这与我有关”的事实。[8]

不管我们是否相信，视觉和音乐艺术的体验都不可避免会引发疑 *202*
问。我们至少可以严肃地认为，这些作品直面了我们自己。伴随着这种直面，我们意识到用这种方式恢复的自我和公共领域和平凡世界中的自我之间存在一种紧张感。这部分是由于艺术品总涉及对给定的东西进行想象性的转变。此外，它们描绘的可能性总是开放的；在主体间性和公共领域当中，这些可能性无法得到实现。与实证主义问题和可能不同，它们无法被解决或决定，总存在变数。

例如，《白鲸》永远不可能最终完成；它的意义无法适用于每个时代。首先，符号指代的意义远远超越了其本身，我们永远无法最终定义达布隆金币、鱼叉、鲸油提炼设备、以实玛利和白鲸代表了什么。其次，每个人都依据自己的意识在特定的历史时期解读小说，注定会超越原有意见，揭露出一些新的东西。芭蕾舞剧《天鹅湖》、贝多芬的《第九交响曲》、透纳的《议会大厦的火灾》(*Burning of the Houses of Parliament*)、弗朗西斯·培根(Francis Bacon)的《三联幅——人类身体的习作》(*Triptych—Three Studies of the Human Body*)和米开朗琪罗的《圣母哀子像》都是如此。

我认为，真诚的审美接触所引发的超越和紧张感都是相似的，它们对艺术品提出的关键性问题都大同小异。然而，在观赏者、倾听者和读者追求自己的意义并试图实现自身连贯性的时候，引发的质询必须发生在他们内部。莫里斯·梅洛-庞蒂曾经谈到我们持续见证与体验相关的奇迹的方式，他这样写道，“没有人比我们更了解奇迹是如何发挥作用的，因为我们自己就是关系网”。[9]他的意思是说，每个活着的个体都存在于多种多样的现实当中，都从某个层面上追求与现实合二为一，以克服不完整并与世界合为一体。

我们可以在文学作品中找到许多例子来佐证这个过程。在这里，我只举两个大家最熟悉的例子来清楚地说明我心中的想法。在詹姆斯·乔伊斯(James Joyce)的《一个青年艺术家的画像》中，斯蒂芬·迪达勒斯(Stephen Dedalus)在观看和命名中努力创造由分散的部分构成的生活，其中包括耶稣会教义(Jesuitry)、爱尔兰民族主义(Irish nationalism)、都柏林的贫穷、河上的轮船、酗酒的父亲、漠不关心的上帝和艺术的魅力。他在最终与从前的哨兵断绝关系，并消除了决定自己的力量之后，便成功地超越了碎片和冲突。他获得了一种意义，这种意义使他能够谈论与现实经验的接触，并锻造出了“我的民族为创造出来的意识”。他成了莫里斯·梅洛-庞蒂口中的“关系网”，而不再陷于其他人编织的网络当中。

203 拉尔夫·埃里森的《看不见的人》也讲述了大致相同的故事。书的开头和结尾描述了叙述者被世界拒绝之后如何蜷缩在地下躲避寒冷。

叙述者的目标是在已经发生的事件中编织出一张连贯的网络；为了达到这个目的，他回顾了遥远的过去。“在我的整个人生中，我都在寻找一些东西，”他说，“每到一处，我都会求助于别人，试图弄清楚我要找的究竟是什么。尽管他们的回答常常相互矛盾和自相矛盾，我还是会接受他们的答案。我太天真了。我寻找的是自己，却一直在问别人只有我本人才能回答的问题。”最终，在经历了探索自我和探索过去的旅程之后，他说：“在进入地下的过程中，我鞭打一切，除了思维，那种思维。同时，构思生活计划的思维永远不能对混沌视而不见，因为计划是在混沌的背景下构思出来的。”

秩序的形成、生活计划的构思：它们有因与艺术的反思性接触而有可能整合起来。在我看来，它们至关重要，甚至比艺术中的其他整合原则都要重要，从某种程度上说，其中每种形式都是独特的。

每种艺术形式都以独一无二的方式使这些体验成为可能，这点似乎非常清楚。不言自明的是，每种艺术形式都基于一种特定的传统和背景，即便按照可界定的方式看，它们表现的风景是一模一样的。换句话说，我不相信绘画、音乐和舞蹈能够——或者应该能够——被整合为一体[少数瓦格纳(Wagners)、斯特拉芬斯基(Stravinskys)或梅尔塞·坎宁安(Merce Cunninghams)的作品除外]。我也不认为，我们可以轻易把多元主义作为前提。诗歌的确有时会从绘画、雕塑和音乐中吸收灵感。画作常常成为诗歌的主题，正如诗歌也常被用作音乐作品的一部分一样。研究绘画中符号意义的肖像学家常常能够捕捉到浮现出的意义和文学作品之间的关联。不同种类的艺术也常常相互借鉴表达效果。普鲁斯特和福楼拜在表现时间和现象的洪流时，也能够透露出一些与表现主义画家在表现世界的微光和流动时捕获的图像的等价物。

204 但是，我和文学理论家韦勒克(Wellek)和沃伦(Warren)[10]一样都认为我们不能据此得出结论，认为诗歌的音乐性等同于音乐的旋律感。魏尔兰(Verlaine)、韦勒克和沃伦指出，如果我们试图通过对诗歌中意义结构的压抑和语言模式的安排里实现音乐效果，毫不夸张地说，尽管写出的韵文的确精致优美，但模糊的轮廓和逻辑结构的缺乏将导致任何音乐性都无法产生。接下来，我将以《诗艺》(*Art Poetique*)为例，诗在一开头便歌颂了至高无上的音乐：

> 音乐先于一切，
> 为此，更喜爱单数(重音)，
> 在诗的氛围，更模糊，更柔韧，
> 没有人为的笨拙和矫作。

无论我们用怎样的声调大声朗读诗歌，无论其中的词语听起来多么婉转流畅，诗歌都不能被称作音乐作品。

我们在反思莫扎特的舞曲和华托(Wateau)的风景画时体验到的情绪并没有什么不同，欣赏舞曲和风景画都会使我们体验到喜乐，但这两种喜乐是不同的。这里所说的喜乐——或者说是欣喜和愉悦——不是抽象的，不能将其与额外的审美手段所引起的情绪等同起来。无论我们感受到的是什么，都是音乐模式或彩色模式具体作用的体现；我们不能将这种感受分隔开来，甚至也不能依据一部作品就将其固化为一种概念。重要的是，每位艺术家都会借助一种具体的媒介，在多种差异显著的传统观念背景之下，构思他/她的表现形式。无论我们怎样努力发现其中的相似或对应之处，萨立凡(J. W. N. Sullivan)当前所指的现实都不会因此变得模糊。他认为，《英雄交响曲》(*Eroica*)等音乐作品表达意义从不仅限于预先设定的主题，如拿破仑(Napoleon)之死。[11]我相信，在我们寻找相互关系的时候，如果想在意图、结构或“信息”上找到相似之处，结果往往是徒劳无益的。“线条”在音乐、诗歌和绘画当中有着不同的含义，“节奏”和“和谐”也是如此。

然而，我们仍然能够发现它们彼此之间的相互关系，这种关系为审美性接触和艺术教育开创了新的可能。我认为，决定它们的原则部分源自绩效或工作室的想法，部分源自文化或风格历史的概念。让我们以艺术作品中的表现主义和形式主义为例。从某种层面上说，一幅画、一部音乐作品或者一支舞蹈都是艺术家个体对世界某些方面的认知、接触和感受的表达。但是，对于所有类型的艺术而言，只有当艺术能够形成或模仿需要表达的东西，并且其形式和内容能够相互渗透，进而传达统一的愿望、图景和情绪的时候，艺术才会产生表现性。考虑到上述观点，我们需要将所有艺术创造具有的普遍维度概念化，识别出一个他们能够成为“相似性的线索”的地方。[12]

审美体验也是如此。只有当我们将注意力集中在现象学领域的某 205
些突出部分，采取特别的关注或倾听，进而能够认识到构成一件作品的诸多元素的内部关系时，才能获得独特的体验。参与从本质上来说是愉悦、美丽或有趣的活动，并最终完成一件完整的艺术作品，也是相同的道理。

然而，考虑到我们自己，鉴于大众对艺术和艺术体验的认知，我们还需要注意莫里斯·韦兹等人的批判之声。我坚持认为，既然“艺术”并不存在最终的定义，那么我们应该将“艺术”看成一种开放的概念。随着新的艺术实例不断在世界中涌现，我们愈发需要对如何合理利用“艺术”这个词汇做出选择。韦兹认为，我们在做出关于艺术的选择时，应该将不同艺术理论理解为对艺术品应该注意什么这个问题的不同建议。[13]这句话表明，发现不同艺术种类之间的相互关系极为重要。自我意识对于做出推荐和评估也必不可少；问题的答案一定是开放性的。如若不然，我们便很可能把事情视为理所当然，变得不再聆听自己的心声，不再关于艺术品的具体特质。

人们常常将审美视为一门沉闷的学科。但是，如果我们能够为学生提供足够多的语言和概念性资源，鼓励他们反思舞蹈、音乐和绘画的体验，并对他们发现的东西提出疑问，审美将不再沉闷。问题的答案必须是开放性的，在此前提下，表现性概念可以卓有成效地发挥作用，把对特定艺术类型的研究联系在一起。正规的象征问题也是如此；媒介和风格的问题也是如此。最重要的事情也许在于，那时我们便能够思考感兴趣的艺术家所做的多种决定，以及他们在努力表现他们感受到的形态时做的决定。艺术家将自己的主观性和想传达给他人的信息赋予在线条、空间、图像、姿势和声音之上，从而能够想象性地参与到动态过程之中。至少对于那些选择在自己的内部时间中实现变形和想象的人来说是这样。

学习音乐或绘画的学生也需要能够理解舞蹈动作，了解存在于舞 206
蹈中的空间、时间和动态维度，这点非常重要。他们还需要明白身体在被当成一种不同于调色盘或钢琴的工具时，传递了什么意义，这点也非常重要。舞者也需要理解音乐中的动态元素和声音及颜色之间的关系。我如此强调不同类型的艺术家都有必要通过想象参与到艺术创作之中的原因就在于此。如果参与其中的艺术家拥有至少一种其他艺术知识的北京，那么他/她本人就构成一张丰富的关系网；他/她的意识也能成为我们所寻找的融合的基础。

在研究视角下以批判性视角看待艺术品也非常重要。我们常说，教学——优质的教学——与批判主义完全一致，尤其当教学的目的是使艺术形式变得更容易接近的时候。批判的目的在于说明和描述，有时也在于阐释和解析。尽管任何一位批评家都很难给出完全中立的看法，但是我们并不一定需要进行评价或裁决。批判是一种言语上的操作，涉及对与艺术本质相关的原则和观点进行应用，还涉及艺术作品本身的背景。批评家(或教师)必须首先直接地、带有欣赏性地，运用自己的想象和直觉，接触作品本身。当然，在这过程中叹气、摊手和欢笑对他人理解作品都没有益处，也不会帮助任何人欣赏戏剧、绘画、舞蹈和交响乐。正如维尔纳·海森堡所言，批评家在直面和参与的过程中，需要给出“感知的方向”。他们“通过将想法传授给我们，来指导我们辨别细节和组织的各个部分……”[14]

这就好像批评家(或教师)将带领观众开启一段艺术旅程，利用原则或指导观点使得观众能够看见一样。他们可以点名文学作品的特点、颜色的组合、音乐的序列、隐喻、符号、英雄的动作和电影场景。他们力图鼓励人们进行感知和揭露，促使他们更加高效而自觉地就作品提出疑问。这发生在对一切进行检测之后，包括检验批评家(或教师)是否能够强化他人的欣赏意识，丰富他人的视野，解放他人，并促使他们将特定的作品带到自己的内部时间当中。

207 特定的批判主义在他人经验中的地位一定与在我的经验中一样重要。一些批评家教会了我如何欣赏《格尔尼卡》，提醒我留心伦勃朗使用光线的方式，还告诉我留意塞尚画作中色块的表现力。一些批评家则使我感受到了《亚维农的少女》(*Les Demoiselles D'Avignon*)中非洲、伊比利亚和希腊元素的召唤，还使我发现了少女的姿态与亨利·摩尔(Henry Moore)所创造的雕塑之间的相似性，让我进入了皮耶罗·德拉·弗朗西斯卡(Piero Della Francesca)创作的油光锃亮的世界中。电影中经常使用的蒙太奇和视觉隐喻手法也蕴含着相似的道理，摄像机的角度、渐隐和不连贯的电影空间传达了类似的感受。我认为，只有通过批判我们才能揭露与众不同的东西。这取决于艺术作品本身，但涉及的批判行为却各不相同。我还认为，对批判的关注可能为我们提供将事物联系起来的另外一种模式。

当然，我们需要时刻提醒自己，任何一位批评家都不可能完全翻译出一种象征符号的意义，也不能决定个体将如何感知一件艺术品。想要理解批判主义的作用，最重要的是承认我们对艺术品的独立体验存在显著差异。批评家为我们提供了镜头、视角和洞见，使我们能够了解这一类别的艺术可以揭露些什么。但是，正如某位批评家所说的那样，总有一些类别之外的东西召唤着我们“获得改变观看方式和生活方式的力量”。[15]投入对我们自己的艺术体验进行批判性反思的过程中，就是增强自我意识。这可以帮助我们阐释“艺术”意味着什么，理解各类艺术形式之间的关系是什么。

对意识的反思和揭露也可能要求我们开始探索艺术作品究竟属于哪类传统。如果情况果真如此，那么它的确可以促使我们对标准的分类标签提出质疑，还可以促使我们回顾艺术风格史中的重要主题。立足当前，回溯过去，追寻我们的“先驱者”，我们可以利用为表现性艺术形式排序的艺术风格。这些形式可能从某些方面反映了我们在意识和现实之间感受到的关系在一段时间内发生的改变。多种艺术形式的代表性人物如果具备现代主义和新现代主义意识，便能够为了寻找今天正在发生的蜕变和瓦解的根源，而联合起来与过去进行对话。

他们可能会发现自己对维持 18 世纪世界和创造布莱克所说的“人 208
心自囚的桎梏”的外部结构缺乏信心。他们可能在进入华兹华斯、柏辽兹、透纳和歌德(Goethe)等人作品的过程中，投入了表现性、抒情性和陌生化的澎湃艺术手法之中。他们重构了 19 世纪中期的历史，开始探索人类对自白和表达反应。他们在面对象征主义诗人和表现主义画家创造出的精致而冷淡的世界时，可能会重新发现艺术形成作为一种客观现实的等价物变得充满疑问，难以用普通语言表达出来。他们可能会重新理解近现代表现主义、超现实主义的蒙太奇和梦魇，抽象主义形式的新锐潮流、序列音乐、酒吧和沉默……为了一同打破处于同一个时间和地点的现状，他们会带着质疑的意识和直面新兴秩序的欲望一头扎入历史之中。而这种新兴秩序可能催生出新的意义，并将多种人类艺术黏结在一起。

我想，对于绩效和工作室的重要性，以及它们能为融合提供哪些新的方式，我不需要多说。许多人都提到，有必要促使学生理解认知和表达之间的交互作用。某评论者写道：

> 学生需要了解过去能够为知觉模式提供一些什么帮助，同时他还需要尝试使用新的知觉及整合知觉的方式，以便能够意识到自己的视觉、听觉和触觉模式与他人之间存在一种连贯性；这样，他便会对传统产生一种归属感，并融入其中。但是，这种视觉模式一定要源自他本人。他将成为自己知觉的创造者，这意味着他必须明白创造一个艺术性物体和事件意味着什么。⑯

显然，参与艺术活动与从中获得享受的能力之间存在多方面的联系，同时参与和自我发现之间也存在多种联系。班纳特·雷默(Bennett Riemer)曾说过，音乐表演有助于提高审美的敏感性。⑰斯蒂芬·斯彭德(Stephen Spender)提到创新性写作可以为使用语言创造更多方式和可能。⑱哈罗德·罗森伯格(Harold Rosenberg)常说，到工作室中进行体验并与接触艺术世界能够深化人们与艺术的接触。他相信，绘画和雕塑的创作应该一直被包括在艺术教学当中，我们可以雇用艺术实践家参与教学过程。他们对材料的态度以及视觉体验的特点能够对学生起到教育意义。他接着说：

> 艺术是一种文化，一种经过艺术家的长期创造发展而成 209
> 的文化。艺术课程的主题……在于艺术家及其曾经和现在做了些什么，而并非在于自我表达、创造心理学(psychology of creation)或使颜色与形式和谐相称的规则。[19]

因此，我们应该选择、参与、体验和调查所有艺术形式的秩序。同时，我们也需要逐渐摧毁时间的围墙，以便理解在连贯和不连贯中不断发展的传统。最终，每个个体都应该以某种方式获得解放，意识到他/她接触艺术的机会，同时了解在世界中“在场”意味着什么。如果我们积极主动地投入音乐、舞蹈和绘画当中，并深入进行思考，便能够使这些艺术形式在促成个体与艺术的接触及揭露个人可能性方面起到独一无二的作用。只有人类才能体验到不完整性及“现在”与“可能”之间的鸿沟。也只有人类才能通过行动寻找意义和追求超越，改变世界并填补这一鸿沟。我们必须一直将关注点集中在人类身上，集中在他/她的成就和选择之上。

阿尔佛雷德·舒茨认为，在外部时间中，我们可以在社区空间和面对面的关系中一起创造音乐。我将以他的内部时间观和外部时间观结束本章。他写道，“这种维度将内部时间流统一起来，在栩栩如生的现实中保证了它们的同步性”。[20]无论审美教育的参与者身处何处，这便是我认为他们正在做的事情：一起创作音乐，使他们自己自由地迎接未来和即将到来的世界。

参考文献

1. Wallace Stevens, *The Collected Poems* (New York: Alfred A. Knopf, 1964), p. 75.

2. Soren Kierkegaard, "'The Individual'," in *The Point of View for My Work as an Author*, ed. Benjamin Nelson (New York: Harper & Row 1962), pp. 110-115.

3. John Dewey, *Art as Experience* (New York: Minton, Balch & Co., 1934), p. 104.

4. Alfred Schutz, "Making Music Together," in *Studies in Social Theory* Collected Papers II, ed. Arvid Brodersen (The Hague: Martinus Nijhoff, 1964), pp. 171-172.

5. Jean-Paul Sartre, *Literature and Existentialism* (New York: The Citadel Press, 1965), pp. 10-11.

6. Maurice Merleau-Ponty, "Cezanne's Doubt," in *Sense and Non-Sense* (Evanston, I11.: Northwestern University Press, 1964), p. 17.

7. Leonard B. Meyer, "Some Remarks on Value and Greatness in Music," in *Aesthetics Today*, ed. Morris Philipson (New York: The World Publishing Co., 1961), p. 184.

8. Gabriel Marcel, "Bergsonism and Music," in *Reflections on Art*, ed. Susanne K. Langer (Baltimore: The Johns Hopkins Press, 1958), p. 151.

9. Merleau-Ponty, *Phenomenology of Perception* (New York: The Humanities Press, 1967), p. 456.

10. Rene Wellek and Austin Warren, *Theory of Literature* (New York: Harcourt, Brace & World, 1962), pp. 126-128.

11. J. W. N. Sullivan, "Music as Expression," in *Problems in Aesthetics*, ed. Morris Weitz (New York: Macmillan, 1959), p. 412.

12. Ludwig Wittgenstein, *Philosophical Investigations* (New York: Macmillan, 1968), Part I, Section 67.

13. Weitz, "The Role of Theory in Aesthetics," in *Problems in Aesthetics*, *op. cit.*, pp. 150-151.

14. Arnold Isenberg, "Critical Communication," in *Contemporary Studies in Aesthetics*, ed. Francis J. Coleman (New York: McGraw-Hill, 1963), p. 150.

15. Murray Krieger, "Literary Analysis and Evaluation—and the Ambidextrous Critic," in *Criticism*, ed. L. S. Dembo (Madison: University of Wisconsin Press, 1968), p. 35.

16. Jon Roush, "The Humanities Museum," in *The Arts on Campus*, ed. Margaret Mahoney (Greenwich, Conn.: New York Graphic Society, 1970), p. 37.

17. Bennett Reimer, *A Philosophy of Music Education* (Englewood Cliffs, N. J.: Prentice-Hall, 1970), pp. 126-127.

18. Stephen Spender, "Language and Communication," in *The Humanities in the Schools*, ed. Harold Taylor (New York: Citation Press, 1968), p. 97.

19. Harold Rosenberg, "Where to Begin," in *The Humanities in the Schools*, *op. cir.*, p. 72.

20. Alfred Schutz, *op. cit.*

第四编

女性的困境

Predicaments of Women

/ 15. 生活空间/

莫里斯·梅洛-庞蒂写道:“世界不是我们想出来的,而是活出来的。”① 他是在描述人类意识以何种方式向事物开放,即我们作为肉身化/具身意识(embodied consciousness)存在于世界中的方式。他谈到了构成人类认知基础的永恒现实,以及我们介绍自己的原生风景。

我强烈地察觉到,生理和社会性别角色将女性禁锢在微贱的地位上,因此我希望就女性的生活空间和永恒现实进行探讨。我相信,生理和社会性别角色伪造了女性对自己的意识。穆瑞尔·卢姬瑟(Muriel Rukeyser)的诗句揭示了这种影响:“我自己,被劈裂开,无法言语,在自我放逐之中。”② 几行诗句之后,她写道,“再也不要面具!再也不要神话!”艾伦·西苏(Helene Cixous)在《美杜莎的笑声》(*The Laugh of Medusa*)中描述了一个一度隐藏着的“奇特的帝国”③。在那里,女性只能“一圈一圈地闲逛,她们被限制在一个狭窄的屋子里,正在被彻底洗脑”。我希望借此点明伪装和限制造成的扭曲,并希望它们能够被修复。我的关注点在于为了争取自由和独立自主的个性发展而释放当前被压抑的个人能力。在我看来,这似乎要求我们对与自己和文化的关系树立起一种强烈的批判性意识。我们可以借助这种意识看清所处的现实。

显而易见的是，现在我们自觉或不自觉地依据习惯化的角色定位和行为模式在每天的生活中接触彼此。但是，什么是每天的生活呢？回顾过去，我们发现每天的生活是由被阐释而成的现实构建而成的，明白这一点非常重要。也就像波尔格(Berger)和卢克曼(Luckmann)所说的那样，“每天的生活由人阐释而成，同时作为一个连贯的世界对人类具有主观上的意义”。[4]一旦我们习惯了使用语言，并将感知到的形状和存在转变为符号化的形式，便立即参与到了那个世界当中。这意味着我们开始借助“手边的常备知识”和文化中可以从物体和他人身上获得意义的方法及定义我们生活环境的方法来阐释我们的体验。

214 波尔格和卢克曼所说的“由人阐释而成的生活”非常有趣，因为用来绘制蓝图和解读常识世界的大多数建构都是由男性定义的。为私人生活和公共领域排序与分类的主导模式无论在何时产生，都主要一直通过男性视角运作。因为，在西方文化中，男性是主导团体和掌握权力的一群人。我将家庭生活、生育和工作、商业、政治和战争统统包括在内。阿尔佛雷德·舒茨曾说，出生在任何一个团体中的人都倾向接受“传承下来的现有标准化文化体系……由先驱者、教师和权威人士制定，在社会性世界的所有一般情境中都被当作毫无疑问且不容置疑的指南”。[5]换句话说，人们完全信任这些方法和阐释，即便在“完全相反且缺乏证据的情况下”也将它们视为理所当然。它们不可避免地被男性和女性内化。一旦将它们内化之后，甚至连那些附庸理论、天生劣等和权利的不公平分配建构都被人们视为理所当然。它们首先被客体化了，接着被外化，最后呈现出像客观存在的世界一样的客观属性。

阿娜伊斯·宁(Anais Nin)写出了“我天生的自我与创造性的自我处在冲突之中”，“创造性和女性特质”似乎水火不容，女性独立的行动因遭到“惩罚”而被“抛弃”。[6]从某种层面上说，她正在报告“给定”的现象。从某种层面上说，她已经无法回忆起这些现实是被构建而成的，它们是解读现实的一部分，正如艾伦·西苏所说“女性总是在男性构建的语境‘之内’行动……”[7]凯特·肖邦(Kate Chopin)在《觉醒》(*The Awakening*)中虚构的人物艾德娜·庞特里尔(Edna Pontellier)也是如此。她听着丈夫在屋子里来回的踱步声，“每一步发出的声响都透露着不耐烦和恼怒”。

> 在其他时候，她可能会答应他的要求。她可能会，习惯性地，屈服于他的欲望。她意识不到，满足他强迫性的愿望就是一种顺从和屈服，而只是不假思索地接受，正如我们注定要做的行走、移动、站立和从事单调乏味的工作一样。[8]

她不假思索地“答应了下来”，这意味她将一切视为理所当然—— *215*
以一种毫无选择余地的方式接受了男性主导的现实和同居的权利，还有单调乏味的生活以及“被分配”的命运。

这些观念关系到性别角色，但却没有考虑到女性的性欲，没有将她们的身体视为“视角的本源”和促使主体性进入世界的工具。由于女性不得不满足这些性别角色定位，而无法感知现实，她们大部分时间都生活在日常现实或常识性的现实当中。因此，她们无法应对一系列多样的可选阐释和现实，而倾向于压抑它们——比如，艺术、梦想和戏剧。她们这样做的原因在于，设想出的世界，即构建而成的世界，常常与她们认知到的世界不一致；人们很难赋予世界应有的整体性，对女性来说尤其如此。

我们再一次以艾德娜·庞特里尔为例——她的生活始于肯塔基的种植园，她最初在那里通过亲身接触一大片海洋般的草原来理解周围的空间，她可以在这片草原上尽情奔跑和感受。正如莫里斯·梅洛-庞蒂理解的那样，那个地方的气味和色彩“本身便构成了她与世界共存的不同形式”。[⑨]种植园这个空间中的不同地点之间的距离都构成了“地点与中心视觉之间的关系”，都是那个小女孩身体的一部分。无论怎么看，艾德娜·庞特里尔与世界保持联系的地点就在那里，她就在此时此地如此这般理解世界。那里也是艾德娜 10 岁时与一位骑兵军官发展出一段浪漫的爱情关系的地点。在身为长老会教徒的爸爸严厉的威胁之下，她跑进了草地避难。

接着，社会生活便取而代之；她结婚了，开始扮演妻子的角色，拾起了作者描述的“虚伪的自我”(fictitious self)。她的觉醒发生在海边，发生在她逃离讲克利奥尔语(Creole)的母亲和对年轻人的调情做出回应的时候。她第一次开始“意识到在宇宙中作为一个人的位置”。更为重要的是，她被大海的声音所吸引，那声音“邀请她的灵魂在孤独之渊的咒语下游荡；迷失在内心冥想的迷宫之中”。她将隐秘的真实想法与长期被压抑的真实自我和浮现出的性意识混淆在一起；最终，在被抛弃的绝望之中，在对可能发生的性乱交的恐惧之中，在对家庭生活对“自由灵魂的奴役”的反抗之中，她选择游向大海并最终溺亡。她的自杀不仅仅是由于压抑和绝望，尽管我们可以那样解释。考虑到 19 世纪末期的时代特点、她的社会阶层及丈夫的需求，她自杀的原因还在于被迫行使的角色造成的扭曲。从某种层面上看，这也是一种意义的危机；她没有办法使自己的感受落地，也没有勇气面对自己与世界的联系。

莫里斯·梅洛-庞蒂说：“感知体验便是在事件、真理和价值为我 216
们构建之时保持自我的在场。”他指出：“知觉是最初的标识；它教会我们，在所有教条主义之外，客观事物本身的真实情况，它召唤我们去完成知识和行动的任务。”[10]知觉并不仅仅是一些指向我们原生风景和生活空间背景的感知性体验，也不仅仅是对正在发展中的理性保持基础性的知觉。知觉性现实应该一直被认为是我们可以获得的多种现实之一。一旦我们回顾和思考这些体验，知觉性现实便成了一系列可以被认知的经历，具有特殊的注意模式，而许多人都压抑或拒绝了这种模式。

我相信，鉴于已经构建完成的、被我们用来解读世界的分类方式，我们与“事件、真理和价值为我们构建的时刻”保持联系的能力能够允许我们与一些被认为理所当然的概念决裂。以艾德娜·庞特里尔为例，根植于她与环境之间最初关系的能力或许让她一度构建起了一个有意义的世界。这也可能是促使她与自己的观点、视角保持联系的因素，允许她向被迫承担的角色的武断性和扭曲性发起挑战。诸如艾德娜等女性的精神化、婴儿化和神秘化注定使她们走向毁灭：如果她能够通过某种方式意识到自己生活在一个构建而成的现实当中，所有这一切都将得到缓和，她可能与其他人一起做出选择，甚至可能实现超越。

我虽然意识到了性别角色的压迫性，但并不认为我们应该恢复到“自然”、自发、不受束缚和未经世界污染的自我状态。我无法想象艾德娜·庞特里尔、阿娜伊斯·宁或其他任何人作为一个脱离社会关系和社会角色的个体而存在。我的观点与威廉·詹姆斯的观点有关，他提出我们具有一种“现实意识”，即我们每时每刻对自己生活的意识。他还提到了一些与我们的生活“保持着亲密而持久关系”的事物；他认为，我们对这些事物毫不怀疑。他还表示，活生生的现实世界成了“一枚钩子”，其他部分都摇摇晃晃地勾在上面，是其他事物的绝对支持点。[11]如果我们对现实树立起这样的意识，我们可能会与项目失去联系。一种拉尔夫·埃里森(Ralph Ellison)所说的“看不见的”东西将把我们变为他人定义的模样，而非我们自己创造的自己。

217 如果我们可以对自己在场，同时从基于自身现实的视角看待问题，便有可能直面武断和压迫。西蒙娜·德·波伏娃(Simon de Beauvoir)将无力感还归因为自恋、利已和易感。她在谈到被关在厨房或闺阁中的女性时说，由于她们被剥夺了“所有与他人进行具体交流的可能性”，因而体会不到任何团结感。“那么，我们很难期望她们超越自己，获得普世的幸福。她们只能顽固地待在熟悉的领域，在那里她们才能够控制事物，享受着一种不稳定的自治感。”这样的女性很少能够理解男性的世界，“她们只是远远地敬畏地望着，而不敢涉足其中”。她们对男性世界产生了一种奇妙的现实概念；“事件的进程对她们来说似乎是无法扭转的……”[12]

这让我想到了格蕾丝·佩雷(Grace Paley)的故事《二手男孩抚养者》(*The Used-Boy Raiser*)的叙述者，她听着现任丈夫和前任丈夫(她把他们俩分别叫作“苍白”和“铁青”)在宗教问题上不断争论。他们的争论让她想到自己也是犹太人，于是她便也加入这场争论当中；她告诉他们自己相信“犹太人大流散”(Diaspora)，但“基于技术原因”反对以色列建国，因为她不想看到犹太人组建另一个临时国家。她说：

> 犹太人只有一个愿望——在国际事务中保持幸存者的姿态——不，我是别的意思——成为文明脚趾尖上的碎片，使意识变得更加糟糕的受害者。
>
> 我的爆发令“苍白”和“铁青”吃了一惊，因为我很少严肃地表达自己的观点，而只是接受命运的安排，也就是说，在死期到来之前，快乐地充当男性的仆人。[13]

她或许将自己作为女性的境况与作为犹太人的命运联系在了一起。但故事中最引人注目的是对一位固执地生活在自己世界中的女性的呈现，对一位屈服于自认为的命运的女性的呈现。叙述者说，婚姻“只是束缚男性的手段”，她组织了带有家务和抚育任务的“饕餮一天”活动；她远远地看着丈夫在“我不关心的道路”上越走越远。

无论在文学作品还是在现实生活中这样的人都非常多。困难之处 218
在于(艾德娜和《玩偶之家》中的诺拉便遭遇了这样的困境)，证明她们正当性的理由总是掌握在他人手中。她们一直在等待被男性允许，获得男性的感激和支持。没有自我意识和坚实的基础，她们充其量只能生活在抗拒之中。如果她们不具备充分的自觉性，不能进行足够的反思，也建立不了姊妹般亲密关系的话，其个人发展必定遭遇挫败，只能浸没在自己的性别角色之中。

如果女性能够与自己保持联系，同时与他人进行具体的交流，她们便获得了思考作用在自己身上的神秘主义及盛行的不公正现象的基础——即便在今天这个被认为已经解放了的时代当中。我相信，我们有必要深入调查这片黑暗，这片潜入女性生活的可怕黑暗，调查其中让女性变得无力和成为受害者的深井。

出于一些原因，我丝毫不惊讶，在许多女性作家的作品中，女主角的死亡并不能在宇宙中制造出一丝波澜。想一想艾德娜·庞特里尔的自杀。书中对她的死毫无认可，甚至连葬礼也没有。再想一想《欢乐之家》(*The House of Mirth*)中莉莉·巴特(Lily Bart)的自杀。从塞尔登(Selden)的表现中看不出一丝一毫的悲伤，她只不过像一片小小的叶子从树上飘落了一般。再回顾一下《到灯塔去》中拉姆齐太太(Mrs. Ramsay)的死。她是小说第一部分热情洋溢而矛盾重重的中心。书的第二部分题为“时间流逝”，其中描写了漆黑的夜晚、空荡荡的房间、风和波浪。突然之间，话锋一转，只是附带说了一句：“拉姆齐先生跌跌撞撞地在一条道路上奔跑，将手臂伸向漆黑的早晨；但是，在他将手臂伸向前方的前一天晚上，拉姆齐太太突然去世了。他们仍然是空洞的。”⑭

我并不是说，在女性作家的小说中，所有女性的死亡都不被人们注意。(尽管我希望指出，毫无疑问，女性文学中自杀和发疯的例子要远远多于男性文学。)我的意思是，女性文学中并没有女版的哈姆雷特，没有人告诉像霍拉旭这样朋友从幸福中抽身一会儿来“讲述我的故事”。通常，女性文学中也没有逃出来的讲故事的以实玛利，能够在世界中赋予悲剧一些意义。我猜测，这就是弗吉尼亚・伍尔夫在撰写关于莎士比亚妹妹的小说时脑子里想的事情。伍尔夫在深入思考有能力在16世纪的戏剧中描述人类处境的这样一位女性之后，写道这样的女性“注定会变得流行起来，她们用枪射杀自己，或者在某个乡村外孤独的农舍中了此一生，一半像女巫，一半像男巫，人们对她们既畏惧又嘲弄”。[15]这也许就是我们感知到的现实的一部分。

但是，还存在其他困境，这些困境更加容易得到医治，只有足够 219
根植其中能够看清事实的女性才能够直面这些困境。让我们再一次倾听弗吉尼亚・伍尔夫的声音，这次我们将把女性作家面临的问题和困扰男性作家的问题放在一起进行对比。

> 在伍尔夫的眼中，济慈和福楼拜等男性天才作家在世界上发现的令人难以忍受的漠不关心不是一种冷漠，而是一种敌对。世界不会向对他们说话那样对她说话，写作也是同理；对我而言，这没有任何意义。世界狂笑着说，写作？你写的东西哪点好啊？我又看了一眼空荡荡的书架，觉得这就是心理学家可能帮助我们的地方。的确，现在是时候测量那些挫

折对艺术家的思维到底产生了怎样的影响。这就像我曾经看到的那样，一家奶制品公司在小白鼠身上检测普通牛奶与优质牛奶的功效有什么区别。⑯

为了改变语篇的世界，哪怕只是一瞬间，让我们听一听凯瑟琳·R. 斯廷普森(Catharine R. Stimpson)如何描述获国家艺术基金会(NEA)奖金的男性和女性：

> 人口普查数据显示，66%的音乐家是男性，88%的国家艺术基金会授予者是男性。从另一个方面来看，人口普查数据显示，63%的画家和雕塑家是男性，他们获得了60%的个人授予。在抽样调查的3年当中，1972年女性的调查结果最为乐观，这可能表明女性运动取得了一些成果，性别角色的新兴意识兴起。在1970年，女性仅仅获得了不到15%的个人奖金；在1968年，这个数字大约是18%。我们可以得出一个初步的结论，国家艺术基金会不仅反映而且维护了当下艺术家群体中的男性意识形态。⑰

接着，斯廷普森继续讨论了男性视角统治艺术领域和扭曲“我们对自然性别和社会性别构想”的方式。这仅仅是因为男性和女性拥有相异的经验，影响了他们对自己本身和彼此的看法；在女性被完全赋予接触艺术的权限之前，她们的活动范围都是受到限制的，因而她们的复杂性远远低于应该达到的标准。此外，这是她们不得不面对的一部分，而非“被给定”或不可改变的现实的一部分。这是性别分类满是漏洞的一种应用，与我们对什么是真实的意识是不一致的。

我再一次强烈呼吁女性强化对自身现实及生活空间外形的意识。这不仅可能使我们看清艺术、科学，没错，还有学校管理等领域社会性别化过程中的武断性、荒谬性和不公平；还可能激发女性坦诚面对她们真实的肉体自我。正如大家所熟知的那样，女性作家——尤其是女性主义作家——拥有多种多样的方式来解读女性的社会生物学本质。请注意，我正在讨论的并不是自然性别或社会性别的角色问题，而是性征，即身体从主观上在世界中呈现的显著性。在我做这件事的时候，我想要尝试将我们对性征的看法与多种刻板印象的影响分离开来，即抛开那些与生物学上的命运、邪恶、精神、被动或非理性相关的东西。同时，我想将它与某些男性观点区分开来。其中最具代表性的便是威廉·福克纳(William Faulkner)在《野棕榈》(*The Wild Palms*)中塑造的人物亨利·威尔伯恩(Harry Wilborne)。书中，亨利对“女性在机械学和同居住所方面的效率”进行了沉思。不在于节俭，也不在于家政，而在于远远超越这一切的东西，在于那些利用绝对可靠的直觉，与男性合作伙伴及环境的类型与本质建立起完全不假思索的关系的人及整个民族……⑱

爱丽丝·罗西(Alice Rossi)在撰写《代达罗斯》时，采用“生物社会 220
学视角”来考量了一些否认先天性别差异，要求父亲在养育子女上肩负起与母亲同样的责任的新平等主义意识形态。她认为，“从出生到死亡，性别都是不变的属性”；她讨论了社会科学家和社会激进分子中的文化决定论者。那些人(她说)，“混淆了自我认同的平等性和不平等的多样性”。多样性，她写道：“是一种生物学的事实，而平等性是一种政治、伦理和社会上的规则。”[19]

我们没有必要把罗西有趣而复杂的论点重新概括一遍，以便证明她部分依据内分泌学和生物学基础，支持女性应该肩负起抚育孩子的主要责任的正确性。她从母亲的角度讨论了与婴儿关系密切先天易患病体质，还讨论了荷尔蒙的巡回性、妊娠和分娩对女性的影响。她在任何情况下都不建议所有女性都生育孩子，尽管她的确呼吁女性选择肩负起育儿的责任，而不要将其移交给公共育儿中心。在那里，“儿童可能会变成被忽视、毫无乐趣的生物”。同时，她确实承认社会对众多女性的剥夺，并呼吁建立多种形式的社会支持体系。

221 我提及这篇文章的原因不仅仅在于其本身固有的重要性，而是因为，在我看来，它与我试图探究的主题相关。罗西谈到的困惑——对平等的多样性的困惑——是允许文化因素击垮生活空间之总体趋势的一项功能。一旦女性不仅仅与生活空间，还与原生风景和肉体参与取得联系，她们便无可避免地接触自己的性征。毕竟，女性独特性征的存在影响了她们理解世界的基础方式；我相信，被性别角色统治是促使如此多的女性否认、轻视和哀悼她们性别现实的原因所在。目前，我们在社会现实中只能听到单一性别的呼声；它们与传统的羞耻和负疚等表达方式起到了大致相似的作用。这常常造成这样的后果：人们的注意力从家庭和育儿政策等极为重要的问题上转移到对平等不合时宜的诉求之上。我没有说过，爱丽丝·罗西也没有说过，自己提出的方案能够给世界每个地方的所有女性带来最好的生活方式；我也从未建议那些选择生育的女性永远放弃工作和创作，或者放弃成为莎士比亚的妹妹。这个问题还关于如何奠定基础，如何扎根于被感知到的世界中，以及女性所理解的她们自己的生活空间。

另一篇现代小说尽管采用了神秘而令人困惑方法，但探讨的问题却是相似的。这便是加拿大作家玛格丽特·阿特伍德(Margaret Atwood)撰写的《浮现》(*Surfacing*)。小说的女主角是一位加拿大人，在美国旅居多年之后，回到了从小长大的坐落于荒原之中的家乡。她在3位老于世故的都市友人的陪伴下寻找走失的父亲。但她却在这个过程中全神贯注地追忆起了自己的过去和当时的风景，同时反抗所有的标签和虚伪，并最终反抗所有的封闭。她遭遇了一次流产，这意味着对她的一次迫害；湖边的美国猎人代表了男性的保守和破坏；惯用的语言意味着畸形。她通过梦想有一个自己的孩子来抗拒被动性，“我的孩子独自蹲在堆放在角落的一叠旧报纸上，或者一堆树叶和干树枝上……”她独自一人来到小岛，脱下衣服，远离人类的住所，进入了一种不成熟的、泛神论的现实当中——她将这种现实想象成自己的空间和宗教，并且最终：

> 最重要的是，拒绝成为一名受害者。除非我无能为力。我不得不放弃旧的观点，不再认为自己是无力的个体；同时，我因此无法做出任何伤害大家的事情。谎言总会比真相带来

> 更加严重的灾难。文字的游戏、输赢的游戏都已经结束；在那个时刻，没有其他任何人，但是他们必须被虚构出来，退缩不再可能，可以选择的其他方案只有死亡。我把毯子丢在地板上，进入我四分五裂的房间。我的备用衣服放在那儿，虽然已被刀片割破，但还是可以用以穿着。我笨拙地穿上它们，不熟悉地扣上纽扣；我再次进入了自己的时间当中。[20]

222 她的爱人似乎站在岸边，“像一名仲裁者、一名大使，为我提供着什么：是任何形式的囚禁，还是一种新的自由”？她明白，她必须返回文字和房间中，它们也可能再次失效。她能够找到的回去的唯一方法就是自主选择怀孕。

当然，这是一种极端情况。探索的现实可能是精神状态的现实；拯救再一次落到了过去的某个时间中，落到了对痕迹的追溯中。但是，我们清楚地发现，叙述者的知觉风景和在世界中被认为理所当然的性别角色和力量之间存在不一致。当我们突破了一般性障碍，摧毁了已经被接受的形式时，又将产生怎样的后果呢？如果没有事先设计出其他建构，那么可能带来的后果将是疯狂。我们在哪里才能找到与操纵的力量毫无关联的自由呢？我们应该如何评价建构而成的社会呢？

凯瑟琳·斯廷普森(Catharine Stimpson)提到了一种对“自然性别、社会性别和文化补偿性意识”的需求，并要求恢复承认女性在过去对艺术的贡献。卡罗尔·古尔德(Carol Gould)谈到了去神秘化以及“消除……那些阻碍我们进行探索的幻象”[21]的重要性。弗吉尼亚·伍尔夫提到了“在现实中出席”——同时拥有“一个自己的房间”。显然，对社会化、性别典型化和角色分化的兴趣带来了引人注目的发现。我们对什么破坏了女性的自我认同，什么在开放的世界中阻碍了人们的自由选择有了比以往更加清晰的理解。大量质询对促使某些女性重新审视施加于自身的假设和角色产生了深刻的影响。转变教学实践、修订教学材料、发明工作和游戏新方案的努力一直存在，也必须一直存在。

我相信，所有这一切都必须得到解放性思维方式的补充。这种思维方式使女性能够直面她们自己构建的社会现实，并且重新与她们的生活空间取得联系。我和弗吉尼亚·伍尔夫一样，相信在想象性文学和小说的作用下，我们能够“更加深刻地回顾过去”，同时“揭露世界的伪装，给予人们更加强烈的生活”。[22]萨特写道，优秀的小说是一种“危机和礼物”；此外，也是一种落实信念的行动。

> 如果赋予我的世界是不公平的，并不是这样我就可以冷眼旁观，我可以用自己的愤怒赋予它生命；我可能会揭露出，它的本质就是不公平，也就是说，被压抑的虐待。因此，作者的世界仅仅从不同深度上揭露了读者的检验、赞美和愤怒。[23]

阅读穆瑞尔·卢姬瑟、格蕾丝·佩雷和弗吉尼亚·伍尔夫的作品 223
就像是被给予了一份礼物。如果我们足够留心，愿意抛弃柴米油盐的琐事、从众和恐惧的话，便都能够收到这样的礼物。此外，正如萨特所说，艺术工作是对人类自由表达自信的一种行为。自由是洞察和选择的力量。它涉及以一种能够定义缺乏、鉴别空位、揭露可能的方式来估定环境价值的能力。只有当行动可以被用来修复空缺、穿透空位并追求真正的可能性之时，自由才能够得以实现。想象性文学的一大力量在于它能够使女性对被她们视为理所当然的事情采取新的观点，并用自己的愤怒赋予某些建构生命，以便她们能够不再将这些东西视为“给定的”，而是由人类构建而成的，并且能够将它们视为折磨自己的不公的来源。想象力的跳跃性能够带来现实的跳跃，即激发我们重做和超越的努力。

在现代社会，定义性别平等的努力有了新的维度。尽管审美和想象用形象性的模式呈现出的现实往往是模糊不清的，进而可能引发一些新的质询模式，但它们永远无法替代社会、科学或生物社会学的质询。从某种程度上看，离开清晰的解释和表达，被感知的世界是无效的；在被赋予某种重要的形式之前，除了在反省前的自我反思领域(pre-reflective domain)，它都不带有任何重要性。这也就是为什么说文学可能会产生一种资源，催生一条入侵意义之领地的道路。而这条道路与“人们阐释主观上对他们有意义的现实”并没有太大关系，却和“生成之理”(nascent logos)的世界，即女性的生活空间，息息相关。考虑到那个世界，我选择用穆瑞尔·卢姬瑟的几句话结束本章，这几句话摘自“珂勒惠支”(Kathe Kollwitz)㉔的话：

> 如果告诉女性她们生活的真相，会发生什么情况呢？
>
> 世界将会崩塌。㉕

参考文献

1. Maurice Merleau-Ponty, *Phenomenology of Perception* (London: Routledge & Kegan Paul, 1967), pp. xvi, xvii.

2. Muriel Rukeyser, "The Poem as Mask,"in *by a Woraan writt, ed. Joan Goulianos (Indianapolis: Bobbs-Merrill*, 1973), p. 379.

3. Helene Cixous, "The Laugh of Medusa,"*Signs*, Summer 1976, Vol. 1, No. 4, p. 876.

4. Peter L. Berger and Thomas Luckmann, *The Social Construction of Reality* (Garden City, N. Y. : Anchor Books, Doubleday and Co. , 1967), p. 19.

5. Alfred Schutz, *Studies in Social Theory*, Collected Papers II, ed. Arvid Brodersen (The Hague: Martinus Nijhoff, 1964), p. 22.

6. Anais Nin, *The Diary of Anais Nin*, Vol. III, 1939-44, Jan. 1943, Goulianos, ed. , *op. cit.* , p. 303.

7. Helene Cixous, in Goulianos, ed. , *op. cit.* , p. 887.

8. Kate Chopin, *The Awakening* (New York: Capricorn Books, 1964), p. 79.

9. Merleau-Ponty, *The Primacy of Perception* (Evanston: Northwestern University Press, 1964), p. 5.

10. Ibid. , p. 25.

11. William James, *Principles of Psychology*, Vol. II (New York: Henry Holt, 1950), p. 297.

12. Simone de Beauvoir, *The Second Sex* (New York: Alfred A. Knopf, 1957), pp. 450-451.

13. Grace Paley, "The Used-Boy Raisers,"*The Little Disturbances of Man* (New York: Meridian Fiction, 1960), p. 132.

14. Virginia Woolf, *To the Lighthouse* (London: J. M. Dent, Everyman's Library, 1962), p. 149.

15. Woolf, *A Room of One's Own* (New York: Harcourt, Brace, &

World, 1957), p. 51.

16. Woolf, *A Room of One's Own* (New York: Harcourt, Brace, & World, 1957), p. 54.

17. Catharine R. Stimpson, "Sex, Gender, and American Culture," in *Women and Men: Changing Roles, Relationships, and Perceptions*, ed. Libby A. Cater, Anne Firor Scott, and Wendy Martyna (New York: Praeger Publishers, 1977), pp. 216, 220.

18. William Faulkner, *The Wild Palms* (New York: New American Library, Signet Modern Classics, 1968), p. 53.

19. Alice S. Rossi, "A Biosocial Perspective on Parenting," *Daedalus*, Spring 1977, p. 2.

20. Margaret Atwood, *Surfacing* (New York: Popular Library, 1972) pp. 222-223.

21. Carol C. Gould, "Philosophy of Liberation and the Liberation of Philosophy," in *Women and Philosophy: Toward a Theory of Liberation*, ed. Carol C. Gould and Marx W. Wartofsky (New York: Capricorn Books, 1976), p. 38.

22. Woolf, *op. cit.*, p. 114.

23. Jean-Paul Sartre, *Literature and Existentialism* (New York: Citadel Press, 1965), pp. 62-63.

24. 凯绥·珂勒惠支(1867—1945)：原名凯绥·勖密特。德国版画家、雕塑家、社会主义者。她的早期作品传达了资本主义制度下工人阶级的悲惨命运和勇于斗争的精神。

25. Rukeyser, "Kathe Kollwitz," in Goulianos, ed., *op. cit.*, p. 377.

/ 16. 无关紧要的影响：美国教育史中的女性/

“正义的基础概念在于，”彼得斯写道，“如果存在具有相关性的不同，就应该区别对待；如果不存在具有相关性的不同，或者存在的不同并不具有相关性，则不应该区别对待。”① 在美国，女性教育史就是一部“根据无关差异”做出区分的历史。这意味着，这是一部不公平和不平等的历史。多年以来，女性一直被排除在平等的考量之外；那些否认女性享有获得平等权利的人觉得自己丝毫没有责任来证明这种做法的合理性。这是因为，他们筛选相关因素的方法以及官方的相关性观念是被迫施加和内化而成的。那些掌权者理直气壮、自信满满地尽其所能，维持着女性世界永久性的分离和从属状态。

我们没有必要回顾古老的神话和幻想就能解释为何女性被排斥在“所有男性”假定的“平等的”宇宙之外。为美国信仰体系做出巨大贡献的自然权利论因卢梭等人的言论变得合理起来。卢梭认为，“女性获得的全部教育都应该与男性相关。”②诸如本杰明·拉什医生(Dr. Benjamin Rush)等启蒙运动的伟大布道者呼吁为“我们的女士”设立“特殊而恰当的教育”。宣扬自由和平等的机构赋予了女性一种特殊的责任：她们被任命“向她们的儿子传授自由原则”。[3]

226 在占据主导地位的构建中，女性要履行的义务很多，享有的权利却很少。她们不仅被认为在心智上处于劣势，(正如某位女性所解释的那样)还被认为因“受本性的支配”而只能将家庭作为“恰当的指定活动场所”。[4]在当下这个似乎任何事情都可能发生的国家，在一个随时可以为边境和蛮荒的生活而抛弃被认为是文明的事物的国家，在一个似乎总处于暴力和无政府状态边缘的国家[5]，人们感到了设置道德依托(moral anchor)的需求——一个秩序、规矩和控制占据统治地位的地方。当然，女性的责任曾是：在家里设置一个平衡诱惑的砝码，以便维护道德准则。正如凯莎琳·比彻(Catharine Beecher)所说，教育女性就是为了让她们能够履行“特殊的责任”。[6]女性被禁止处理民事和政治事务，没有法律身份，事实上是她们丈夫的不动产，而这一切都因为她们被给予了“舒适、便利和殷勤的生活”而得到了补偿。

亚历西斯·德·托克维尔(Alexis de Tocqueville)在1830—1831年访问美国期间，发现了一个令人印象深刻的现象——“在婚姻关系中，女性不可避免地丧失了独立性……”他首先谈论了许多希望借民主来矫正社会不平等的方法，接着指出，在两性平等的问题上，美国人是一个例外。

> 他们承认，自然属性使得男性和女性在生理结构和道德结构上呈现出巨大的差异，女性呈现出的构造使男性和女性的分工变得截然不同；他们认为，改善并不在于使如此不同

> 的两类人从事大致相近的事情，而在于使每个人都能够以最好的方式完成各自的任务。美国人将政治、经济的重大原则应用在两性关系之上，这些原则控制着我们的时代。为了更好地执行社会的伟大工作，他们小心翼翼地将男性的任务与女性的任务分割开来。[7]

我们可以从这里看出一些经济决定论的端倪。不过，必须指出的是，早在工业体制形成和发展之前，类似的社会分工便已经存在了。尽管国内工业有着共享劳动力的特点，情况也依然如此。至于在边境地区，女性从事着许多通常分配给男性的任务；当女性孤身一人时，她们要做的头等大事就是生存：开店、犁地、修理机器……尽管如此，人们还是固执地坚持传统观念。女性被主要当作一种精神上的生物，脆弱而情绪化；如果非要让她们接受教育，目的也只是让她们过上尽职可靠的生活——针对那些处于从属地位且软弱无力的人。

令人惊讶的是，到了19世纪30年代，改革运动(包括废奴运动、 227
女权运动、反战运动和监狱改革)开始关注教育而非“皈依”，从属地位的概念也被清晰地提出。首先，对不受法律约束状态的担忧促使人们努力巩固当前学校并建立有效的学校体制。人们认为，在日益受工业控制的社会中，不仅有必要使各类儿童变得社会化，还有必要通过教育使他们变得美国化——针对那些没有体验过自由的人，以及那些容易将自由和许可混淆起来的人。[8]无论占据主导地位的关注是创造出一个有文化、守纪律的工人阶层，并施加以中产阶级和清教徒式的民族精神，还是设置防止腐败和无序的障碍，表现出来的现象都是“社会控制”。当然，它意味着法律的正义性和现存社会权威的内化。反社会的力量和欲求将被压制；“狂热”将成为“自愿服从”的附庸。[9]全部努力和盛行氛围则被认为是带有救赎性质的、仁慈而良性的。

从事早期教育工作的教师大多为女性。她们很少教授小学以上的年级，被给予卑微的地位，拿着极其微薄的工资。但是，年轻女性却可以接受这样的待遇，因为如若不然，她们将作为女儿、姐妹或被收容的人而变得完全依赖他人，收入也比普通职员要少得多。她们中的大部分人都被视为大龄女青年，如果希望留在学校里的话，无论如何都必须保持未婚状态。很少有社区能够为年纪较小的儿童支付更高的教育经费，而足够清楚的是，女性二等公民的地位允许学校委员会毫无歉意地将她们选定为廉价劳动力，同时还打着道德的大旗。毕竟，还有谁具备更好的能力，能够调整那盏灯的方向，免得它被风吹灭呢？康涅狄格州的教育改革家亨利·巴纳德(Henry Barnard)是众多提出女性已经做好了充分准备的人之一，他认为女性“拥有学校最需要的细心、爱心、希望和耐心”。[10]

贺拉斯·曼在就任马萨诸塞州教育董事会秘书长的第10次报告中要求听众描述教师的典范。他说，你能否想象出这样一个人：

> 228 他的每句话都经过精挑细选，发音和语调正确而有魅力，举止温和优雅，谈话的所有主题都令人欢欣鼓舞和富有教育意义，内心的仁慈在文明、礼貌和善良的行动中得到彰显，

无论进入哪个领域，都能够在其中传播散发着莫可名状的魅力的光环？这样的人应该成为每所公立学校的教师。⑪

人们一直在强调，高雅的风度和顺从是长期伴随女性的美德。有趣的是，这些美德之间存在一些一致性，它们通常都与灶台和家庭，及公立学校希望传授的东西联系在一起。女性教师很少被雇用给高年级学生上课，也很少负责传授小学以上的文法知识。人们认为，女性的心智不够敏锐，不足以进行数学和自然科学的教学。她们被分配的角色，确切说是命运，是照着一个模子来教育孩子，用绳索束缚住他们，让他们不能轻易挣脱，让他们盲目服从于尊敬和美德的原则。她们是教养的典范、干涉的代表、严厉的母亲的代言人，被委派了施加社会控制的任务，常常带着铁腕在教室中巡逻。

尽管如此，她们明白，社区也明白，女性严格从属于管理学校的男性。校长和督学都是男性，他们对课程安排、纪律、教师遵循的道德修养，甚至教学的组织方式负责。大卫·提阿克(David Tyack)引用了一篇期刊中的文章，宣称“督学常常更喜欢女老师，因为她们更愿意服从设立的原则，很少固执地坚持自己的偏好”。他接着说：

丹佛市的督学说，对于给上级提意见的女老师，“我们会认为她们就像找父亲谈话的乖女儿一样……发号施令的必须是父亲”。1841 年，波士顿学校委员会赞扬女教师没有功利心、朴素和孝顺：“她们很少规划未来的荣誉或薪水……关于

> 上课，她们从不期望从父亲控制下合法地获得解放，而年轻的男老师却不可避免地这样做。”[12]

公立学校首要考虑的事情是促使所有儿童，无论男女，屈从于“自愿的服从”；我们不难想象学校针对女孩设立的关于顺从的特殊课程是怎样的。女性处于从属地位的形象显然已经足够强烈了，而当我们把女性与诸如《麦克古菲读物》(*McGuffey Readers*)[13]中的材料联系起来的时候，却发现它几乎无一例外地强调了“善良的男孩”“可怜的男孩”、站在燃烧的桌子上的男孩和其他男孩[14]——第二层次的构建(弱势群体)只能得到持续确认。

229 然而，除了早期女权主义者之外，确实有一些普通女性与屈服和顺从断绝了关系，或者至少她们自认为与这两者断绝了关系。她们是在磨坊工作的女孩。她们离家外出务工赚钱，却发现自己在工厂和其他地方一样受到歧视。她们一天必须工作12～16小时，待遇却少于男性。她们常常被迫生活在工厂的宿舍中，服从严格的纪律。这可能被看作另外一种模式的女性教育：某些价值观和技能被刻意传播，更别说整体的态度和信念结构了。露西·拉克姆(Lucy Larcom)是第一位想要像她的姑母那样“管理学校”的女性。她在1835年去了洛威尔磨坊(Lowell mills)工作，那时她大约13岁；她写道，对于许多陌生的女孩子来说，离开家庭来到洛威尔是一件好事，因为“这促使她们走出自己的世界，进入他人的生活”[15]，因为这似乎是一种在世界中获得归属感的方法。

事实上，洛威尔磨坊成为一个旅游景点很大程度上要归功于这些女孩子们。查尔斯·狄更斯(Charles Dickens)和哈里特·马蒂诺(Harriet Martineau)都曾研究过在那里工作了5年、每周工资不足3美元的年轻女性，评价了她们的自尊、华美的服饰和优雅的举止。这些工人拥有图书馆和自己的报纸，但她们每周工作70小时，餐费和住宿费还需要从工资中扣除。她们获得的“教育”是定期去教堂做礼拜、参加周日班和偶尔的基础文化教育；她们按照规定不能打牌和饮用烈酒，还要避免任何形式的放荡行为。[16]她们的“智慧”和满足得到了广泛的宣传，但显而易见的是，照料她们的是那些丝毫不允许自发性行为和自由选择存在的工厂管理者和禁欲派神父的代理人。一些磨坊里也有男性工人，一些企业的生活区内居住着男性居民，但没有证据证明对他们也存在这样的保护性行为。这也许是因为，尽管工人处于从属地位，却属于不需要得到保护和照料的范畴。

赫尔曼·梅尔维尔曾经造访过洛威尔磨坊，看见过那里的工人。 230
他根据这些经验，创造了一个关于造纸厂的故事，命名为《少女的地狱》(*The Tartarus of Maids*)；故事讲述了穿着蓝白相间工服的女孩，她们分拣造纸用的破布料，往熨烫机里填充物料，把纸张折叠起来，在“空虚而破败的生活中，带着消耗性的苍白面色”穿梭移动。在故事即将结束的时候，叙述者和工厂主管谈到了他的机器和女工：

> “这些女孩，”我盯着她们安静的外表随口问道，“先生，为什么在大多数工厂，女性工人，无论年纪多大，都一律被

叫作女孩，而不是女人呢？”

“哦！关于这一点，为什么呢，我想，是因为他们大多数都没有结婚——这就我能想到的一个原因。之前我从没考虑到这一点。在这家工厂，我们不会雇用已婚妇女；因为她们容易老是请假。我们只想要工作稳定的女工：能每天工作 12 小时，一天接着一天，一年 365 天不间断，除了周日、感恩节和斋期。这是我们的规定。因为她们没有结婚，我们把她们叫作女孩很恰当。”⑰

最后，他们把这些女孩和叙述者在伦敦圣殿酒吧(Temple Bar)附近遇到的单身汉进行了对比，尤其关注了她们“良好的生活、酒品、感觉和谈吐”。⑱对比之后，他们发现，那些单身汉就好像完全没有遭受过痛苦和孤独一样。他们是两个极端——一个天堂、一个地狱——但是一道血红的目光却使这两个地域之间的界线变得无比鲜明。梅尔维尔还能做出第二种更加微妙的区分：女人和女孩——那些处在家庭生活的保护当中，被管理者当作幼儿对待的人，以及那些在餐桌和织布机旁弓腰劳作的女性(像极了优雅而娴熟的女儿)。

幼儿化和隔离常常与 19 世纪女性生活中的教育有关。的确，从某种程度上说，在洛威尔劳动者改革协会(Lowell Female Labor Reform Association)成立之后，洛威尔姑娘们虚构的幸福生活确实被摧毁了。那时，这个协会由莎拉·拜格利(Sarah Bagley)领导，她将自己描写为“受过公立学校教育的英格兰新女工……”⑲她们参与了一场旨在立法确立10小时工作制的请愿运动，但却未能取得成效。她们虽然不能在选举中投票，却力图在选举时施加压力，击败那些不对她们持同情态度的候选人。然而，她们并没有赢得想要的权利；她们受到了男性工会成员以及工厂管理者的阻挠，被继续当作“女孩”对待。但是，她们能在一段时间里团结起来的事实证明，她们并没有将官方施加的无助、顺从和永远开心的女孩形象内化。她们虽然上过一些学，却没有受到良好的教育。

凯瑟琳·比彻(Catharine Beecher)是莱门·比彻(Lyman Beecher) 231
的女儿，哈利特·比彻·斯托(Harriet Beecher Stowe)的妹妹。女性即将进入工厂工作的前景让她感到恐慌。与此同时，许多符合条件的男性也应征前往西部边境，越来越多的“过剩”女性被迫自谋生计——她们常常是去当操作工。1827年，比奇尔小姐在管理了哈特福德(Hartford)的一所青年女子学校后(在那里，“知识文化”被刻意归为“为了我们的种族获得永久福祉而必不可少的基督教教育下的性格培养”的附属，同时女性也在这个过程中学会了肩负她们在世界中的社会责任[20])。想要雇用家政女仆和想要从事家政工作的女性数量之间存在巨大的不平衡，这深深地打击了她。鉴于这一点，“我们的制造工厂”使不平衡进一步扩大。同时，公立学校的重要性也给她留下了深刻印象，她开始详尽阐述女性的最高职业理念：

> 所有的母亲、教师、护士和家政工作都由女性担任，这与社会需要的利益最为相符；当所有这些工作都被视为值得

尊重，并由受过良好教育的女性担任时，将不会有多余数量的女性进入商店、磨坊或者被引入公共和政治生活领域。㉑

比奇尔对女性教育的贡献在于她说明了家务也需要智力和能力，同时所有阶层的女性都应该接受良好的教育，获得生理学、卫生学、营养学和应用数学等方面的知识。她说，女性可以找到"合适的工作"，但这些工作应该被看成是体面的。㉒尽管如此，她还继续强调，我们必须维持"某种关系"，其中"涉及从属的义务……必须确立丈夫和妻子、家长和孩子、教师和学生、老板和雇员之间的关系，每种关系都应该与从属的义务有关"。㉓她提出了为教师设立师范学校的观点，这个观点非常重要，也同样渗透到了下列观点之中："更加重要的是把女性教育成善良、实用和虔诚的人，而不是让她们变得知识丰富和全面完善……"㉔

艾玛·哈特·威拉德(Emma Hart Willard)本身接受过高等教育，对智力发展问题持有与众不同的观点。这在很大程度上出于她本人对高等数学的迷恋，以及被米德尔伯格(Middleburg)大学拒绝参加男性考试的沮丧经历。1821 年，她创建了特洛伊女子学院(Troy Female Seminary)，不仅设置了高级代数和几何课程，还提供了前所未有的详细生理课程。这并不意味着，她忽视了宗教教育或《圣经》教育；也不意味着，她挑战了女性的"服务性"责任。㉕然而，她的确在没有任何一所高等学校向女性开放的时候为女性提供了接受高等教育的机会；重要的是，她开始——至少间接——动摇了认为男性和女性的智商不同的传统观念。

她没有，毫无疑问也不能像苏格兰女权主义者弗朗西斯·莱特 232
(Frances Wright)一样产生那么深远的影响。1819年，莱特到达美国，开展了教育解放和社会正义运动。她是乌托邦思想家罗伯特·欧文的朋友，在新哈莫尼(New Harmon)的一家报社当编辑。她通过在东部和中西部地区对工人进行巡回演讲，不仅要求女性获得平等的教育权，对宗教教义展开了批判，还像其他欧文主义者一样，呼吁建立自由的校董事会，以便消灭阶级差异和阶级统治。[26]重要的影响也许在于，她持续要求人们开始独立思考。她像亨利·戴维·梭罗一样，呼吁男性和女性审视自己信念的基础，呼吁他们睁大双眼，开始提问。与梭罗和同时代的超越主义者不同，她直接与那些在社会中处于从属地位的人进行对话，针对那些女性和工人——她认定的受压迫者。

与此同时，压迫确实是多方面的。上述两个层面的维持使得女性不再因为被视为权威之外的生物而感到困惑。哈里特·马蒂诺在一次与她会面之后直接谈到这个问题——美国女性甚至无权决定她们义务的具体内容是什么：

> 如果说存在绝对适用的人类力量、商业和特权，那一定是义务原则和规律的发现和运用。每个个体，无论男女，都拥有理性和意识，他们因此被赋予了做自己想做的事情的权利。但是，这不仅阻碍了一些人的发展，比如像美国女性一样很少拒绝强加在她们身上的任何生活的人；还使整个舆论机构粗暴地禁止女性个体自由思考决定承担什么义务和以何

种方式承担责任。[27]

233 我们必须记住，艾玛·威拉德(Emma Willard)、伊丽莎白·帕尔默皮博迪(Elizabeth Peabody)和玛格丽特·富勒(Margaret Fuller)等足够有勇气来认同自己和应承担的义务的女性都属于特权阶层。在大多数情况下，她们都被父亲或其他感兴趣的男性友人所崇拜、纵容和维护。她们有可能像玛格丽特·富勒那样要求得到充分满足[28]，拒绝舍弃，同时进入"思维的伊甸园"中好好享受[29]。而许多其他人，包括中产阶级和工人阶级女性，却注定将自己的形象保持在从属和依赖的地位；学校也不例外，甚至还强化了她们一开始就内化了的观点。

玛丽·劳茵(Mary Lyon)力图使蒙特霍利约克学院(Mt. Holyoke Seminary)的女学生接受和男学生一样的学术教育。甚至连她都曾经写信给她的妈妈："哦，让这片土地上的女儿们做好当妈妈的准备是多么重要啊!"[30]她虽然相信家务知识对于女性来说同样重要，自己却在家务领域之外拼命工作。她花了4年时间才从周围的社区筹集到需要的资金。她常常被迫依靠男性代表和发言人，以便不会让人们觉得是女性发起了这样一个意义深远的计划。1837年，学院建立了。劳茵小姐开创了一套和哈佛大学同样严格的学术课程体系。学生经过精挑细选；她们需要学习3年，期间她们会学习诸如语法、修辞学、人类生理学、几何学、自然哲学、人类哲学、天文学、化学、教会历史、逻辑性和自然神学等学科。当然，她们还需要履行家务义务。但是，正如埃莉诺·弗莱克斯纳(Eleanor Flexner)所写的那样，玛丽·劳茵的做法证明了“从宏观和微观结构以及天赋上讲，女性的思维构造和男性同胞一样……”[31]总体来说，她们缺少的是基于这些能力采取行动的机会——商人和牧师的女儿至少比穷人的孩子更有可能获得这样的机会。

蒙特霍利约克学院尽管接纳了一些自由的观点，但整体氛围仍十分拘谨。艾米莉·狄更生(Emily Dickinson)大约在1847年进入该学院学习，但她觉得这里太过拘束。一段时间之后，她写了一首关于尊重的诗，从某种意义上说，其中某些地方可以视为她的回应：

这些窈窕淑女是 234
多么温柔，如天使般可爱！
她们将很快袭击丝绒
或者消灭星星。

这样的麻纱顶嘴，
如此精致的恶性
长满雀斑的人类本性，
神性的耻辱，——

它是如此常见的荣耀，
渔人的学位！
救赎，脆弱的女士。
为你自己感到羞愧。[32]

和许多诗一样，这首诗也存在多种解读；其中一种解读认为，它以一种讽刺性的视角向读者展示了第二层次：接触知识的“窈窕淑女”、具备了所谓的“信念”的“窈窕淑女”，其实还是哈里特·马蒂诺描述的传统生物：没有“自由思维”的人，仍在要求自己决定自己的义务是什么——为了认同有意义的“救赎”，即她们自己的救赎。当然，女性需要的不仅是语法和自然哲学的教育，还需要拥有与“她们的男性同胞”一样的思维，同时永远维持一个精致的“提花布”一般的自我概念。只有少数女性能够成功为自己解放；在 19 世纪中期，只有少数女性能够超越“渔人的学位”(fisherman's degree)。

欧柏林学院(Oberlin College)创立于 1833 年，同时对男性和女性、白人和黑人开放。在一些人看来，将克服传统的隔离管理。这是一所在废奴主义和改革精神下建立起来的学校，但是，实际上，它强化了这样的观念：接受过良好教育的女士注定成为帮手，负责维持在边远地区从事福音传道工作的男性的心理健康和道德平衡。古老的区分再一次产生：学院的态度是，“女性的最高天职是成为人类的母亲，因此她们应该待在特定的区域内，以便未来的后代不会因缺乏母亲投入而专注的关怀而遭受痛苦”。[33]女性在学院中被与男性隔离开来，她们被要求从事家政工作，包括为男同学洗衣服。

235 露西·斯通(Lucy Stone)和其他即将成为女权主义的人在 19 世纪 40 年代早期进入欧柏林学院学习，但是她们只是偶尔涉足诸如神学等男性主导的领域。露西·斯通已经成了一名地区学校的教师，比许多其他学生要年长。她积极投身于和平运动与废奴运动的宣传工作，同时在即将毕业之际，被选中主笔毕业演讲稿。当她发现自己写的演讲稿将由一位男同学来朗读时，她拒绝接受这样的荣誉。当然，此后她继续为废奴事业和争取女性权利的运动摇旗呐喊。

露西·斯通是一个例外——又一个例外。欧柏林学院的大多数女学生默认：她们将成为弱势群体，将需要依靠他人供养为生；她们将适应处于“特殊的层面”。但是，随着时间的推移，国家将日益工业化、多样化和复杂化，越来越多的女性将变得不服从于礼数和隔离。在内战结束之后，随着高等教育的开放，越来越多的高等院校开始招收女性。

瓦萨学院(Vassar)、史密斯学院(Smith)和布林马尔学院(Bryn Mawr)都是招收女性的知名院校。凯里·托马斯 (M. Carey Thomas)本人曾在康纳尔大学(Cornell)、约翰·霍普金斯大学(Johns Hopkins)和莱比锡大学(University of Leipzig)就读，曾担任布林马尔学院的系主任和院长。布林马尔学院像其他女子学院一样，在旺盛的求知欲和探索欲的驱动下，创建了“精神追求”之岛。但是，凯里·托马斯却清楚表示，年轻女性需要比其他人更加勇敢，才能挣脱家庭的束缚，从传统角色中解放出来。“布林马尔模式”致力于建立新型的平等的人际关系；托马斯小姐觉得没有任何理由可以证明女性不应该进入所有技术和专业领域。“没有理由相信，”她说，“女医生治愈伤寒、猩红热和肺结核的方式和男医生不同。而我们却有充分的理由相信，除非采用最好的方法进行治疗，病人有可能死亡，医生性别对结果的影响还不如病人性别对结果的影响大。”[34]

236 许多布林马尔学院的毕业生成了成功的女性，尽管这十分鼓舞人心，但第一层次和第二层次的隔离状态仍未被打破。对于受到良好教育的中产阶级女性来说，这仅仅是一种角色分配的改变。对于M. 凯里·托马斯来说(从许多方面来看她都具有代表性)，知识能力和家庭生活之间是不相调和的；她对婚姻和生育恨之入骨，并将一些这样的观点传递给了学生。正常的性欲在她看来是无关紧要的；对于知识女性而言，友谊可能也应该能够替代妻子对性欲的需求。的确，19世纪后半叶的大部分女子高等学校毕业生都没有结婚；她们选择的大部分专业角色都是与教育相关的传统女性角色：社会工作者、图书管理员、护士，最多的是教师。因为她们选择了这种方式，所以我们可以清楚地看到，她们自己内化的冲突很少得到解决。很少有人如此猛烈地投入M. 凯里·托马斯预见的“智力的弃权”之中。其中大多数毕业生对周围的人解读社会现实的方式感到困扰，“官方”对女性权利和恰当领域的定义也让她们无比烦恼。

小说家揭露了这一现象，其中包括凯特·肖邦[35]、玛丽·奥斯丁(Mary Austin)[36]、玛丽·威尔金斯·弗里曼(Mary Wilkins Freeman)[37]和伊迪丝·华顿(Edith Wharton)[38]在内的女性作家，以及一些男性作家，比如弗兰克·诺里斯(Frank Norris)、[39]西奥多·德莱塞[40]和亨利·詹姆斯[41]。1892年，亨利·詹姆斯指出，“在残酷的商业世界中，美国女性……和美国男性之间的分离愈发严重，除了不堪的利益之外，我们没有时间关注其他任何事情……这种分离很快变成一种漩涡——一种不平等的深渊，这种可能性从未有过地暴露在光天化日之下”。[42]

但是，各个方面都鼓励两性的分离，包括审查员、牧师，甚至是害怕失去支持的女性群体本身。1895年，华德·赫钦森教授(Dr. Ward Hutchinson)在美国药物学院(American Academy of Medicine)巴尔的摩会议(Baltimore meeting)的演讲中说：

> 在家庭或学校之外工作的女性遭到了一种可怕的惩罚，不仅在生理、心理或道德上，还经常三者并举。她犯下了一种伤害自己和社会的罪行，同时，出于相同的原因，女性劳力有如儿童劳力，应该加以禁止。任何让女性工作的国家都该死，本质上属于休伦族伊洛魁族联盟(the Huron-Iroquois Confederacy)。[43]

华德·赫钦森教授只是众多持此观点当中的一员。亨利·亚当斯说：科学和教育作家强调让女性接受教育的危险；约翰·霍普金斯大学的斯坦利·霍尔(G. Stanley Hall)为他提出的“圣母玛利亚概念”[44]庆祝，同时呼吁每月举行一次经期“安息日”活动。

面对这样的神秘化潮流，珍妮·亚当斯(Jane Addams)毫无疑问并不是唯一被早期女性主义互相矛盾的要求和改变世界的野心折腾得几近瘫痪的人。[45]后来，她发现了存在一种名为“基督教复兴运动”(Christian Renaissance)的英国革命运动，并且通过社会改革有可能成为女性圣徒，之后上述冲突得到了解决。赫尔大厦(Hull House)[46]被证明是一种解决方案。她以宗教的方式看到教育，认为教育可以拯救人类的灵魂；她在探讨如何引导移民的后代融入20世纪早期的社会，甚至在讨论多元主义或承认文化多样性的重要性时，接触了早期进步论思想，进而引发了她的“社会控制”[47]言论。她与亨利街安置会(Henry Street Settlement)[48]的创始人莉丽莲·伍德(Lillian Wald)类似，将教学和社会工作看作“分内”之事；毫无疑问，这些女性表现出了不同的女性气质，成了从公立学校毕业的第一批“催人奋进且具有教育意义”的年轻女性代表，起到了更为复杂的社会作用。

237 然而，由于各个层次的完全分离，以及女性专业人士迁就社会控制需求的倾向，一些杰出的女性教育家在20世纪早期登上了历史舞台——在一些人看来，这个世纪可以被称作“儿童的世纪”。[49]艾拉·弗拉格·杨格(Ella Flagg Young)在芝加哥大学求学时，与约翰·杜威一道在他创建的实验性学校中工作。之后，她成了芝加哥大学的第一位女学督。她不仅极力反对导致许多教师退化的日常监管，还强烈主张任用更多的女学督。她曾这样说，“这是女性的天职，她们不会满足于承担大部分工作而拱手让出领导岗位”。[50]她说出这样的话毫不奇怪。

朱丽娅·理契曼(Julia Richman)是纽约大学的第一位犹太裔女学督。她为分类测试奠定了基础，认为应该根据孩子的能力将他们分为“天资聪颖的”“中等智力的”和“头脑简单的”。[51]她在许多方面都与贺拉斯·曼相似，如热忱地追求进步、推行美国化、力图克服无法纠正的观点，以及希望通过教育消除对移民和贫民的剥削。

还有一些其他的伟大进步主义发明家和教育家：玛格丽特·南伯格(Margaret Naumburg)在1915年创建了后来的瓦尔登学校(Walden

School)；卡洛琳·普瑞(Caroline Pratt)在1914年创办了戏剧学校(Play School)，后来又创办了城乡学校(City and Country School)；1907年，玛丽埃塔·约翰逊(Marietta Johnson)在亚拉巴马州的费尔霍普(Fairhope)创办了有机学校(Organic School)；1916年，露西·斯普拉格·米切尔(Lucy Sprague Mitchell)创建了教育实验所(Bureau of Educational Experiments)，后来更名为银行街教育学院(Bank Street College of Education)。除了少数例外，她们都属于进步主义流派，将兴趣集中在艺术、戏剧和治疗学的自我表达上——这些都被称为进步主义思想的“浪漫”维度。

根据她们的情况，这完全不是因为她们没有接受过良好的教育，或者不够智慧。她们都在美国国内和国外有着丰富的学习经验，其中不少在审美学和心理学领域有很深的造诣。这可能与新自由本身固有的吸引力有关，还可能与进步主义观点有所联系。教育者，尤其是20多岁的教育者，从方法中挑出了不同的层面做出回应：一些针对其中的科学要素，一些针对测量的含义，一些针对“生活调整”的暗示，还有一些表达了对社会控制的关注。女性教育者表现出根据被她们理解为进步主义的个人自由采取行动，并将每个人都视为“孩子”，这是她们自我意识的体现。

女性在公共教育系统中获得领导地位并不是那么简单，与此同时， 238
公立中学中的女教师也不太可能获得自治权。戴安·拉维奇(Diane Ravitch)描写了20世纪早期纽约女教师糟糕的培训情况：

学校官员偏爱雇用女教师，因为他们支付给女教师的薪水要低于男教师，这样可以省钱。女性乐于承担教师工作，因为这是少数几个向她们开放的体面职业。同时，女性在学校体制中公然遭受歧视。她们比从事同样工作的男教师少拿近一半的工资。[52]

实际上，直到 1904 年，纽约市的地方法规仍然规定女教师结婚后便会被立即解雇。直到 1932 年，社会学家维拉德·华勒(Willard Waller)还对教师低下的社会地位和微薄的待遇做出过这样的评价："教师对女性人格典范起到了同化作用。"实际上，他还说："据说，白人男性世界从未真正接纳女性和黑人。"[53]他像此前的人一样，从孩子的视觉描述教师，认为教师的负面社会地位部分是因为孩子将对教师的认知拓展到了成人生活中。

回溯过去，我们可能惊讶地发现，很少有女性将她们自己，或者公开将自己定义为受压迫者。在历史上，不时会有人表达出对黑人的认同，无论是对黑奴还是自由黑人。有时，这种认同感是在弗雷德里克·道格拉斯(Frederick Douglass)的领导下产生的。他还富于表现性地阐明了对女性权利的认同。姆凯姐妹(Grimke sisters)，即萨拉(Sarah)和安吉利娜(Angelina)便是典型代表。作为奴隶主的女儿，她们不仅将奴隶制视为彻头彻尾的罪恶，还基于这一点离开了南部。她们活跃于废奴运动中，但常常由于性别而被禁止登上公共演讲台。萨拉·姆凯撰写了一篇题为"两性平等"的文章。她在其中清楚地阐释了女性的从属地位和奴隶的困境之间的关系。她还讨论了女性的“教育弊病”，认为她们被当成“美丽的玩具或者消遣的工具”，而无法获得与男性同等的工资报酬。“我相信，从事教育工作的男性总能获得比女性更多的代课费——即便他们教授同一门课程，男教师也不一定比女教师教得更好”。[54]她写道，在裁缝和洗衣等工作中，以及其他男性和女性共同参与的工作中，这样的现象真实存在着。接着，她写道：

> 女性处在这个国家的另外一个层次，每每提及这一点， 239
> 我都不禁感到最深刻的羞耻和悲伤。我指的是我们的女奴隶。我们的南部城市被淹没在一股污染的潮流之中；女奴隶的贞操完全受毫无责任心的暴君支配……受到折磨的不止有色人种的女性，白人女性的道德贞操也被深深地污染了。她们丝毫不感到迟疑和良心不安地看着受奴役的姐妹的贞操被无谓牺牲，她们就这样面不改色地看着诱奸和非法私通等罪行的发生。尽管她们没有亲自参与到这些罪行之中，却因无知而丧失了自己的价值；而另外一种性别，即美德最强力的捍卫者，也因无知而丧失了自己的价值。[55]

她在文章末尾提出了这样的问题，“任何一位美国女性能够看着这令人震惊的放荡和残暴场景，袖手旁观，只是说‘我和奴隶制没有任何关系’吗？她们不能这样做，也不可能是清白无辜的”。显然，萨拉·姆凯看到了这种从属模式和另外一些因素之间的关联。然而，更重要的是，她似乎能够识别个人自由和投身于人类解放事业之间的关系。同时，她借助理性的批判，详细阐述了颇具讽刺意味的“恰当的领域”。

美国内战结束之后，一些女性没有选择在多种压迫模式的相互关联中表达自我，而是自愿前往南部为获得解放的奴隶上课。她们在战争结束之后便立即去了那里，那时维护白人优越性的运动正愈演愈烈。来自北方的学校教师被当成颠覆分子对待，尤其当她们试图建立整体或“混合”的学校时。在谈及解放了的奴隶时，一位教师的话常被引用，“清晨，看到他们从埃及地，从为奴之家走出来，身处其中，觉得自己无比优越”。[56]亨利·帕金森(Henry Pekinson)写道，那些试图教学生拉丁语和希腊语的“女教师”向黑人传递了他们也能享有和白人同等的经济和社会地位的观念。女教师遭到不断抨击、抹黑和粉饰；她们的学校被频繁烧毁。因此，目前为止，我们对“北方佬”(Yankee)学校中教师对他们自己和女性的感受了解得相对较少[57]；我们有理由相信，无论她们的动机多么具有宗教性和传统性，从某种意义上说，她们能够将那些处在束缚中的人视为同类。

240 多年之后，在20世纪之初，芝加哥教师联盟的组织者之一玛格丽特·海利(Margaret Haley)要求教师开始将自己视为白领工人阶级的一员。[58]一位接受过高等教育的匿名工人在19世纪90年代的社会调研中说，“准确地说，我做的是同样的工作，而在纽约的部门中，做相同工作的男性会得到双倍的工资。我发现，重要的是做这份工作的人是男性还是女性，主观偏好在工资多少上起到了决定性作用。男女同工不同酬的一大原因在于，与那些被支付工资的男性相比，女性有耐心获得较少的报酬，即便这些回报是如此的微薄。重要的是，这些报酬是她们自己赚来的。所处的生活没有赋予她们足够的胆量来争取所谓的正义……”[59]学校体系中的管理者和行政人员仍然阻止女性工人和教师获得自我肯定。为了使女性员工变得顺从，保证她们永远不会永远“采取行动的胆量……”学校领导愿意采取任何社会化的措施。

从表面上看，教育中的女性地位已经发生了改变。工资双轨制已经被取消。至少，与传统的婚姻相比，现在的限制已经相对较少。从某种程度上说，女性能够在组织和联盟中获得领导地位。但是，尽管肯定性行动立法已经得到了确立，女性学校管理者和大学校长的数量仍然很少。[60]一些工作已经开始纠正教室中的歧视行为，改写具有性别歧视的文学作品，改变人们对工作和未来期待的态度。尽管如此，在我看来，即便到了今天，“分离的领域”毫无疑问依然存在。少有证据显示，女性将她们的从属地位与社会中其他群体的从属地位视为同类。人们很少认识到批判性思维的需求——即保罗·弗莱雷所称的“意识化”[61]。批判性思维可能有助于克服内化的压迫，也许还可以引发(即使在不平等的系统中)另一种形式的平等。

正如我们必须有勇气进一步与被认为受到压迫和处于从属地位的人进行对话一样，我们必须树立批判性意识，必须进行持续地去神秘化行动。施加于女性身上的那种从属地位和施加于学校儿童身上的那种从属地位之间的联系必须最终得到揭露。卡罗尔·古尔德所写的“蒙蔽我们的双眼，使我们看不到剥削的幻象”必须被消除。只有当我们能够发展出将自己从这样的幻象中解放出来的批判性，才有可能赋予女性“发现和选择她们想要成为的样子”的权利。[62]

241 女性教育的下一步目标就在于此。而我们在过去从未迈出过这一步。问题在于，我们能否在改变男性和女性共同世界的**实践**之外迈出这一步。

参考文献

1. R. S. Peters, *Ethics and Education* (Glenview, I11.: Scott, Foresman, 1967), p. 51.

2. William Boyd, ed., *The Emile of Jean-Jacques Rousseau* (New York: Teachers College Press, 1960), pp. 134-135.

3. Benjamin Rush, *Thoughts on Female Education* (Philadelphia, 1787), p. 6.

4. Mrs. A. J. Graves, *Woman in America: Being an Examination into the Moral and Intellectual Condition of American Female Society* (New York: Harper and Brothers, 1841), p. 143.

5. Lawrence A. Cremin, ed., *The Republic and the School: Horace Mann on the Education of Free Men* (New York: Teachers College Press, 1957), p. 57, p. 90.

6. Catharine Beecher, “On the Peculiar Responsibility of American Women,” in *Roots of Bitterness, Documents of the Social History of American Women*, ed. Nancy F. Cott (New York: E. P. Dutton, 1972), p. 171.

7. Alexis de Tocqueville, *Democracy in America*, Vol. II (New York: Colonial Press, 1889), pp. 223-224.

8. Horace Mann, in Cremin, *op. cit.*, p. 58.

9. Ibid. p. 57.

10. Henry Barnard, “Gradation of Public Schools, with Special Reference

to Cities and Large Villages, *American Journal of Education*, Vol. 2, December 1856, p. 461.

11. Mann, "The Massachusetts System of Common Schools; Being an Enlarged and Revised Edition of the Tenth Annual Report of the First Secretary of the Massachusetts Board of Education"(Boston, 1849), p. 86.

12. David B. Tyack, *The One Best System*(Cambridge: Harvard University Press, 1974), p. 60.

13.《麦克古菲读物》自 1836 年初版以来一直是美国学校进行道德教育的主要教材。

14. See William Holmes McGuffey, *Newly Revised Eclectic Second Reader* (New York and Cincinnati, 1848).

15. "Lucy Larcom's Factory Experience,"in Cott, ed. , *op. cit.* , p. 128.

16. Alice Felt Tyler, *Freedom's Ferment*(New York: Harper Torchbooks, 1962), p. 212.

17. Herman Melville, "The Paradise of Bachelors and The Tartarus of Maids,"*Selected Writings of Herman Melville* (New York: Modern Library, 1952), p. 210.

18. Ibid. , p. 211.

19. Quoted in Eleanor Flexner, *Centuries of Struggle: The Woman's Rights Movement in the United States* (Cambridge: The Belknap Press of the Harvard University Press, 1975), p. 58.

20. Beecher, "The Education of Female Teachers," in *The Educated Woman in America*, ed. Barbara M. Cross (New York: Teachers College Press, 1965), pp. 68-69.

21. Beecher, in Flexner, *op. cit.* , pp. 30-31.

22. Beecher, "Ministry of Women,"in Cross, ed. , *op. cit.* , pp. 94-95.

23. "On the Peculiar Responsibility of American Women," in Cott, ed. , *op. cit.* , p. 172.

24. Cross, ed. , *op. cit.* , p. 70.

25. See Merle Curti, *The Social Ideas of American Educators* (Totowa, N. J. : Littlefield, Adams and Co. , 1959), p. 181.

26. Tyler, *op. cit.* , pp. 206-211.

27. Harriet Martineau, *Society in America* (1837), Vol. I (New York: AMS Press, Inc., 1966), pp. 229-230.

28. Margaret Fuller, "Schoolteaching," in Cross, ed., *op. cit.*, pp. 109-111.

29. Cross, Introduction, *op. cit.*, pp. 19-30.

30. Curti, *op. cit.*, p. 185.

31. Flexner, *op. cit.*, p. 36.

32. Emily Dickinson, "What soft, cherubic creatures…," *Selected Poems and Letters of Emily Dickinson*. ed. Robert N. Linscott (Garden City: Doubleday, Anchor Books, 1959), p. 125.

33. Robert S. Fletcher, *History of Oberlin College to the Civil War* (Oberlin: Oberlin College Press, 1943), p. 373.

34. M. Carey Thomas, "Education for Women and for Men," in Cross, ed.. *op. cit.*, p. 147.

35. Kate Chopin, *The Awakening* (New York: Capricorn, 1964).

36. Mary Austin, *Earth Horizon* (Boston, 1932).

37. Mary Wilkins Freeman, *Madelon* (New York, 1896).

38. Edith Wharton, *The House of Mirth* (New York, 1905).

39. Frank Norris, *The Pit* (New York: Doubleday, 1928).

40. Theodore Dreiser, *Sister Carrie* (New York: Modern Library, 1947).

41. Henry James, *A Portrait of a Lady* (New York: Washington Square Press, 1966).

42. James, *The Notebooks*, ed. F. O. Matthiessen and Kenneth B. Murdock (New York: Oxford University Press, 1947), p. 129.

43. Quoted in Larzer Ziff, *The American 1890s: Life and Times of a Lost Generation* (New York: Viking Press, 1966), p. 280.

44. G. Stanley Hall, *Adolescence*, Vol. II (New York, 1904), p. 627.

45. See Allen F. Davis, *The Life and Legend of Jane Addams* (New York: Oxford University Press, 1963).

46. 赫尔大厦(Hull House)：1889年，简·亚当斯(Jane Addams)和埃伦·斯塔尔(Ellen Starr)在美国芝加哥市的贫民窟共同创立的慈善服务中心。主要向以移民为主的城市贫民提供语言培训、幼儿园等福利与帮助，并组建社区音乐、艺术团体。

47. See Clarence Karier, Paul Violas, and Joel Spring, *Roots of Crisis: American Education in the Twentieth Century*(Chicago: Rand, McNally, 1973).

48. 亨利街安置会(Henry Street Settlement)：1893 年在美国纽约下城区亨利街创办的儿童、家庭和贫民福利机构。

49. Cremin, *The Transformation of the School* (New York: Alfred A. Knopf, 1961), p. 105.

50. John T. McManis, *Ella Flagg Young and a Half-Century of the Chicago Public Schools* (Chicago: A. C. McClurg, 1916), p. 144.

51. Tyack, *op. cit.*, p. 202.

52. Diane Ravitch, *The Great School Wars: New York City, 1805-1973* (New York: Basic Books, 1974), p. 103.

53. Willard Waller, *Sociology of Teaching* (New York: John Wiley, 1932), p. 50.

54. Sarah Grimké, "Letters on the Equality of the Sexes," in Cott, ed., *op. cit.*, p. 183.

55. Ibid., p. 185.

56. Henry J. Perkinson, *The Imperfect Panacea: American Faith in Education*, 1865-1965 (New York: Random House, 1968) p. 18.

57. See John Hope Franklin, *Reconstruction: After the Civil War* (Chicago: University of Chicago Press, 1961).

58. Margaret Haley, "Why Teachers Should Organize," *NEA Addresses and Proceedings*, 43rd Annual Meeting, St. Louis, 1904, p. 150.

59. "Testimony on Compensation for Educated Women at Work," in Cott, ed., *op. cit.*, pp. 336-337.

60. See Suzanne E. Estler, "Women as Leaders in Public Education," in *Signs: Journal of Women in Culture and Society*, Vol. 1, No. 2, Winter 1975, pp. 363-386.

61. Paulo Freire, *Pedagogy of the Oppressed* (New York: Herder and Herder, 1967).

62. Carol Gould, "Philosophy of Liberation and the Liberation of Philosophy," in *Women and Philosophy*, ed. Carol C. Gould and Marx W. Wartofsky (New York: Putnam, 1976) p. 38.

/ 17. 学校中的性别歧视/

244 我考虑的是自治性和选择能力的问题。我关注的是作为一种在世界上行动的模式的工作。对我来说，性别歧视是约束和封闭的象征。它是消除开放性未来召唤的方法之一；它取消了个人发展的可能性。性别歧视与持反犹太主义(anti-Semite)观点的让-保罗·萨特描述的情况极为相似：

> 面对自由的恐惧，他做出了不可挽回的选择；他在孤独的恐惧中选择了平庸，同时出于骄傲，他将这种不可挽回的平庸变成严格的贵族制度。为此，他发现犹太人的存在是完全必要的。如若不然，他的优越性从何而来呢？实际上，只有在面对犹太种族和犹太人本身的时候，反犹太主义者才能意识到他拥有的权利。①

我们需要做的仅仅是把“犹太人”替换成“女性”，画面便会清晰地呈现在我们的眼前。这是一幅固定不变而沉闷无趣的图画。没有什么能够比我们认为的具有教育性的东西更自相矛盾的了，尤其当我们把教育性和开放式的成长联系在一起时，把允许人们获得自由的反思性行动和充分的交流联系在一起时。

在杜威看来，性别歧视可以被视作一种错误的教育；它是一种态度和姿态，将人们与“朝着新方向继续成长的场合、刺激与机会”切断[2]。受到此类挫折影响的不仅是青年女性，青年男性也会受到影响，即有意或无意持有性别歧视观点的成年男性和女性都会受到影响。这类人可能表现得好像要从施加于被他们视为“他者”的人身上的限制中获益一样。这些人怀疑他们只有在面对“他者”时才拥有权利，但这并不会消除已经造成的危害。

弗吉尼亚·伍尔夫曾写道：

> 所有这一切都造成了性别和性别的竞争，质量和质量的 245
> 对抗；所有这一切都宣扬着优越性，将罪责归咎于自卑感上，它们都属于人类存在的私立学校阶段。在这一阶段存在“队伍”，不同“队伍”之间有必要相互打击。最重要的是走上讲台，从校长的手中接过精心装饰的奖杯。随着人们逐渐成熟，他们开始不相信“队伍”、校长和精心装饰的奖杯……不，测评这种消遣虽然能使人感到快乐，却是最无用的职业，同时也对测量者的裁定表现出了最为奴性的态度。[3]

她将“队伍”和测量联系在一起，显示了她对某种社会构建的荒谬性(及其内在逻辑)的敏感程度。当伍尔夫转而讨论生活的其他模式时，她并没有使用逻辑来批判占据统治地位的模式，而是对听众和读者说：

> 只要你写出了希望写的东西，就有意义；没有人能够确定你写的东西会在数年还是数小时之后发挥作用。但是，为了遵从手持银壶的校长，或者袖子里藏着标尺的教授，而牺牲你前景头上的一根毫毛，一抹它的本色，才是最不幸的背叛，才是人类财富和节操的最大牺牲。相比于被蚊子叮了一口，它们才是人类的最大灾难。④

她显然无法在不考虑自发行动的前提下思考自由和真诚的前景。这种自发性行动(可能是写作或其他任何类型的工作)将允许我们表现出那些前景。

约翰·杜威在教育背景下书写自由的时候，在脑海中思索的是相同的东西。⑤他明白，自由的可能性深深地根植于个性之中。他还了解，“自由或个性……不是固有的财产或礼物，而是一些需要被获得和锻造的东西”。⑥他将一生大部分时光贡献给了识别和鉴定取得成就所需要的条件的研究。如他所言，实现自由需要个人释放出能力；因此，他将大部分哲学能量投入确定促进智力和“展望与反思”能力发展需要的环境之上了。

的确，自由与识别环境中的空位(即可能的行动进程)的能力之间有着密切的联系。这表明，个人基于构成每个人的个性特征和自发性偏好进行选择。弗吉尼亚·伍尔夫所描述的测评、比较和“精心装饰的奖杯”仅仅能够阻碍或削弱选择的自发性。它们关闭了自我创造的机会，将个体密封在“队伍”或模子当中，仅仅留下一个狭小的空间供人们活动。

当然，在学校中，我们对消除性别歧视的要求要比对消除奖杯的 246
标尺的要求强烈得多。树立一种源自干涉和约束的消极自由永远也不够。教育者不敢设想，如果每个人的自由都能得到实现——促使个体(无论男女)去定义他们的自发性偏好，根据他们的展望明智地行动——情况将变成什么样子呢？这能够创造出怎样的环境呢？对于我们希望看到的那种互动意味着什么呢？

当然，我们可以按照惯例来回答这些问题。我们可以讨论个性化、“全体”儿童及其他人。我们可以使经常制造出的区别变得模糊，掩盖源自性别歧视的偏见造成的阻碍。实际上，这将成为一种传统的回应，因为教育发言人，包括开放课堂的支持者，未曾关注根据性别来“宣扬优越性和归咎低劣性”。杜威的确曾写道，男孩和女孩在参与烹饪、缝纫和木工方面的表现并没有什么差异；但是，他这样写的目的是肯定这些活动的教育价值，而非扭转所处时代的刻板印象。紧随其后的激进派不会为教室中分别放着工具和布娃娃的架子感到尴尬。如果他们曾经考虑过一丁点儿性别歧视的话，就可能想到，他们在教室中创造的微型社区将有助于对抗学校之外的不公。在当代开放型教室中授课的教师不会将学生分成各个“队伍”，但他们很少直面教科书、课程设计，甚至日常对话中性别歧视的影响。

有时，我们可以明显地发现一些未经检视的性别歧视现象。莉莲·韦伯(Lillian Weber)曾被引用的一句话如下，在一间教室里，一个男孩骄傲地写下，“我要做一名宇航员”。虽然男孩和女性一样阅读和写作，但男孩要做“男人的事情，与普通小学教师中的女性特质形成了强烈对比”。[7]另一些开放型教室的支持者对一所曼哈顿中哈林区(Central Harlem)学校进行了描述，那里的孩子比一般学校中的孩子要快乐许多。“你可以从女孩和着灵乐舞蹈的身体中看出，”她写道，“你可以从在工作台边制造飞机和摩托车模型的男孩的眼神中看出这份快乐。”[8]从某种意义上说，所有一切都回应了古老的控诉：由于小学女教师的主导作用，以及诸如温顺、谦虚、耐心和自制的等“女性化”美德的强调，美国教室一直被持续“女性化”。考虑到在学校中存在将所谓的“隐性课程”(hidden curriculum)问题化的需要，我们不需要对传统的分类方式持默许的态度。显而易见的是，我们需要找到更具批判性的方法；大多数教育家倾向于回避多年以来性别歧视造成的问题。例如，杜威虽然参与了妇女选举权运动(Suffrage movement)，但似乎从未具体谈论过如何从教学法上反抗和选举权剥夺有关的不公正。

247 首先呼吁注意性别歧视对学校造成的影响的人不是美国教育家，而是女性运动的成员。我们可以在社会中一系列普遍存在而未经检视的假设中找到教育家无法正视这些问题的原因。其中的一项假设将男性和女性应该涉足的领域分割开来：男性和女性之间存在难以克服的生理差异，更不用说气质和体格上的不同。至关重要的问题在于人们未用批判性思维审视这一假设。甚至到了今天，仍有许多教育家不确定是否应该关注这个问题。

如果相关教育家对这些问题没有做到全面觉醒，同时对他们自己在场的话，发生实质性改变的可能性就非常小。我不认为，根据外部施加的一套规则就能保证教学良好地进行下去；我对预先设定的技术、全套技能和资质能力也持怀疑态度。相似地，我发现自己很难接受之前未被公开承认的性别歧视惯例。当然，我们必须坚持给女孩提供机会，让她们能够从显微镜中观测生物，使用凿子，学习计算机语言，以及和男孩一起打沙袋。显然，我们不得不对创造和维持刻板印象的教科书做出一些改变。但是，首先要做的是参与并改变我们的根本目的——教学。

教学涉及有目的的刻意行为，由真实存在的人执行。他们不是机器人，而是自治、自觉，能够反思自己行为的个体。教学涉及个人与形形色色的他者之间的互动(或对话)。这些他者通过对话能够学会如何学习。或者，换句话说，他们将能够有意识地进入一种学习的过程，选择成为某个特定学习社区的成员。

用这种方式谈论教学揭露了活动本身固有的风险以及不可避免的 248
不确定性。一旦教师承认，只有当学习者对他/她自己的学习负责时，学习才可能发生；同时承认学生“坚定意志力”的作用，教师便不得不直面一些阻碍机会的新想法。毕竟，教师确实在鼓励班级中的每个学生发挥自治性。自治性指的是一个主人翁意识；它传播了一种对道德责任的信服。为了创造引发和维持自治性的社会条件，我们需要对诱导人类进入默许和心不在焉状态的力量树立起批判性意识。从教师的角度看，这要求他们具有一种宏观上的自我理解能力。教师生活在一种张力之中，仅仅作为一个自由代理人发挥作用，常常需要对难以预测的情境做出恰当的抉择。

存在主义者就个人被疏离和视为一种“类型”或客体时体验到的张力，详细讨论了“他者”影响人们的方式。从某种层面上说，当教师将他们的学生视为“他者”并使用性别或智商来给学生贴上标签或进行分类时，那些学生可能开始进行内在的反抗。但是，反抗不仅可能是徒劳无益的，还可能实际上转变为所谓的怨恨心态。除非环境允许他们表达自己的偏好，并且从某种程度上说，按照他们的偏爱采取行动，反抗才是有效的。这对被长期的文化传统限定在某种模子当中的女性尤其适用。我们只需要阅读一下女性小说，便可以得知反抗的火苗是如何被扑灭的。有时，正如凯特·肖邦在《觉醒》中写的那样，这种火苗由于女性在定义机会时因自身的无力感而熄灭。有时，像伊迪丝·华顿(Edith Wharton)的《欢乐之家》所表现的那样，这种火苗由于女性在寻求认同和支持的过程所承受的传统压力和必须遵守的“礼仪”而熄灭。在美国，描写女性生活的小说往往以自杀、沉沦或失败为结局，这毫不奇怪。因为女性角色无法找到工作和行动的缺口，也不能完成自我实现。

我再一次申明，我关注的是教学以及如何为所有年轻人提供机遇，不仅仅是促进他们将自我定义为个体，还在于帮助他们按照可能性愿景采取行动。我认为，只有对自己在场并实现个人自治的教师才能承担促使他人自主选择所带来的风险。我们可以在相关研究中找到支持这一点的证据，比如，动机和渴望之间的联系，即动机和“确定目标和努力奋斗”之间的联系[9]，以及渴望和所谓的“期待”之间的联系。

显然，尽管成就动机(为取得成功而努力奋斗的倾向)同时存在于 249
男性和女性身上，年轻女性在成就情境中的自我定位是与男性不同的，甚至在小学就是这样。她们在被定义为“女性化”的任务中表现得更好，同时男孩在被定义为“男性化”的任务中也表现得更好。这就是为什么在小学和中学阶段，女孩要显得比男孩更加聪明。男孩需要花费一定时间，才能将学习视为一项男性活动，或者认识到学习和今后的成功之间的联系。对于女性来说，她们也需要花费一定时间，才能接受这样的信息——工作并不是她们的归宿，过分努力、取得过高成就本身存在一些非女性化的特质。过高的成就会降低结婚的机会——这种想法仍然在许多地方需要对“成功恐惧症”负责。显然，性别歧视及其意识形态在许多方面降低了人们对女性的期待。然而，在这个背景下尤为重要的一点是，那些关闭了体验中缺口的教学(好像我们必须降低期待一样)无法被视为真正意义上的有效教学。这种教学只能算得上一种培训，甚至是教化，而很难被认为是一种引发他人自主选择、发起有意义质询并开始有意义工作的活动。

如果仍然存在像美国一样将女性视为“第二性”[10]的现象，我们便可能遗忘教师可能带来的巨大后果。这不仅仅是表面上的行为模式问题；无论过去还是现在，我们当中的大多数人天生是通过当前不再被视为正义的区分和歧视而构建起来的。重要的工作应该由男性负责，为了自我实现而寻找工作的女性从某种意义上看是非女性化的……这些观念常被我们视为理所当然。持有这些观念的人很少注意到，这是他们解读经验的方式。他们也很少承认，他们共享着一种看待事物的传统方式。我再一次强调，他们像萨特的反犹太主义一样，坚信自己对客观现实做出的判断是正确的。

250 美国文学当中有许多文章强调美国女性应该被如何对待和认知。女性的劣等性、责任和命运被不断由男性口中说出，这些观念还常常被女性自己内化。如果教师不希望使这些观念在年轻人中被持续传递下去，便需要一种罕见的批判性意识。这应该是一种阐释，而非对可论证的现实的回应，但是很少有教育者能够充分思考他们建构现实的方式。教育者和绝大多数人一样，被导向一种压抑他们意识的背景之中，即在主体间性的世界中对自我视角的压抑。这被描述为不具有自治性。如果教育者自己就是女性，她们可能将自己有效地与现实疏远开来，正如与自己的童年经历疏远开来一样。如若不然，她们就会看到许多问题；这会(至少对于一些人来说)威胁到她们认为应该采取的立场。

我的观点在于，否认问题就是否认认知的可能性。如果教师想要通过一些方式，使学生对自己的所作所为保持认知，并且有意识地参与到社会活动当中，他们本身必须明白自己的意义构建是如何产生的。意识到这一点，我们就能意识到回答这些问题便是对那些建构做出回应。学生被简化成只会搜索教师提前确定的“正确答案”的人。人们没有将注意力集中在开放性的质询和揭露事实的规则之上，因为游戏规则似乎已经被固定下来了。当然，这是机会消失之后的一种极端实例，不过这与弗吉尼亚·伍尔夫描述银壶和标尺时思考的事情相去不远。同时，这也是分类和与学校教室中的性别歧视相关的限制所产生的常见后果。

我需要再一次申明，教师需要在寻找批判性的过程中运用自己的假设，这一点有着深远的影响。他们可以使用自己能够获得的任何工具，具体来说就是学生学习需要的工作，同时需要避免提出凝滞、固定和约束的单一维度愿景。我们可以从之前和现在的文章中找到不计其数的作用，来清扫眼前的雾霾，比如戏剧、电影和数量不断增长的小说和诗歌。我们一起来讨论以下两首诗。第一首是安妮·芬奇(Anne Finch)在1700年撰写的《温切尔西伯爵夫人》(*Countess of Winchilsea*)：

> 我是不是，为了公共的观点而写诗， 251
> 他们的过错将招致多少非难……
> 真正的法官将谴责他们对智慧的要求，
> 所有人都会说，她们不过是一群女流之辈，
> 哎呀，一个想要写作的女人，
> 擅入男性的权利之境，
> 这些自以为是的家伙，被认为
> 犯下了不可饶恕的罪行。⑪

第二首是黛莉斯·莱恩最近发表的一首诗：

斯汤奇·安娜！我了解你的麻烦。同样的绳索
也磨伤了我们。同时成为一名女性和一名作家
构成了双重的罪过，因为世界仍蔑视那些
轻视“奴性家务”的女性，以及那些宁愿
创作诗词歌赋也不愿铺床的女性。迷惘的女士啊！柔弱的战士啊！
及时和他们分道扬镳，与我们一道奋起抗争。⑫

我们透过历史性视角和社会与自然科学的视角来看待问题，这一展望可能随之得到拓展和增加。现实将不仅仅是单一的模式，我们自己将能够更加自由地构建意义，没有，以及进行选择。

这对于男性和女性来说同样重要，对于男孩和女孩来说也同样重要。自由增加了行动的可能性，并拓展了存在的可能性。男孩和女孩被区别对待这一现实并不是我关注性别歧视及其限制的主要原因。我们将继续期待男孩更擅长跑步，成为获胜者，变得强壮和能干等。女孩无论多么聪明能干，都会期待进行自我压制，避免承担过多风险，变得被动而外表美丽——这样她们便能继续取悦他人。然而，我关注的是如何促使每个个体根据自己的自发性偏好进行自由选择，而不仅仅考虑“给定”的事物——无论它们以模子、风格还是“队伍”的具体形式表现出来。

差异当然会显现出来。但是，当差异产生时，我们总会被要求为自己的决定辩护，并有区别地对待他人。存在一种总体的道德原则。该原则认为，如果不存在有意义的不同，我们便不应该进行区别对待。

一位哲学家曾经这样写道："正义的基础概念在于，如果存在有意义的差异，我们就应该做出区分；如果不存在有意义的差异，或者存在无意义的差异，我们便不应该区别对待。"[13]这一观点的核心在于，我们必须基于正当的理由做出区分，尤其是待遇上的差异。很少有人考虑这种正当性的证明中涉及了什么。特别在涉及如何对待两性时，很少有人能够给出合理的原因，来说服女孩不要去商店和游戏场，或者阻挠男孩选择绘画和体操项目。教师不仅仅应该参与影响他们决策的原则中，不仅仅应该肩负起给过正当理由的责任，还应该将注意力集中在证明其合理性的过程中。许多其他问题都集中在道德教育上；这似乎对一所合理的学校来说是必不可少的。我们还需要对公正和正义等原则保持敏感性，这两点在所有政治组织中都具有一定的基础价值。

如果我们准备创建允许人们表达自发性偏好并实现个人自由的社 252
会环境，我们便必须具备一定的敏感性——以一种前所未有的方式。在这种意识当中，我们对工作的态度成了我们所作所为的试金石。这是由于自由在个人生活中是通过工作这种方式而存在的；需要指出的是，工作的世界便是"全景的现实"和物质的世界；"它是移动和操纵身体的王国；它提供了一种需要付诸努力才能克服的抵抗；它在我的面前放置了任务，允许我实施自己的计划，使我通过自己的努力来达成目的的企图成功或失败。我通过工作，进入了外部世界，并改变了它；同时，这些改变，尽管由我的工作引起，能够同时被我自己和他人体验和测量，好像在独立于工作之外的世界中发生的偶遇一般"。[14]他写道，我们如何与他人分享这个世界，以及这种分享如何在工作的现实中变得有意义。这种致力于实现自我认同的描述可能会使我们痛苦地意识到常与教学工作相关的矛盾心理，包括学生在学校中做的事情，以及他们被允许参加的社会工作。此外，它还可能提醒我们意识到传统对女性的期待，以及许多教师在教室中看到女学生时仍根深蒂固的思维。

253 西蒙娜·德·波伏娃曾经写道，婚姻中基础的不平等仍然出于这样的现实：丈夫在工作和行动中发现了具体的自我实现，而自由对于妻子来说通常只有负面的意义。“在某些特定的情况下，”她说，“妻子可能成功变为丈夫的真实伴侣，讨论他的项目，给他提出建议，协助他工作。但是，如果她期望以这种方式来完成属于自己的工作，她便是在用一种幻想来麻痹自己，因为她的丈夫才一直是自由和责任的代理人。”[15]尽管，在那个时期，越来越多的已婚女性已经开始参加工作，但是女孩长大之后终将成为男性助手的预设仍是女性教育的思想基础。

为了在教室中创造表达自我所必要的环境，教育者在向男性和女性呈现职业多样性时，必须为工作的主人翁意识提供发展的空间。我们需要促进人们的理想变得空前多样化。说到底，男性也能够成为护士和社会工作者，女性也能够成为林业工作者和工程师。虽然如此，古老的强调一直继续秘密地发挥作用：体面的女性都屈服于回归家庭的命运；投身于分离的领域永远不能成为一种体面的选择。在许多女性的体验中，仍然存在一种熟悉的负罪感。甚至到了今天，职业女性仍然显得非女性化；听起来，想要进入外部世界显得是那么的“没有女人味”。控制和改变世界仍然是男性的领域；男性仍然会为偏爱较为安静和被动的角色而感到羞耻。

当课堂出现针对工作的矛盾和困惑心理时，通道便会封闭。当然，在当今社会中，的确存在许多被认为毫无意义和非人性化的工作。我们的确可以找到诸多证据，来反驳鼓励女性在企业的科层制中向上攀登，就能实现自我“解放”。至关重要的问题一定与女性自主选择的权利有关，因此所有这一切都频繁成为一种伪装。罗伯特·科尔斯(Robert Coles)在《代达罗斯》[16]中记录了许多与工人阶层的访谈。他们清楚地意识到自己所做的一些工作都是毫无意义的。科尔斯发现，尽管如此，个人自尊似乎仍然和从事的工作紧密相连，男性和女性都以工作上的成就来衡量个人的成功。这对于学校中的职业教育来说并不是一种虚伪的证据；这只不过意味着，个人自尊在某种意义上涉及他们在“全景现实”(paramount reality)中获得的尊重，与男性无关。我再一次强调，自由必须通过某种行动来表达。教师能做的只是提供允许偏好出现的条件。

显然，现在社会中的不人道现象创造了许多障碍。为我们思想中的自由创造开阔的空间的道路上存在不计其数的困难。尽管如此，我们需要做的不仅仅是以传统方式来追求获得平等的对待。在最近一段时间里，女性小说支持了这个观点，我们社会中存在的许多结果都是不充分的。显然，如果想要适当地暴露正在受到限制和非人道现象，我们需要更多地进行批判性反思。这从许多方面来看都关系到努力创造开放的通道；从某种意义上说，良好的教学也是如此，因为它同样起到了反抗封闭和固化的作用。这是提出力量和空间的新概念所必须达到的要求。

从某种意义上说，女性演讲的对象是所有人：“其中最为重要的是 254

拒绝成为受害者。除非我无能为力。”波伏娃曾经提到，我们无法将一位女性完全塑造为男性。但是，她说，如果我们相信自己处在一个性别平等能够得到具体实现的社会，平等性将在每个个体身上找到新的表达方式。这意味着，我们仍有理由通过每个个体的努力行动和工作来创造能够实现平等的社会环境。

在教育者愿意改变他们职业意识，并愿意投身于解放人类的事业之前，我们还有新的目标，即新的个体和人际关系的目标，主要集中在意义的扩展和解放人类潜能之上。为了实现这样的目标，我们必须与非此即彼的观念切断联系。我们需要在男性和女性的特质中发现新的融合。也许我们能够促成新的变革，即由拒绝性别歧视而产生的教育革命。在革命的过程中，我们都可能重新发现自我。

参考文献

1. Jean-Paul Sartre, *Anti-Semite and Jew* (New York: Schocken Books, 1948), pp. 27-28.

2. John Dewey, *Experience and Education* (New York: Collier Books, 1963), p. 36.

3. Virginia Woolf, *A Room of One's Own* (New York: Harcourt, Brace & World, 1957), p. 110.

4. Ibid.

5. Dewey, *Democracy and Education* (New York: Macmillan Company, 1916), pp. 352-356.

6. Dewey, "Individuality and Freedom," in *Intelligence in the Modern World: John Dewey's Philosophy*, ed. Joseph Ratner (New York: Modern Library, 1939), p. 627.

7. Charles Silberman, *Crisis in the Classroom* (New York: Random House, 1970), p. 305.

8. Ibid., p. 304.

9. Judith Long Laws, "Work Aspiration of Women: False Leads and New Starts," *Signs*, Spring 1976, Vol. 1, No. 3, Part 2, p. 45.

10. See Simone de Beauvoir, *The Second Sex* (New York: Alfred A. Knopf, 1937).

11. Anne Finch, Countess of Winchilsea, "The Introduction," in *by a Woman writt*, ed. Joan Goulianos (New York: Bobbs-Merrill Company, 1973), p. 71.

12. Dilys Laing, "Sonnet to a Sister in Error," in Goulianos, ed., *op. cit.*, p. 329.

13. R. S. Peters, *Ethics and Education* (Glenview: Scott, Foresman, 1967), p. 53.

14. Alfred Schutz, *The Problem of Social Reality*, Collected Papers I, ed. Maurice Natanson (The Hague: Martinus Nijhoff, 1967), p. 227.

15. de Beauvoir, *op. cir.*, p. 474.

16. Robert Coles, "Work and Self-Respect," *Daedalus*, Fall 1976, pp. 29-38.

17. Margaret Atwood, *Surfacing* (New York: Popular Library, 1972), p. 222.

索　引*

a constructed Reality 构建而成的现实 31

a culture of silence 沉默文化 70，100，171

a lived experience 活的经验 9

A Plea for Intellectuals《对知识分子的恳求》95

A Portrait of the Artist as a Young Man《一个青年艺术家的画像》178

A Room of One's Own《一间自己的房间》196

a second sex 第二性 249

A Sentimental Education《情感教育》32，33，34，106

A Theory of Justice《正义论》129

active subject 能动的主体 22

adversary tradition 辩驳传统 24

affirmative action 肯定性行动计划 127，133，134

affirmative approach 肯定性方法 56

Albert Camus 阿尔贝·加缪 42，48，51，52，101，147，148，168，169

Alexis de Tocqueville 亚历西斯·德·托克维尔 226

Alfred North Whitehead 艾尔弗雷德·诺思·怀特海 165

Alfred Schutz 阿尔佛雷德·舒茨 14，16，42，60，101，115，127，162，

* 本索引的每个条目后所附数码为原文页码，即中文版边码。

179, 200, 209, 214
Alice Rossi 爱丽丝·罗西 220, 221
Alvin Ailey 阿尔文·艾利 84, 97
Alvin Gouldner 阿尔文·古尔德纳 25, 104
American Academy of Medicine 美国药物学院 236
American Adam 美国亚当 112
Anais Nin 阿娜伊斯·宁 214, 216
Andre Malraux 安德烈·马尔罗 95, 155, 177
Andrew Arato 安德鲁·阿拉多 108
Angelina 安吉利娜 238
Anna Karenina 安娜·卡列尼娜 49
Anne Finch 安妮·芬奇 250
anomie 社会失范 151
Antigone《安提戈涅》44
anti-intellectualism 反智主义 57
anti-Semite 反犹太主义 244
Antoine Bloyé《安多尼·布劳耶》68
Archibald MacLeis 阿奇博尔德·麦克利什 178
Aristotle 亚里士多德 175
Art Poetique《诗艺》204
artistic alienation 艺术的异化 23
Auden 奥登 178
awareness of contradiction 矛盾意识 173

B. F. Skinner 斯金纳 11, 81
Baltimore meeting 巴尔的摩会议 236
Balzac 巴尔扎克 35, 36, 37, 169
Bank Street College of Education 银行街教育学院 237
Bartleby the Scrivener《录事巴多拜》121
Baudelaire 波德莱尔 24
Beethoven 贝多芬 176
bell-shaped curve 钟形曲线 135
benefactors of the age 时代恩人 161
Bennett Riemer 班纳特·雷默 208
Berger 波尔格 213, 214
Bergman 伯格曼 189
Berkshire mountain 伯克希尔山 120
Berlioz 柏辽兹 176, 207
beyond the wasteland 超越荒地之境 13

Bill of Rights《权利法案》58
Billy Budd《比利·巴德》189，190
Bob Dylan 鲍勃·迪伦 149
Brahman 婆罗门 11
breathing 气音 168，171
Browningesque 勃朗宁风格 9
Bryn Mawr. 布林马尔学院 235
Bureau of Educational Experiments 教育实验所 237
Burning of the Houses of Parliament《议会大厦的火灾》202
Byzantium《驶向拜占庭》178

Capital《资本论》54
Captain Ahab 船长阿哈布 53
Carl Raschke 卡尔·拉斯克 63
Carol Gould 卡罗尔·古尔德 222
Caroline Pratt 卡洛琳·普瑞 237
Catharine Beecher 凯瑟琳·比彻 231，236
Catharine R. Stimpson 凯瑟琳 R. 斯廷普森 219
Catharine Stimpson 凯瑟琳·斯廷普森 222
catharsis 精神净化 175
Central Harlem 曼哈顿中哈林区 246
Charles A. Beard 查尔斯·A. 比雅德 56
Charles Dickens 查尔斯·狄更斯 229
Charles Ives 查理·艾夫斯 163
Charles Reich 查尔斯·赖克 149
Christian Renaissance 基督教复兴运动 236
City and Country School 城乡学校 237
civilizational malaise 文明的痼疾 66，115，161，168
Classroom Knowledge《教室的知识》104
color blindness 色盲取向 133
Colored Girls《有色女孩》84
common decency 起码的礼貌 155
commutative just 交换正义 133
compensatory efforts 补偿性措施 57
compresence 共现关系 191
Concord Sonata《康科德奏鸣曲》163
conscientization 意识化 102，106,240

Consciousness III 第三类意识 149
consciousness revolution 意识革命 12
Constable 康斯特布尔 176，177
cooperative venture 合作冒险 131
Copland 科普兰 84
Cornell 康纳尔大学 235
Countess of Winchilsea《温切尔西伯爵夫人》250
Crane Brinton 克兰·布林顿 143
Creole 克利奥尔语 215
Crevecoeur 克里维库尔 7
cultural action 文化行动 84
cultural invasion 文化入侵 105
culturally deprived 文化剥夺 57

da Vinci 达·芬奇 176
Daedalus《代达罗斯》141，220，253
Daniel Bell 丹尼尔·贝尔 63，65，66，93，130，134，170
Daniel Ellsberg 丹尼尔·艾尔斯伯格 49
David Tyack 大卫·提阿克 228
de Kooning 德·库宁 181
Democratic convention 民主党全国代表大会 101
demonology 妖魔论 67
de-schooling 去学校化 93
Deslauriers 德斯里耶 35
Diane Ravitch 戴安·拉维奇 238
Diaspora 犹太人大流散 217
difference principle 差异性原则 129
Dilys Laing 黛莉斯·莱恩 137，251
Donald Barthelme 唐纳德·巴塞尔姆 181
Dostoyevsky 陀思妥耶夫斯基 12，177，24，26，37
double vision 双重视觉 173，180
Dr. Benjamin Rush 本杰明·拉什医生 225
Dr. Dysart 戴萨特医生 18
Dr. Ward Hutchinson 华德·赫钦森教授 236
Dr. Rieux 希厄医生 44，148，155，157
dualism 二元论 11
durable goods 耐用商品 84

Dussardier 迪萨尔迪耶 35

E. L. Doctorow E. L. 多克托罗 77,122
E. M. Forster E. M. 福斯特 179
economizing 经济化 170
Edith Wharton 伊迪丝·华顿 236
Edith Wharton 伊迪丝·华顿 248
Edmond Cahn 埃德蒙·卡恩 136
Edna Pontellier 艾德娜·庞特里尔 214，215，215
Edward Albee 爱德华·阿尔比 178
Edward H Carr 爱德华·H. 卡尔 163
Eleanor Flexner 埃莉诺· 弗莱克斯纳 233
Elementary and Secondary Education Act《初等及中等教育法案》90
Elisabeth McPherson 伊丽莎白·麦克弗森 81
Elizabeth Peabody 伊丽莎白·帕尔默皮博迪 233
Ella Flagg Young 艾拉·弗拉格·杨格 237
embodied consciousness 肉身化意识 213
Emerson 艾默生 12，118
Emily Dickinson 艾米莉·狄更生 233
Emma Bovary 爱玛·包法利 24，32
Emma Hart Willard 艾玛·哈特·威拉德 231
Emma Willard 艾玛·威拉德 233
encirclement 包围 9
enculturation 文化濡化 119
ennui 无聊感 24，171
entitlement 特权 170
Equal Treatment and Compensatory《平等待遇和补偿性歧视》139
Equus《恋马狂》18
Erich Kahler 埃里希·卡勒尔 187，188
Ernest Hemingway 欧内斯特·海明威 162
Eroica《英雄交响曲》204
Ethan Brand 埃森·布兰德 120
ex post facto 具有追溯效力地 10
expanded consciousness 拓展意识 13
experience of shock 震惊体验 101,102

Face to Face《面对面》189

Fairhope 费尔霍普 237
false consciousness 虚假意识 22，28，100
Farewell to Arms《永别了，武器》162
Fears and Scruples《恐惧与不安》26
fictitious self 虚伪的自我 215
fisherman's degree 渔人的学位 234
flow 流 32
Flowers of Evil《恶之花》32
Follow Through 追踪到底方案 90
fourfold 四度 12
Frances Wright 弗朗西斯·莱特 232
Francis Bacon 弗朗西斯·培根 202
Frank Norris 弗兰克·诺里斯 236
Frederic Moreau 弗雷德里克·莫罗 33，102
Frederick Douglass 弗雷德里克·道格拉斯 238
Frederiksberg Garden 腓烈特堡花园 161
free school 自由学校 93
Friedrich Nietzsche 弗里德里希·尼采 54
functional rationality 功能理性 22，170

G. Stanley Hall 斯坦利·霍尔 236
Gabriel Marcel 加布里埃尔·马塞尔 201
Georg Lukacs 乔治·卢卡奇 98，181
George Herbert Mead 乔治·贺伯特·米德 36，165
George Konrad 乔治·康奈德 43
George Steiner 乔治·斯坦纳 192
Gilbert Ryle 吉尔伯特·赖尔 14，81
Gilden Age 黄金时代 111
given 给定的 17，44，61，135，169
givenness 给定性 70
Gloucester 格罗斯特 176
Goethe 歌德 208
Gomorrah 蛾摩拉 150
Grace Paley 格蕾丝·佩雷 217，223
grandmothering 祖母哺育 83
Grimke sisters 姆凯姐妹 238
Guernica《格尔尼卡》200，201，207
Gustave Flaubert 居斯塔夫·福楼拜 23，26，34，35，37

Hamlet《哈姆雷特》44，176
Hannah Arendt 汉娜·阿伦特 10，78
Hans Castorp 汉斯·卡斯托普 37
hard sciences 硬科学 141
Harold Pinter 哈罗德·品特 181
Harold Rosenberg 哈罗德·罗森伯格 208
Harriet Beecher Stowe 哈利特·比彻·斯托 231
Harriet Martineau 哈里特·马蒂诺 229，232，234
Harry Wilborne 亨利·威尔伯恩 219
Hartford 哈特福德 231
Head Start 启智计划 90
Head Start program 先锋计划 64
Heart of Darkness《黑暗之心》37
Hebrides 赫布里底群岛 181
Hegel 黑格尔 59
Helene Cixous 艾伦·西苏 213，214
Henry Barnard 亨利·巴纳德 118,227
Henry David Aiken 亨利·戴维·艾肯 189
Henry David Thoreau 亨利·戴维·梭罗 42，43，162
Henry James 亨利·詹姆斯 55，179，236
Henry Moore 亨利·摩尔 207
Henry Pekinson 亨利·帕金森 239
Henry Steele Commager 亨利·斯蒂尔·康马杰 56
Henry Street Settlement 亨利街安置会 236
Herbert Marcuse 赫伯特·马尔库塞 22，23，24，28，32，100
Herman Melville 赫尔曼·梅尔维尔 53，55，84，121，176，230
Hermeneutical Manifesto《阐释学宣言》180
Hester 海斯特 120
hidden curriculum 隐性课程 170，246
Hindu 印度教的 11
Hippocratic Oath 希波克拉底誓言 148
holy sympathy 神圣同理心 120
Horace Mann 贺拉斯·曼 75，112，116，227
Horatio 霍拉旭 176 218

Huck Finn 哈克·芬恩 49
Huckleberry Finn《哈克贝利·芬恩历险记》55，111，120
Hull House 赫尔大厦 236
Huxleyan Deltas 赫胥黎的 Delta 级 79
hypostasized powers 实体化权力 24

Ibsen 易卜生 50
illusion 幻象 32，34，35，37，54，61，191，222，240
imaginative literature 想象性文学 2，22，222，223
Immanuel Kant 伊曼努尔·康德 29，194
inaction 不作为 154
inchoateness 初始性 3
intersubjective 主体间性 16，115,250
Invisible Man《看不见的人》19，122，203
involvement 代入感 176，179
Irish nationalism 爱尔兰民族主义 202
Isabel Archer 伊莎贝·亚契尔 179
Ishmael 赛马利 12
Ishmael 以实玛利 15
Ismene 伊斯墨涅 44
Isolato 孤岛 66
Ivan Karamazov 伊凡·卡拉玛佐夫 12，15

J. W. N. Sullivan 萨立凡 204
Jacob Burckhardt 雅各布·布朗劳斯基 164
Jacques Ellul 雅克·埃吕尔 9
James Joyce 詹姆斯·乔伊斯 202
Jane Addams 珍妮·亚当斯 236
Jay Gatsby 杰伊·盖茨比 55，122
Jean Piaget 让·皮亚杰 80
Jean-Paul Sartre 让-保罗·萨特 14，24，76，82，99，100，102，104，106，122，165，166，171，172，244，249
Jesse Jackson 杰西·杰克逊 93
Jesuitry 耶稣会教义 202
Jill Conway 吉尔·康威 141，142
Joan Baez 琼·贝兹 149
John B. Bury 约翰·B·伯里 164

John Dewey 约翰·杜威 8，47，50，56，61，62，112，118，122，144，171，172，188，199，245，246
John Lilly 约翰·李利 12
John O'Neill 约翰·奥尼尔 78
John Rawls 约翰·罗尔斯 64，65，66，92，129，130，135，171
John Stanley Pottinger 约翰·斯坦利·波廷杰 133
John Steinbeck 约翰·斯坦贝克 122
Johnny and Susie 小约翰和小苏茜 76
Johns Hopkins 约翰·霍普金斯大学 235，236
Jorge Luis Borges 豪尔赫·路易斯·博尔赫斯 26
Joseph Conrad 约瑟夫·康拉德 37
Joseph Heller 约瑟夫·海勒 24
Joseph Schwab 约瑟夫·施瓦布 79
Julia Richman 朱丽娅·理契曼 237
Jurgen Habermas 尤尔根·哈贝马斯 24，100，103
just meritocracy 正义的精英统治 131
Kafka and his Precursors《卡夫卡及其先驱者》26
Karl Marx 卡尔·马克思 54，98，106
Kate Chopin 凯特·肖邦 214，236，248
Kathe Kollwitz 珂勒惠支 223
Kenneth Benne 肯尼斯·贝恩 122
King Lear《李尔王》176
knowledge society 知识社会 58
Kurt Vonnegut 库尔特·冯内古特 26
Kyo Gisors 京吉索 96，155

Lamentations《耶利米哀歌》178
Land Surveyor 土地测量员 2
landscape 风景 2，15，18，20，30，32，36，37，39，84，117，154，192，201，203
latchkey children 脖子上挂着钥匙的儿童 84
learning community 学习型社区 79，82，83，84
Lefevre 勒菲弗尔 100
Leonard B. Meyer 伦纳德·B. 迈

尔 201
Les Demoiselles D'Avignon《亚维农的少女》207
lifeboat psychology 救生艇心理 64
Lillian Wald 莉丽莲·伍德 236
Lillian Weber 莉莲·韦伯 246
Lily Bart 莉莉·巴特 218
Liszt 李斯特 176
London《哀伦敦》27
Lowell Female Labor Reform Association 洛威尔劳动者改革协会 230
Lowell mills 洛威尔磨坊 229
Luckmann 卢克曼 213，214
Lucy Larcom 露西·拉克姆 229
Lucy Sprague Mitchell 露西·斯普拉格·米切尔 237
Lucy Stone 露西·斯通 235
Lyman Beecher 莱门·比彻 231

M. Carey Thomas 凯里. 托马斯 235，236
M. Dambreuse 布勒斯先生 33
Madame Arnoux 阿诺夫人 33
Madame Bovary《包法利夫人》23
Mahler 马勒 178
Making Music Together《集体创作》200
malafic generosity 有害的慷慨 95，98，104
Man's Fate《人类的命运》96，155，177
manifest destiny 昭昭天命 25
Margaret Atwood 玛格丽特·阿特伍德 26，221
Margaret Fuller 玛格丽特·富勒 233
Margaret Haley 玛格丽特·海利 240
Margaret Naumburg 玛格丽特·南伯格 237
Margaret Schlegel 玛格丽特·施莱格 179
marginality 边缘化 90，170
Marietta Johnson 玛丽埃塔·约翰逊 237
Mark Twain 马克·吐温 55，111
Marlow 马洛 37
Martha Graham 玛莎·格莱姆 178，181
Martin Buber 马丁·布贝尔 46

Martin Heidegger 马丁·海德格尔 79
Martin Luther King 马丁·路德·金 137
Mary Austin 玛丽·奥斯丁 236
Mary Hartman 玛丽·哈特曼 98，154
Mary Lyon 玛丽·劳茵 233
Mary Wilkins Freeman 玛丽·威尔金斯·弗里曼 236
Matisse 马蒂斯 172
Maurice Merleau-Ponty 莫里斯·梅洛-庞蒂 2，14，17，23，25，99，102，103，106 ，164，165，188，191，201，202，213，215，216
McGuffey Readers《麦克古菲读物》228
Melville 麦尔维尔 12
Melvin Rader 梅尔文·雷德 193
Merce Cunninghams 梅尔塞·坎宁安 203
Meursault 莫尔索 148
Michael Oakeshott 迈克尔·欧克肖特 78
Michael Polanyi 迈克·波拉尼 17
Michael Walzer 迈克尔·沃尔泽 143
Michel Chevalier 米歇尔·舍瓦利耶 117
Michel Zeraffa 米歇尔·泽拉法 36
Michelangelo 米开朗琪罗 176，202
Middleburg 米德尔伯格 231
mind-forg'd-manacles 人心自囚的桎梏 11，28，207
minimal state 最小化国家 65，170
Minimalist 极简主义者 178
mini-school 迷你学校 93
miseducative 不良师资 45
Moby Dick《白鲸》53，54，106，163，176，182，202
modernity 现代性 31
Moments of Being《存在的瞬间》185
moments of being 存在的时刻 191，193
Monet 莫奈 106
moral agent 道德代理人 45
moral anchor 道德依托 226
moral beings 道德存在 51
moral nature 道德本质 120

Morris Abrams 莫里斯·艾布拉姆斯 175
Morris Weitz 莫里斯·韦兹 174，205
Mozart 莫扎特 84
Mrs. Dalloway《达洛维夫人》37
Mrs. Ramsay 拉姆齐太太 218
Mrs. Willy Loman 威利·劳曼夫人 78
Mt. Holyoke Seminary 蒙特霍利约克学院 233
Mt. St. Victoire《圣维克多山》201
multiplies realities 多重现实 173
Munch 蒙克 178
murders at My Lai 美莱村大屠杀 102，116
Muriel Rukeyser 缪里尔·鲁凯泽 137
Muriel Rukeyser 穆瑞尔·卢姬瑟 213，223
Murray Edelman 默里·埃德尔曼 97
mystification 神秘主义 1，7，14，17，19，35，38，54，60，62，63，66，74，98，108，122，151，218
Napoleon 拿破仑 204
nascent logos 生成之理 223
Nathaniel Hawthorne 纳撒尼尔·霍桑 120，121
natural language 自然语言 104
nature of things 事物的本质 25
NEA 国家艺术基金会 219
negativism 消极论 90
Nell Keddie 内尔·卡蒂 103，104，106
new equalitarianism 新平等主义 65
new freedom 新自由 149，151
New Harmon 新哈莫尼 232
new irrationalism 新反理性主义 1
new narcissism 新自恋 89，151
new privatism 新利己主义 151
New Rochelle 新罗谢尔 77
Nick Carraway 尼克·卡罗威 55
Nick Henry 尼克·亨利 162
Ninth Symphony《第九交响曲》176，202
noble in reason 高贵的理性 7
nobodyness 不存在的人 133
non-cognitive 非认知 13

non-intellective powers 非智力性力量 11
Nora 诺拉 50
Notes from Underground《地下室手记》 178

Oberlin College 欧柏林学院 234
objective consciousness 客观意识 11
objectless consciousness 无客体的意识 16
Ode to the West Wind《西风颂》176
Oedipus Rex《俄狄浦斯王》175
official knowledge 官方知识 60
One Flew Over the Cuckoo's Nest《飞越疯人院》18
Oran 奥兰 44
order of business 商业秩序 23
Organic School 有机学校 237
organized society 组织化社会 187
original perception 原始知觉 2，15，38
others 他者 3
oughtness 应然感 51
overlapping perspective 视角的重叠 175
Pablo Casals 帕布罗·卡萨尔斯 49,71
paradigm-directed 引导范式 60
paradigm-shattering 摧毁范式 60
paramount reality 全景现实 253
Paul Cezanne 保罗·塞尚 84，106，181，186，189，191，201
Paul Klee 保罗·克利 192
Paul Nizan 保罗·尼赞 68
Paul Ricoeur 保罗·利科 54，106
Paulo Freire 保罗·弗莱雷 19，84，98，100，104 ，171，240
Pellerin 裴勒琳 34
perceptual landscape 知觉风景 20，103，222
Père Roque 罗奎神父 33
personal knowledge 个人知识 17
Piero Della Francesca 皮耶罗·德拉·弗朗西斯卡 207
Pieta《圣母哀子像》176，202
Play School 戏剧学校 237
positivism 实证主义 17，25，30，34，60，76，162，189，202

post-industrial society 后工业时代社会 135
praxis 实践 13，18，32，54，55，70，79，82，94，98，99，100，107，108，109，123，180，243
precursor 先驱者 26，28，37，79，207，214
preferential hiring 优先雇用 134，137
pre-reflective domain 自我反思领域 223
present 在场 2，209
pre-understanding 前理解 102，103
primordial landscape 原生风景 15，213，216，221
privileged moment 荣宠时刻 175，182
professionals-to-be 准专家 54
Proust 普鲁斯特 169
Proverbs of Hell《地狱的箴言》27
provinces of meaning 意义域 16
psychology of creation 创造心理学 209

quota 配额 134

R. D. Laing 莱恩 18
R. S. Peters 彼得斯 54，128，225
radical education 激进教育 68
Ragtime《褴褛时代》77，122
Rainer Maria Rilke《致奥尔弗斯的十四行诗》168
Rainer Maria Rilke 莱纳·玛利亚·里尔克 168
Ralph Ellison 拉尔夫·埃里森 122，203，216
real 实在 10
realm of ends 目的王国 30，31
reciprocal action 交互行动 163，164
reductionist 化约论者 63
reflective rationality 反思理性 22
regulative mode 规范模式 170
Rembrandt 伦勃朗 189
return to basics 回到基础 1，38，78，90，106
reverse discrimination 反向歧视 127
revolutionary intellectual 革命性知识分子 98
Richard E. Palmer 理查德·E. 帕尔默 180

Richard Sennett 理查德 · 桑尼特 89
Robert Browning 罗伯特·布朗宁 26
Robert Coles 罗伯特·科尔斯 253
Robert Heilbroner 罗伯特·海尔布隆厄 66，115
Robert Hunter 罗伯特·亨特 13
Robert Nisbet 罗伯特·尼斯比特 65，66
Robert Nozick 罗伯特·诺齐克 66，170，171
Robert Ornstein 罗伯特·奥恩斯坦 188
Robert Owen 罗伯特·欧文 117，118
Robert Rauschenberg 罗伯特·劳森伯格 24
Rodin 罗丹 182
Romeo and Juliet《罗密欧与朱丽叶》84，189，190
Rosanette 萝莎奈特 33
Rouen Cathedral《卢昂大教堂》106
Ruben Alves 鲁宾·阿尔维斯 193
rule by Nobody 无人管辖 10
Salisbury Cathedral 索尔兹伯里大教堂 177
sanctification of personality 个性神圣化 89
Sarah 萨拉 238
Sarah Bagley 莎拉·拜格利 230
Satanic mill 撒旦工厂 27
satellite school 卫星学校 93
Saturday night massacre 星期六夜晚大屠杀 102
Saul Bellow 索尔·贝洛 26，74，85，89
school without walls 不设围墙的学校 93
Scott Fizgerald 斯科特·菲茨杰拉德 55，121
Seascape《海景》178
Selden 塞尔登 218
self-confrontation 自我对质 27
self-formation 自我形塑 27，46，69
self-metapragramming 自我元编程 13
self-transcedence 自身超越 176
Senecal 塞内卡尔 34，35

sense of agency 主人翁意识 36，43，45，155，248，252
sense of injustice 不公正意识 137
sensuality 肉欲主义 7
service society 服务型社会 144
Shakespeare 莎士比亚 176
shamanism 萨满信仰 11
Sidney Hook 悉尼·胡克 134
Sigmund Freud 西格蒙德·弗洛伊德 54
significant form 意义的形式 178
Silberman 萧伯文 112
Simon de Beauvoir 西蒙娜·德·波伏娃 217，253，254
singularity 奇点 99
Six Significant Landscapes《六帧意蕴风景画》198
Smith 史密斯学院 235
social balance wheel 社会机器上的平衡轮 90
social pathology 社会痼疾 62，63，90，171
social pie 社会馅饼 130
social power 社会权力 95
social praxis 社会实践 4
Sodom 索多玛 150
Song of the Earth《地球之歌》178
Sonnets to Orpheus《致奥尔弗斯的十四行诗》168
Soren Kierkegaard 索伦·克尔凯郭尔 49，161，173，198
Sputnik 史普尼克人造卫星 57
stage set 舞台布景 101
Stephen Delalus 斯蒂芬·迪达勒斯 174，202
Stephen Spender 斯蒂芬·斯彭德 208
Stour Valle《斯图溪谷》176
Stravinskys 斯特拉芬斯基 203
sub-cognitive 前认知 13
submergence 浸没 32，37，39，46，51，64，71，102，115，143，156，160，173，184，198，218
Suffrage movement 妇女选举权运动 246
superordinate 上位层次 104
Surfacing《浮现》221
Susanne Langer 苏珊娜·兰格 174，176

Swan Lake《天鹅湖》84，202
Sylvia Plath 西尔维娅·普拉斯 181
systems of relevance 关联系统论 127

tacit awareness 隐性意识 200
taken-for grantedness 理所当然 23
talent search 人才搜索 57
Tarrou 塔拉 44，71，148
Taxi Driver《出租车司机》151
teachers-to-be 准教师 23，58，59，62，70
technocractic 科技统治论的 22
Temple Bar 圣殿酒吧 230
The Age of Reform《改革时代》164
The Almond Trees《杏树》51
The Anatomy Lesson《杜尔博士的解剖学课》189，190
The Awakening《觉醒》214，248
The Bear《熊》121
The Cardplayers《玩纸牌的人》190，191
The Case Worker《办事员》43
The Cherry Orchard《樱桃园》84
the Civil War 美国内战 111
The Confidence Man《骗子及其伪装》55
The Critique of Domination《支配的批判》68
the Crowd 群体 161
The Doll's House《玩偶之家》50
The Educational Testing Service 美国教育考试服务中心 131
the Enlightment 启蒙运动 22
The Fall of Public Man《公共人的衰落》89
The Gilded Age《镀金时代》55
The Godfather《教父》151
The Golden Rule 黄金法则 50
The Grapes of Wrath《愤怒的葡萄》122
the Great Community 大社区 144
The Great Gatsby《了不起的盖茨比》55，56，120，121
The Greening of America《绿化美国》149
The House of Mirth《欢乐之家》218，248

the Huron—Iroquois Confederacy 休伦族伊洛魁族联盟 236
The Idea of Progress《进步的观念》164
the idea of progress 进步史观 23
The Imaginative Mode of Awareness《意识的想象性模式》193
The Last Supper《最后的晚餐》176
The Laugh of Medusa《美杜莎的笑声》213
the least favored 最不受优待的群体 170
the lived reality 活过的现实 84
the lived world 生活空间 2，12，17，103，126，163，181，185，213，216，219，221，222
the locomotive in the garden 花园中的火车头 8，118
the lost individual 迷失的个体 8，9，10
The Magic Mountain《魔山》37
The Motive for Metaphor《隐喻的动机》186，188
The Necessary Angel《必要的天使》187
The Ox-Bow《牛轭湖》164
the paramount reality 全景性现实 16
The Peloponnesian War《伯罗奔尼撒战争》164
the phenomenal world 现象世界 32
The Plague《鼠疫》44，71，148，155，157
The Portrait of a Lady《淑女本色》55
The Prelude《序曲》15，29
the primordial 原初 84
the Public 公共 161
The Rainbow PUSH Coalition 彩虹推动联盟 93
The Scarlet Letter《红字》120
the stock of knowledge at hand 手边的常备知识 15，60，115，126
The Stranger《局外人》147
The Tartarus of Maids《少女的地狱》230
The Titan《巨人》55
The Used-Boy Raiser《二手男孩抚养者》217
The Wild Bunch《落日黄沙》151

The Wild Palms《野棕榈》219
Theodore Dreiser 西奥多·德莱塞 55，236
Theodore Roszak 西奥多·罗萨克 11
Theses on Feuerbach《费尔巴哈提纲》98
Thomas Cole 托马斯·科尔 164
Thomas Jefferson 托马斯·杰弗逊 7
Thomas Kuhn 托马斯·库恩 60
Thomas Mann 托马斯·马恩 37，90
Thomas Nagel 玛斯·内格尔 139
Thomas Pynchon 托马斯·品钦 26
Thoreau 卢梭 118，225
Thorstein Veblen 托斯丹·范伯伦 56
Thucydides 修西得底斯 164
Time on the Cross《十字架上的岁月》164
Tintern Abbey《丁登寺旁》176
Title I innovation 头号改革方案 90
To the Lighthouse《到灯塔去》181，218
Tolkien 托尔金 84
Trent Schroyer 特伦特·施罗德 68
Triptych—Three Studies of the Human Body《三联幅——人类身体的习作》202
Troy Female Seminary 特洛伊女子学院 232
true self 真实自我 13
Turner 透纳 176，202，207

Underground Man《地下人》37
University of Leipzig 莱比锡大学 235
unnatural self 非自然的自我 29

Valery 瓦雷里 169
Vassar 瓦萨学院 235
Verlaine 魏尔兰 204
Vernon Jordan 弗农·乔丹 134
Verona 维罗纳 189
Victor Hugo 维克多·雨果 176
Virginia Black 弗吉尼亚·布莱克 134，139
Virginia Woolf 弗吉尼亚·伍尔夫 37，71，78，181，185，186，189，196，218，219，222，223，244，

245, 250
virtual realities 虚拟现实 174
voucher system 教育券制 93

Wagner 瓦格纳 203
Waiting for Godot《等待戈多》176
Walden School 瓦尔登学校 237
Wall Street 华尔街 121
Wallace Stevens 华莱士・史蒂文斯 186, 198
Walt Whitman 沃尔特・惠特曼 144, 176
Walter Feinberg 沃尔特・范伯格 67
War and Peace《战争与和平》106
Warren 沃伦 204
Wateau 华托 204
Watergate 水门事件 116, 117
Wellek 韦勒克 204
Werner Heisenberg 维尔纳・海森堡 8
Who's afraid of Virginia Woolf?《谁害怕弗吉尼亚・伍尔夫?》178
wide-awakeness 全面觉醒 2, 17, 32, 36, 42, 43, 45, 46, 48, 49, 50, 51, 52, 54, 80, 84, 95, 123, 152, 156, 161, 162, 163, 164, 165, 169, 173, 190, 247
Willard Waller 维拉德・华勒 238
William Blake 威廉・布莱克 11, 12, 24, 26, 27, 29, 207
William Butler Yeats 威廉・巴特勒・济慈 178
William Faulkner 威廉・福克纳 121, 219
William James 威廉・詹姆斯 14, 84, 165, 216
William Wordsworth 威廉・华兹华斯 12, 29 , 207
Wings of the Dove《鸽之翼》55
Wittenberg 威登堡 44

Yankee 北方佬 239
Yonville 永维镇 24

Zen 禅宗 15

图书在版编目(CIP)数据

学习的风景 /（美）格林著；史林译．—北京：北京师范大学出版社，2016.7（2018.3 重印）
（教育经典译丛 / 张华主编）
ISBN 978-7-303-20530-1

Ⅰ．①学… Ⅱ．①格… ②史… Ⅲ．①学习方法—研究 Ⅳ．①G791

中国版本图书馆 CIP 数据核字(2016)第 104370 号

北京市版权局著作权合同登记 图字:01-2016-2119 号

营 销 中 心 电 话 010-58805072 58807651
北师大出版社学术著作与大众读物分社 http://xueda.bnup.com

XUEXI DE FENGJING
出版发行：北京师范大学出版社 www.bnup.com
北京市海淀区新街口外大街 19 号
邮政编码:100875
印 刷：北京盛通印刷股份有限公司
经 销：全国新华书店
开 本：890 mm×1240 mm 1/32
印 张：12.375
字 数：231 千字
版 次：2016 年 7 月第 1 版
印 次：2018 年 3 月第 2 次印刷
定 价：78.00 元

策划编辑：周益群　　责任编辑：齐 琳
美术编辑：宋 涛　　装帧设计：宋 涛
责任校对：陈 民　　责任印制：马 洁

Original English Title:
Landscapes of Learning
by Maxine Greene

ISBN-10:0-8077-2534-X

First published by Teachers College Press, Teachers College, Columbia University, New York, USA.